KB220955

寶王三昧念佛直指

보왕삼매염불직지

서방삼성도(西方三聖圖). 아미타부처님과 관세음보살(우), 대세지보살.

중생을 사바세계에서 극락세계로 인도하고 접인하시는 석가모니불(右)과 아미타불을 형상화한 이하백도도(二河白道圖)

일러두기

1. 『보왕삼매염불직지寶王三昧念佛直指』는 명 나라 때 4대 고승의 한 분인 우익대사蕅益大師님이 서문을 쓰고, 중국 원나라 말기부터 명나라 초기에 걸쳐 염불수행을 하며 중생을 교화했던 묘협妙協스님이 편집한 『중각보왕삼매염불직지重刻寶王三昧念佛直指』를 저본으로 번역하였습니다.

2. 이 책은 직역 보다는 정토법문을 요지할 수 있도록 가능한 의역義譯 위주로 번역하였습니다. 특히 법선법사法宣法師의 중국어 번역(白話譯)서인 『보왕삼매염불직지백화천역寶王三昧念佛直指白話淺譯』을 참조하여 번역하였습니다.

3. 주석은 『불교대사전』 등의 여러 사전을 바탕으로 편집하였습니다.

重刻寶王三昧念佛直指 序
중각보왕삼매염불직지 서

우익대사薀益大師

念佛三昧所以名爲寶王者。如摩尼珠。普雨一切諸三昧寶。如轉輪王。普統一切諸三昧王。蓋是至圓至頓之法門也。始自華嚴終至法華。一代時敎。無不讃揚此寶王三昧。始自文殊普賢乃至永明楚石。一切菩薩聖祖。無不修證弘通此寶王三昧。而世之昧者。猶以爲自性彌陀非即樂邦敎主。惟心淨土不在十萬億西。妄認六塵緣影爲自心相。全不知十方法界一一無非即心自性也。可不哀哉。

염불삼매念佛三昧를 모든 보물의 왕이라고 하는 까닭은 마니주麻尼珠가 일체 모든 삼매의 보물들을 비처럼 적시는 것과 같으며, 전륜성왕이 일체의 모든 삼매왕三昧王을 두루 통섭하는 것과 같은 것으로서, 대체로 이는 지극한 원교圓敎1)이며, 지극한 돈교頓敎2)의 법문이다.

세존의 최초 설법인 화엄회상으로부터 시작하여 최후의 설법인 묘법연화경에 이르기까지 세존의 일대 시교時敎가 이 보왕삼매를 찬양하지 아니함이 없으며, 문수·보현보살로부터 시작하여 영명永明·초석楚石선사에 이르기까지 일체의 보살 성자와 여러 종의 조사가 이 보왕삼매를 수증하여 널리 유통시키지 않음이 없었다.

---

1) 원만한 교법이란 뜻. 『화엄경華嚴經』에서 설한 '원만인연수다라圓滿因緣修多羅', 원만경圓滿經이란 말에서 비롯되었다.
2) 도를 닦아가는 차례와 단계를 밟지 않고 모든 지위地位를 초월하여 단번에 부처 되는 도리를 가르친 법문. 대표적인 경전으로는 『유마경維摩經』 『원각경圓覺經』 등이 있다.

그러나 세상의 일부 어리석은 사람들은 오히려 자성自性의 미타彌陀는 서방극락세계의 교주(아미타불)가 아니며, 유심惟心의 정토淨土는 또한 십만억 리里의 서쪽에 있지 않다고 여겨서, 육진六塵[3]으로 반연한 그림자를 허망하게 자심自心의 상相으로 인식하고, 시방의 일체 법계가 하나하나 이 본심의 자성 아님이 없음을 전연 알지 못하니, 어찌 가슴 아프지 않겠는가.

> 元末明初。鄞江有大善知識。厥名妙叶。深憫邪見。述爲念佛直指二十二篇。世久失傳。故雲棲老人每欲見之。而不可得。神廟年間。古吳萬融禪伯偶于亂書中得此遺帙。與唐飛錫法師所撰寶王論同爲一編。皆雲棲老人所未見也。韓朝集居士。先刻寶王論板置于雲棲。予續刻此直指板留于佛日。

원나라 말엽에서 명나라 초기에 은강鄞江에 큰 선지식이 계셨는데 그 이름을 묘협妙叶이라 하였다. 이 스님께서 평소 위와 같은 삿된 견해에 빠져있는 이들을 매우 깊이 가엾게 여기고 염불직지念佛直指 22편을 기술하였으나, 세월이 이미 오래되어 유실되고 말았다. 그 때문에 운서雲棲 노인(연지대사)이 매양 그것을 보고자 하였으나 얻지를 못하였다.

그러다가 신묘神廟 연간에 고오古吳 지방의 만융萬融 선백禪伯이 우연히도 어지럽게 쌓인 책 가운데서 이 남은 질帙을 얻었는데, 당 나라의 비석飛錫법사가 찬술한 『염불삼매보왕론』과 같은 책에 나란히 편집되어 있어, 두 책 모두 운서 노인이 아직 보지 못한 것들이었다. 그래서 한조집韓朝集거사는 『염불삼매보왕론』의 서판書板을 먼저 새겨 운서사에 안치하였고, 나(우익대사)도 계속하여 이 『염불직지』의 서판을 새겨 불일사에 보관하였다.

---

3) 눈·귀·코·혀·몸 5관官과 의意(사고작용)의 대상이 되는 색깔(色)·소리(聲)·냄새(香)·맛(味)·감각(觸)·법(法).

客歲幻寓長于。有車䌤蕃居士。秉受歸戒。聽講唯識心要及南岳大乘止觀。遂專心修淨
土行。今夏禁足九旬。執持名號。因念今時狂妄之徒薄視念佛法門。以大悲心手輯古今
淨土法語一冊。名曰念佛須知。分爲信解發願修行證驗四門。蓋信願行三乃生西之要
筏。而證驗則擧果以勸因也。

내가 여러 곳을 만행하던 시절, 한때 장우사에서 객승으로 머물고 있었
는데, 차밀번車䌤蕃거사가 삼귀오계三歸五戒를 수지하고 『유식심요唯識心
要』와 남악혜사선사의 『대승지관大乘止觀』을 청강하고는 드디어 전일한
마음으로 정토수행을 시작하였다.

금년 여름 구십일 결제기간 동안 일심으로 아미타부처님 명호를 부르며
수행하더니, 요즈음 세대의 미친 무리들이 염불법문을 천박하게 보는 것
을 알고, 대비심으로 고금의 정토법어를 한 책으로 손수 집록하여 『염불
수지念佛須知』라 이름하였다.

이 책은 신해信解·발원發願·수행修行·증험證驗의 네 부문으로 분류하였
는데, 신신·원願·행行의 3문은 서방극락세계에 태어나는 중요한 뗏목이
며, 증험은 곧 과보를 들어 인행因行을 권하기 위한 것이다.

節錄甫成。適予應祖堂請。重到長于。遂虛心乞予讐較可否。予曰。居士之志則善矣。但
淨土法語從古迄今充棟積棟。曷擇其簡切精到者而流通之。不尤易取信乎。以予觀居士
命名立科之旨。則叶師直指最爲相似。何以言之。

절록節錄이 거의 완성될 즈음, 마침 나는 조당祖堂의 청에 응하여 장우사
에 다시 가게 되었다. 그때 차 거사는 드디어 허심탄회하게 나에게 교열
교정의 가부를 묻기에, 나는 이렇게 말하였다.

"거사의 뜻은 훌륭하다. 그러나 정토법어는 예로부터 지금까지 집안에

가득하고 들보 위에 쌓여 있었을 뿐이다. 어찌 그 간절하고 정미하게 도달한 것을 간택하여 유통함에 사람들이 더욱 쉽게 믿지 않겠는가. 내가 거사가 명명命名하고 과목科目을 수립한 뜻을 살펴 보니, 묘협선사의 『염불직지』와 가장 비슷하였다. 무엇 때문에 이렇게 말하는가.

彼第一極樂依正。第二斥妄顯眞。第三訶謬解。乃至第八示折攝。皆居士所謂信解門也。第九勸修。即居士所謂發願門也。第十勸戒殺。乃至第十八羅顯眾義。皆居士所謂修行門也。第十九一願四義謂戒解行向。是重申以願攝信行也。戒亦是行。解即是信。向仍是願。一願便具四義。四義乃滿一願。明信願行本非條別。願居於中而統前後。厥義彰矣。第二十示滅罪義。第二十一示列祖行。皆居士所謂證驗門也。第二十二正示迴向普勸往生。例同經論有流通分。從始至終。雅合居士之旨若此。居士何不捨己從人樂取於人以爲善乎。

『염불직지』의 제1장, '극락의 의보依報·정보正報'와 제2장, '허망을 배척하고 진실을 드러냄'과 제3장, '잘못을 꾸짖고 해설함'과 제4~8장, 제불의 긍정적 부정적 법문들은 모두 거사가 말한 **신해문信解門**이다.

제9장, '수행을 권함'은 곧 거사가 말한 **발원문發願門**이며, 제10장, '살생을 경계함'에서부터 제18장까지의 여러 가지 뜻을 나열하고 드러낸 것은 모두 거사가 말한 **수행문修行門**에 해당한다.

제19장, 1원願 4의義에서 말한 계戒·해解·행行·향向은 원력이 신과 행을 포섭함을 거듭 밝힌 것이다. 계戒는 또한 행行이며, 해解는 신信이며, 회향은 원願이다. 1원願에 문득 4의義를 갖춰야만 4의가 곧 1원에 원만하다는 것은 신·원·행이 본래 조목조목이 다르지 않고, 원력이 그 가운데 있어 전과 후를 통합하여 그 뜻이 더욱 뚜렷함을 설명한 것이다. 또 스무 번째에 죄를 소멸하는 뜻을 보이고, 스물한 번째 열조列祖의 행

行을 보인 것은 모두 거사가 말한 **증험문證驗門**에 해당한다.

제22장, '회향하여 왕생을 두루 권함을 보임'은 경론에 유통분流通分이 있는 것과 대비된다. 시작부터 끝까지 거사의 종지가 『염불직지』와 우아하게 합치하는 것이 이와 같다. 거사는 왜 자기를 버리고 다른 사람을 따라, 타인의 장점을 즐겁게 취하는 것으로 착함을 삼지 않는가." 하였다.

> 於是居士踴躍歡喜再拜稽首。而謝曰。某乃知妙叶大師先得我心之所同然。又能發我之所未發也。今得奉此遺編。誓當刊布流通。用薦先人早生淨土。又願普與法界有情。決定信入此門。永不退轉。請更序厥緣。以爲同志者告。噫如車居士。亦可謂勇於自利利他者矣。讀是書者。慎勿負此苦心也哉庚寅冬十有一月之吉古吳蕅益道人智旭識於祖堂幽栖寺之大悲壇右

이때 거사는 뛸 듯이 기뻐하며 머리 조아려 두 번 절하고 사례해 말하였다. "저는 이제야 묘협선사께서 제 마음과 같은 곳을 먼저 얻었고, 또 제가 발명하지 못한 것을 발명하였음을 알았습니다. 이제야 남기신 유고를 받들게 되었으니 맹세코 간행해 널리 유통시켜서, 선인先人을 천도하여 일생에 정토에 왕생하시기를 기원하겠습니다.

아울러 두루 법계의 유정有情(생명체)들이 결정코 이 정토법문을 믿고 들어와서, 영원히 퇴전하지 않기를 발원합니다. 청컨대 스승께서 다시 이 연기緣起를 서문에 말씀하시어 같은 뜻을 가진 이들에게 알려 주십시오." 아~ 아, 차 거사 같은 경우는 또한 자리이타自利利他[4]에 용감한 사람이라 말하겠다.

이 책을 읽는 사람은 삼가 이 고심苦心을 저버리지 말라.

---

4) 다른 사람을 이롭게 하는 것이 곧 자신을 이롭게 하는 일이다. 위로 깨달음을 구하고 아래로 중생을 교화하는 보살의 수행.

경인庚寅년 겨울 11월의 길일吉日에

고오古吳 지방의 우익도인蕅益道人 지욱智旭은

조당祖堂 유서사幽栖寺의 대비단大悲壇 우측에서 쓰다.

각보왕삼매염불직지刻寶王三昧念佛直指 서序

우익도인藕益道人 지욱智旭 지음

夫念佛三昧名爲如來勝異方便。凡聖均收。利鈍悉被。以一念頓歸佛海。可謂至圓至頓第一了義者也。而世之迷義徇名者。見有五逆衆惡十念往生之說。反以爲專攝凡劣但化鈍根。可謂昧佛妙旨。謗讟深經矣。予因慨。末世行人多疑多障。難悟難開。于此深妙法門。非著事而忘理。必執理而撥事。著事者猶堪作下品生因。執理者竟淪于惡取空見。蓋至此而直指之道翻成斷滅深坑。非藉金錍。誰扶翳膜。

대저 염불삼매는 여래의 수승하고 특이한 방편이다. 이는 범부와 성인을 평등하게 거두고 이근利根과 둔근鈍根을 모두 덮어, 일념에 단박 부처의 바다로 돌아가게 하므로, 가히 지극한 원교이자 지극한 돈교로서 제일요의第一了義[5]라 할 만하다.

그럼에도 이치에 미혹하고 명칭을 따르는 세상 사람들은 "오역五逆죄인과 여러 악인들도 십념十念(입과 생각으로 "나무아미타불" 하고 열 번 외움)에 왕생한다"는 말을 들으면 반대로 범부의 하열함만 오로지 거두어 둔근鈍根만 교화할 뿐이라고 여기니, 이는 부처님의 오묘한 종지에 어둡고 심오한 경전을 비방·모독하는 것이라 할 만하다.

이 때문에 나는 말세의 수행인이 의심과 장애가 많아 개오開悟하기 어려워, 이 심오하고 오묘한 법문에서 현실(事)에 집착하여 이치를 잃어버리지 않으면, 반드시 이치에 집착하여 현실을 부정해 버림을 개탄하는 것

---

5) 대승불교는 깨달음 그 자체를 '최고의 진리'라는 뜻으로 제일의제第一義諦라고도 부른다.

이다. 현실에 집착한 사람은 그래도 하품下品에 왕생할 인因을 짓지만 이치에만 집착한 사람은 악취惡趣의 공견空見에 끝내 침몰하고 만다. 대체로 여기에 이르면 '직지인심直指人心 견성성불見性成佛'의 도道가 도리어 끊어지고 사라지는 깊은 구덩이를 이룬다. 금비金鎞(안막을 긁어내어 병을 치료하는 기구)를 빌리지 않는다면 누가 눈을 가린 막을 걷어내겠는가.

爰有妙叶導師。法紹宗乘。教興蓮社。應永明角虎之記。暢寶王三昧之談。境觀並彰。纖疑悉破。闡惟心之致。依正宛然。示自性之源。感應不忒。俾達者以理融事。而理非事外。愚者亦因事入理。而事挾理功。誠除惑之前茅。生西之左券也。顧二百餘年。幾成廢典。流通機塞。蓮大師尚欲見而未能。而願力不磨。韓居士乃從萬融禪師處遘得之。予旣獲借讀。如飫醍醐。悲劫濁之方殷。喜津梁之有在。急謀付梓以廣厥傳。

이때에 다행히 묘협妙協 도사導師가 있어, 법法은 종승宗乘을 계승하고 교教는 연사蓮社를 일으켜 영명각호永明角虎(영명연수대사)의 예언(懸記)대로 보왕삼매의 담론을 제창하였다. 경境과 관觀이 함께 나타나 실낱같은 의심도 모두 타파하여 유심惟心의 이치를 천양闡揚하니 의보·정보가 완연하였고, 자성의 근원을 보여 감응함이 어긋나지 않았다. 통달한 사람이 이치로 현실에 융합하게 하였으나 이치가 현실의 밖이 아니며, 어리석은 사람이 또한 현실을 의지하여 이치에 들어가나 현실이 이치의 공능功能을 거두게 하였다. 진실로 의혹을 제거하는 선두이며, 서방에 왕생하는 증거였다.

돌이켜 생각하니 이백여 년 동안 전적이 거의 폐지되었으며 유통이 거의 막히게 되어 연지 대사가 보고자 해도 볼 수가 없었다. 그러나 원력은 조금도 닳지 않았던지, 한韓 거사가 만융萬融선사의 처소에서 우연히 얻게 되었는데, 나도 그것을 얻어 보게 되니 제호醍醐(우유에서 뽑아낸 최고의

맛과 영양·품질을 갖춘 식품인 버터나 치즈. 최고의 진리)를 실컷 마신 듯하였다. 오탁五濁이 바야흐로 성대함은 슬프지만 건너갈 나루터가 있는 것을 기쁘게 여겨, 급히 인쇄에 부쳐 광대하게 전하기를 바랄 뿐이다.

> 普願見聞隨喜。種樂土之圓因。讀誦思惟。證寶王之法印。轉相曉悟。共脫沈淪。庶不負
> 此希有良緣也已右序編錄乎淨信堂初集今鈔出冠于篇首也

나의 발원은 사람들이 보고 들음에 따라서 기뻐하여 극락정토의 원만한 근본 동기가 되었으면 하는 마음이다. 또한 독송하고 사유하여 보왕寶王의 법인法印을 증득하거든 법륜을 굴리듯 서로 깨우쳐 생사의 윤회에서 함께 벗어나, 이 희유稀有하게 훌륭한 인연을 저버리지 않기를 바랄 뿐이다.

정신당淨信堂의 초집初集에 실려 있던 것을 지금 베껴 써서 책의 머리말로 삼는다.

보왕삼매염불직지寶王三昧念佛直指 권상卷上 병서幷序

사명은강四明鄞江 사문沙門 묘협妙協 집집

念佛三昧稱為寶王者。蓋於一切三昧之中最上三昧者也。首獨唱於廬山。後遍流於天下。歷代所修往生非一。著文於世。證驗良多。自昔至今富於編簡。若禪若教無不尊崇。是聖是凡悉皆景仰。但末代淺根因藥致病。以極樂淨土不求之於西方。而求之於分別緣影。多流此見。內懷痛傷。嗟彼唐喪其功。雖修無感。乃以淨土諸經及各宗疏鈔。採其奧旨述以成編。雖其言之不文。莫敢裁於胸臆。自為警省敢聞於人。故以寶王三昧念佛直指定其名焉

염불삼매를 보왕寶王6)이라 하는 것은 일체의 삼매 가운데 최상의 삼매이기 때문이다. 처음 여산의 혜원법사께서 홀로 주창하셨고 후세에는 천하에 유전되어, 역대로 정토법문을 수행하고 극락세계에 왕생한 이가 무척 많았으며 세상에 문장으로 저술되어 증험된 이들이 참으로 많았다.

예로부터 지금에 이르기까지 정토법문을 천양한 서적이 무척 풍부하여 선종이나 교종에서도 존숭하지 아니함이 없었고, 성인이나 범부가 모두 크게 공경하고 추앙하였다. 다만 말법시대에 이르러 중생의 선근이 천박하여 불법의 약을 오용함으로써 병을 이루어, 극락정토를 서방에서 구하지 않고 육진六塵을 분별하여 반연하는 망심妄心에서 구하였다.

세간의 많은 사람들이 이러한 견해에 빠져들었으므로 그들이 속으로 매

---

6) 염불은 삼매 가운데서 지극히 보배로우므로 보왕삼매라고 부른다. 다른 삼매와는 달리 육도윤회를 벗어난 극락세계에 화생할 수 있는 점이 특별히 수승한 점이다.

우 비통하고 상심하여, 염불수행을 하고서도 아미타불의 접인을 받지 못하고 그 공덕의 행을 황당하게 잃는 것을 슬퍼하였다.

이에 정토의 모든 경전을 천양하고 각 종宗의 소초疏鈔와 주해註解에서 그 오묘한 종지를 가려 뽑아 책을 이루었다. 비록 그 말은 문채에 맞지 않는다 해도 감히 가슴 속의 억측으로 보태거나 빼지 않고 스스로 경책과 각성을 하며 감히 사람들의 견문見聞을 넓혀주고 싶었다.

그리하여 『보왕삼매염불직지寶王三昧念佛直指』라는 명칭으로 책의 제목을 정하였다.

목 차

보왕삼매염불직지寶王三昧念佛直指 권상卷上

제1 극락의 의보 · 정보

極樂依正第一

原夫無上正遍知覺聖主世尊普應機宜。從兜率宮降神於世。故四十年中說法三百餘會。皆令群有同證真常。乃至末後靈山會上方說法華。俾令眾生開示悟入佛之知見。出世本懷於茲暢矣。然出世度生之道非但釋迦。三世如來莫不咸爾。而於釋迦一代施化法門之中。求其所以機宜相感生佛緣深至簡至易而功高徑捷者。無越求生淨土一法門也

무상정변지無上正遍知의 대원만각大圓滿覺이고 지극히 성스러운 교주이신 석가세존께서는 일찍이 두루 중생 근기의 마땅한 때를 살피시고 도솔천궁으로부터 인간 세상에 강신降神하셨다. 그러므로 사십 년 동안 삼백여 회에 이르도록 설법하신 것은 오직 일체 중생이 다 함께 진실하고 항상하고 안락한 심성心性을 증득하게 하기 위함이었다. 나아가 마지막 영산회상에서 바야흐로 일승一乘[7]의 법화경을 설하시어 중생들로 하여금 부처님의 지견知見에 개開 · 시示 · 오悟 · 입入케 하시니 세상에 출현하신 근본 뜻을 여기서 밝게 드러낸 것이다.

그러나 세상에 출현하시어 중생을 건지신 도가 다만 석가세존 한 분이겠는가. 시방삼세의 제불여래께서도 모두 그렇지 않은 분이 없다.

---

7) 일불승一佛乘이라고도 한다. 산스크리트의 에카야나(eka-yana; 하나의 탈것)를 번역한 말로서, 승乘은 사람들을 태우고 깨달음의 길로 향하게 하는 가르침을 비유하여 말한 것이다. 불법은 사람들의 자질이나 능력에 따라 성문승聲聞乘(불제자의 탈 것), 연각승緣覺乘(혼자서 깨달은 자의 탈 것), 보살승菩薩乘(대승 구도자의 탈 것)의 삼승으로 나누어져 있는데, 이 삼승은 일승 쪽으로 이끌기 위한 방편에 지나지 않고, 궁극적으로는 모두 진실한 일승으로 귀착한다.

그러나 석가세존께서 일대의 교화를 베푼 법문 가운데, 중생의 근기와 법문이 적절하게 상호 교감이 되고 중생과 제불의 인연이 가장 깊고 지극히 간편하고 가장 쉬우면서도, 공덕이 가장 높고 광대하며 또한 직접적인 지름길이 되는 법문을 구한다면, 오직 정토 왕생을 구하는 이 한 법문을 초월하는 것이 없다.

> 蓋念佛法門。首因法藏比丘於無量劫前為大國王。聞世自在王佛說法。遂棄國出家而成比丘。其佛復為廣說二百一十億佛剎莊嚴人天善惡麤妙不同等事。法藏聞已。即於佛前發四十八種大願。願成佛時。國中無有三途三毒八苦八難九惱十纏等一切障礙。生我國者皆住正定。得忍悟心解脫勝智之人。乃至十念得生。若不爾者。不取正覺。其時大地震動。天雨妙花。空樂自鳴。佛與其記。

이 염불법문은 법장法藏 비구가 무량겁 이전 대국왕大國王이었을 적에 세자재왕불世自在王佛의 설법을 듣고 드디어 국왕의 지위를 버리고 출가하여 비구가 된 이야기에서부터 비롯되었다.

세자재왕부처님은 법장스님을 위해 다시 이백일십억 불국토의 장엄한 경관과 그 안에 사는 인간·천인 등의 중생이 짓는 선과 악, 생활환경의 조악함과 뛰어남 등 다양한 일과 현상들을 널리 자세히 말씀하셨다.

법장스님은 듣고 나자 바로 부처님 앞에서 48대원大願을 세웠는데, "내가 성불할 때 나의 국토 안에는 3악도(지옥, 아귀, 축생)의 중생이 없고, 탐진치의 3독毒과 생로병사 등의 8고苦와 8난難, 9뇌惱, 10전纏 번뇌 등 일체의 장애가 없을 것이며, 내 국토에 왕생한 자들이 모두 물러남이 없는 정정취正定聚[8]에 머물러 무생법인을 증득하고 심지心地를 밝게 깨달

---

8) 사람의 성질을 셋으로 나눈 삼정취三定聚 또는 삼취三聚의 하나. 정정취正定聚는 항상 진전하여 결정코 성불할 종류. 사정취邪定聚는 성불할 만한 소질이 없어 더욱 타락하여 가는 종류. 부정취不定聚는 연緣이 있으면 성불할 수 있고 없으면 미할 인류로서 향상과 타락이 결정되지 않은 부

아 생사에서 해탈하여 수승하고도 묘한 지혜를 증득할 것이며, 나아가 십념十念에 나의 국토에 왕생할 수 있기를 발원하되, 만일 그렇지 않을 경우에는 결코 무상정각을 취하지 않으리라." 서원한 것이다.

법장 스님이 48대원을 발하자마자 대지는 진동하고 하늘에서는 묘한 꽃 비가 내렸으며, 허공에서는 천악天樂이 저절로 울렸고, 세자재왕부처님께 서는 그에게 당래에 반드시 성불할 것이라는 수기授記를 내려주셨다.

> 今已得果。成佛十劫。因昔願勝。功德神通光明力無畏等超過十方。佛號阿彌陀。其阿彌 陀佛所居之國。從是娑婆世界直西過十萬億國土。名日極樂。或日安樂。今見在彼。以昔 大願及神通力。而為說法攝取十方世界念佛眾生。

그리하여 이제는 이미 원만한 불과佛果를 얻으시어 성불하신 지 10겁劫 이란 세월이 흘렀다. 지난날의 수승한 서원 덕분으로 불가사의한 공덕과 신통, 상호와 광명, 10력力(부처님만이 갖추고 있는 열 가지 지혜의 능력)과 4 무외無畏[9] 등 그 경계와 인연은 시방을 초과하며, 불호佛號를 아미타阿彌 陀라고 하였다. 그 아미타부처님이 거처하시는 국토는 이 사바세계로부 터 곧바로 서쪽 십만억 국토를 지나서 있는데, 그 이름을 극락極樂이라 하며, 혹은 안락安樂이라고도 한다. 아미타부처님은 지금 현재도 저 국토 에 계시며 지난날의 서원이 수승한 까닭에 중생을 위해 불가사의한 신통 력으로 설법하고, 시방세계에서 염불하는 중생을 섭취하여 극락에 왕생 하도록 이끄신다.

류이다.
9) 부처님이 가르침을 설할 때, 확신하고 있기 때문에 누구에게도 두려움이 없는 네 가지. (1) 정등 각무외正等覺無畏: 바르고 원만한 깨달음을 이루었으므로 두려움이 없음. (2) 누영진무외漏永盡 無畏: 모든 번뇌를 끊었으므로 두려움이 없음. (3) 설장법무외說障法無畏: 끊어야 할 번뇌에 대 해 설하므로 두려움이 없음. (4) 설출도무외說出道無畏: 미혹을 떠나는 수행방법에 대해 설하므 로 두려움이 없음.

眾生生者得不退轉。剎那尚莫勝數。何況歷劫度脫。其生彼者有何限極。微塵恒沙所不能俞。其佛國土莊嚴勝妙超過十方。有諸寶池。隨其大小皆七寶成。或有大池。其量盈廣。正住其中。底布金沙。邊鋪階道。其池之上復有樓閣。千層萬疊廣博妙好。光明赫奕不可具說。其池之內八功德水香美清徹盈溢充滿。為十四支。於諸無量莊嚴具中。尋流上下。出聲演說無量法門。

시방세계의 염불 중생이 극락에 왕생하면 모두 무상정등정각을 향한 불퇴전의 지위를 얻게 되는데, 찰나지간에 왕생하는 이들도 오히려 헤아릴 수가 없는데, 하물며 역겁歷劫이래 제도하여 해탈한 중생의 수를 헤아릴 수 있겠는가. 그 나라에 가서 태어나는 이의 숫자가 어찌 한계가 있으며, 끝이 있겠는가? 티끌 수와 같은 항하사의 비유로도 다 헤아리지 못할 것이다.

그 아미타부처님의 국토는 청정하고 장엄하며 수승하고 미묘함이 시방의 어느 부처님 국토보다 뛰어나다. 그 국토 안의 온갖 칠보 연못은 그 크고 적음을 따라 모두 7종의 진귀한 보배로 이루어졌고, 혹 어떤 큰 연못은 그 양이 가득 차고도 광활하여 극락세계의 한가운데 바르게 안주하였는데, 밑바닥에는 황금 모래가 깔렸고 연못 주변에는 층계와 길로 포장되어 있다. 그 연못가에는 누각이 즐비한데, 천층만첩千層萬疊으로 이뤄져 높고도 광대하고 보기에 좋으며, 눈부신 광명은 어떤 말로도 형용하지 못할 정도이다. 또 연못 안에는 8공덕수功德水의 향기가 청결하고도 미묘하게 맑게 사무쳐 가득히 넘치고 충만하여 열넷의 지류支流가 되는데, 한량없는 장엄을 갖춘 기구器具 속에서 천천히 상하의 흐름을 따라 소리를 내며 무량한 법문을 연설한다.

是妙水中復有六十億七寶蓮華。團圓正等。水注葉間四色四光。三輩九品行列次第。香潔微妙映蔽其國。寶地平正願力所成。於其地上復有七重欄楯七重行樹。寶幢臺樹幡蓋珠纓各各無量殊特妙好。周廻間列莊嚴其國。又於虛空。甫諸天衣天香天花天繒天樂。各各無量。繽紛散漫遍虛空界。

그 미묘한 물속에는 다시 육십억의 칠보 연화가 있다. 모두 단정하고 원만하며 바르고 평등하여 잎 사이에 물이 흘러 스며들면 청·황·적·백 네 빛깔에서 네 가지 광채가 나오며, 상중하 3배輩와 9품九品(3배의 각품 중에 상·중·하의 3품을 곱하면 9품)이 모두 일사분란하게 순서대로 나열해 있다. 각각의 연화는 귀한 향기와 정결하고 미세한 장엄으로 보기가 좋으며, 이 아름다운 연화가 그 극락국토를 뒤덮고 있다.

여러 보배로 이뤄진 평평하고 곧은 대지는 아미타부처님의 원력으로 성취된 것이다. 그 보배 땅 위에는 다시 일곱 겹의 난순欄楯과 일곱 겹의 늘어선 수목(行樹)들이 있다. 여러 보물로 된 미묘한 당幢과 칠보 번개幡蓋와 진주·영락珠纓이 각각 무량무변하며 수승하고 기특하고 묘하게 보기가 좋아서 사방을 두루 돌며 사이사이에 가지런히 나열하여 그 극락국토를 장엄하였다. 다시 허공에는 무량무변한 천의天衣·천향天香·천화天花·천증天繒(비단)·천악天樂이 비처럼 쏟아져 무지개 빛깔로 다채롭게 허공계를 뒤덮었다.

如是無量諸莊嚴具。皆金銀瑠璃硨磲碼瑙毘楞伽甄叔迦等金剛摩尼如意珠王不可思議眾寶所成。是眾寶內各放無量百千萬億寶色光王。互相輝映。一一遍照三千大千世界。其光交羅不相障礙。極虛空際不可窮盡。

이와 같이 한량없는 모든 장엄한 기구는 모두 금·은·유리·자거·마뇌·비릉가·견숙가 등 보배와 금강마니金剛摩尼·여의주왕如意珠王 등 불가사의한 보물로 이루어져 있다. 이 여러 가지 보배 안에서는 또 각각 한량없는 백천만억의 보색광왕寶色光王이 서로서로 빛이 반사되며 낱낱이 삼천대천세계三天大千世界를 두루 비추나 그 광명은 상호간에 교섭하되 서로가 장애하지 않고 허공 끝까지 나아가도 다함이 없다.

> 如是無量一一光明一一莊嚴。與虛空中天樂香花珍禽鈴網其聲雅正。宮商淸徹。鏗鏘應節。流出無量無邊微妙之音。其音遍滿。不間不斷。悉能演說苦空無我諸波羅蜜。歎菩提道讚佛法僧。或說念處正勤根力覺道。諸菩薩行。諦緣願度。力無畏等。十八不共。大慈大悲大喜大捨。不可思議無量法門。其所說法。三世十方依正色心融通無礙。及勸精進。如佛音聲等無有異。

이와 같이 무량한 낱낱의 광명과 낱낱의 장엄이 허공 중의 천악天樂 · 천화天花 · 진금珍禽 · 영망鈴網과 함께 내는 소리는 청아하고 단정하여 궁 · 상 · 각 · 치 · 우의 음률이 청명하게 사무치고, 쇳소리는 곡조를 따라 리듬감 있게 울려퍼지면서 한량없고 가없는 미묘한 음성을 유출한다. 그 음성은 두루 가득하여 중단 없이 모두 고苦 · 공空 · 무상無常 · 무아無我의 온갖 바라밀의 법음을 연설하며, 대승의 보리도菩提道와 불 · 법 · 승 삼보의 수승한 동덕을 찬탄한다.

혹은 사념처四念處 · 사정근四正勤 · 오근五根 · 오력五力 · 칠보리분七菩提分 · 팔정도분八正道分을 비롯한 모든 보살행과, 사제四諦 · 십이인연十二因緣 · 십대원十大願 · 육도六度의 법 · 십력十力 · 사무소외四無所畏 등 제불의 공덕과 십팔불공법十八不共法[10], 대자大慈 · 대비大悲 · 대희大喜 · 대사大捨의 불가사의하고 한량없는 법문을 설하기도 한다. 그 설법은 삼세와 시방의 의보 · 정보의 색법色法 · 심법心法에 융통무애하게 정진하기를 권하는데,

---

10) 범부는 물론 아라한이나 벽지불 또는 보살과도 구별되는 부처님의 독자적인 지혜와 초능력.

아미타부처님의 음성과 평등하여 다름이 없다.

其國眾生聞是法已。悉皆念念隨其所樂。速能證入三乘勝行一切道品無量解脫。如從佛聞。得無差別。縱是凡夫。聞此法故自然精進。尚無一念疲倦之心。云何更有退轉。

그 극락국토의 중생들은 이 법을 듣고 나면 모두 다 생각생각 그들이 좋아하는 것을 따라 신속히 삼승三乘의 수승한 수행과 일체의 도품道品을 닦아서 한량없는 해탈을 증득하는데, 이는 아미타부처님의 처소에서 들은 법문과 차별이 없는 것이다. 비록 이들이 범부라고는 하나 이 법을 듣기 때문에 자연히 정진하면서도 오히려 한 생각도 피로하다거나 권태의 마음이 없으니, 어떻게 다시 퇴전함이 있겠는가.

又彼國土純一男子無有女人。蓮華化生不處胎胞。妙服美味能成法喜。從其所欲。悉隨念至。無寒暑晝夜。無生老病死。無土石諸山。無三途惡道。往來虛空。經行樹下。欲作佛事示現神通。悉從心念。又復壽命無極。

또 저 극락국토에는 순수하게 동일한 남자일 뿐 여인이 없으며, 게다가 모두 연꽃에서 화생化生하여 부정한 포태胞胎에 처하지 않는다. 미묘한 의복과 보기 좋고 맛있는 음식으로 선근을 증장하고 진리의 기쁨(法喜)을 성취하며, 그가 먹고 싶어하면 음식이 충족되는 것은 물론 그가 원하는 모든 것이 생각대로 이르러 온다.

극락세계에는 겨울의 추위·여름의 더위·밤·낮의 차별이 없으며, 생·로·병·사의 여러 병고가 없으며, 모래와 진흙, 흙과 돌로 된 산과 구덩이가 없으며, 지옥·아귀·축생 등 3악도惡道가 없다. 그 극락국토의 중생들은 혹은 허공을 왕래하고 혹은 칠보나무 아래서 경행經行하며, 만약 큰 불사佛事를 짓고자 마음을 내면 불가사의한 신통神通이 나타나 모두 심념心念대로 이뤄지며, 또 수명도 다함이 없다.

如是種種快樂無極。故名極樂。況復彌陀世尊功德光明威神相好各八萬四千。如紫金
山。處大蓮華師子之座。莊嚴赫奕超過虛空。大海彌盧所不能及。眉間白毫功德增勝。如
日舒光眾明悉絕。光中化佛菩薩聲聞各放光明。遠照塵剎攝受眾生。彼二大士亦復如
是。

이와 같은 갖가지 상쾌한 즐거움이 다함이 없으므로 극락이라 한다. 하물며 다시 아미타세존의 무량한 공덕과 무수한 광명과 그 위신력과 상호相好가 각각 팔만 사천이나 되는 것임에랴. 아미타부처님은 자금색의 높은 산과 같고 광대한 연꽃 사자좌 위에 머무시며, 원만하고 장엄한 광명의 그 광대함이 허공을 초과하여 큰 바다 가운데 있는 수미산으로도 부처님 몸의 광대함에 미칠 수 없다. 아미타 부처님의 양미간 백호白毫의 공덕은 더욱 수승하여 마치 태양의 햇살이 퍼지면 달과 별, 등촉, 불빛 등 온갖 광명이 모두 그 속에 묻혀 보이지 않는 것과도 같다. 그 광명 속에서는 무수한 화불化佛·보살·성문이 제각기 대광명을 놓으며 티끌 같은 무수한 세계를 멀리 비추어 일체 중생을 섭수攝受하신다. 저 관세음보살과 대세지보살 두 분 법신대사의 공덕이 수승함도 이와 같다.

文殊師利普賢大行諸大菩薩皆住彼國。一生補處其數甚多。諸上善人俱會一處。悉為良
友。以佛為師。親近慈容。聞第一義。頓超三界即證無生。十地高超二覺圓滿。況能於念
念中供養十方三寶。成就一切法門。遊戲神通淨佛國土。

대지문수사리보살과 대행보현보살을 비롯한 큰 보살들이 모두 저 극락세계에 안주하였으며, 이와 같은 일생보처一生補處[11]의 등각보살도 그 수가

---

11) 일생一生만 지내면 부처님의 지위에 나간다는 뜻. 등각等覺의 지위이다. 석가세존으로부터 무량
수경의 유포를 위촉 받은 미륵보살의 경우, 석존보다 먼저 입멸하여 도솔천궁에 나서 그 천상

매우 많다. 온갖 훌륭한 최상의 선인들도 한 처소에 함께 모여, 모두 훌륭한 수행의 벗이 되어 아미타부처님을 스승으로 모시고 부처님의 자비한 용모를 가까이서 뵙는다. 게다가 능히 제일의제第一義諦(언어와 의식을 초월한 궁극의 진리)를 듣고는 단박에 삼계의 생사를 초월하여 즉시 무생법인의 지혜를 증득하고, 십지보살의 위를 높이 초월해 등각·묘각의 이각二覺을 원만히 한다. 더구나 염념念念 중에 시방의 불·법·승 삼보에 공양하며 일체의 불가사의한 법문을 성취하고 청정한 불국정토에서 신통변화로 자재하게 유희함에 있어서랴.

乃至入於三途六道。舒光破暗救苦眾生。或復塵刹分身。隨機化導。應病與藥。如佛弘慈。於念念中。圓滿普賢所有行願。具文殊智。有大勢力。如觀世音。同證菩提。同佛所住。則一切眾生性雖昏昧。得聞此說。誰不歡喜而生信樂。

나아가 삼도三途와 육도六道에까지 들어가 광명을 놓아 어두움을 없애고 널리 괴로운 중생을 두루 구제한다. 혹은 다시 미진의 국토 가운데 널리 분신分身을 나투어 중생의 근기를 따라 교화하고 인도한다. 병의 증세에 따라 양약을 주는 것이 여러 부처님의 넓고 큰 대자비처럼 염념 중에 보현보살이 소유한 광대한 행원行願을 원만히 하고, 문수보살의 지혜를 구족하게 한다. 아울러 큰 위덕과 세력이 관세음보살과 같아 여러 보살과 같이 보리를 증득해서, 여러 부처님께서 안주하신 불가사의 경계와 동등하다.

그렇다면 일체 중생의 성품이 비록 혼미하고 어둡다 해도 이 극락세계의 수승한 법문을 들을 수만 있다면 누구라도 환희심을 내지 않겠으며 신심

목숨으로 4천 세(인간의 55억 7천만년)를 지난 뒤에 석가모니불을 대신하여 사바세계에 내려와서, 화림원華林園의 용화수龍華樹 아래서 성도成道한 다음 삼회三會의 설법으로 중생을 교화한다고 한다.

과 기뻐하는 마음을 내지 않겠는가.

> 然彼妙土及莊嚴事。雖具我心。若非彌陀如來於過去世爲度衆生行菩薩道不可稱計。焉
> 得成就。當知彼佛行願無邊莊嚴無盡。是故如來居彼國土。大願圓滿寶土斯成。依正莊
> 嚴悉皆具足。如是莊嚴依正境界。假使各十方面百恒河沙微塵刹數菩薩聲聞。以大辯才
> 如實稱揚。盡未來時。不可窮極。

그러나 저 극락세계의 미묘한 국토와 청정하고 장엄한 일들이 또한 내 마음 안에 다 구족해 있는 것이라 해도, 아미타여래께서 아주 오랜 과거 세에 널리 중생을 제도하고자 칭찬하거나 헤아리지 못할 정도로 심원한 보살도를 행하지 않았다면 어떻게 이 극락세계를 원만히 성취해 우리를 왕생하도록 접인할 수 있으셨겠는가. 마땅히 알아야 한다. 저 아미타부처님의 행원은 끝이 없으며, 공덕과 장엄도 다함이 없다는 것을.

이 때문에 아미타여래께서 지금 저 극락국토에 거처하시며 48대원을 원만히 하시자 보토寶土[12])가 성취되어 의보·정보의 여러 장엄이 모두 원만히 구족하게 된 것이다. 이와 같이 아미타부처님의 공덕장엄으로 성취한 의보·정보의 수승한 경계는 설사 시방 각 세계의 백천 항하사 수의 보살·성문·성중이 불가사의한 큰 변재로 여실히 칭양하기를 미래가 다 하도록 한다 해도 다할 수가 없다.

> 若善男子善女人聞如是說。至心信樂欲生彼國者。應如佛教。圓發三心。具足衆戒。不犯
> 威儀。然後直心正向。觀彼國土一切依正無量莊嚴勝妙境界。及彼如來八萬相好功德光

---

12) 극락세계는 아미타불이 계시는 안락한 이상의 세계이며, 이 정토는 보살이 닦는 인행因行의 보報로 이루어진 보토報土라고 한다. 이 사바세계에서 서방으로 십만억 불토佛土를 지나간 곳에 있다는 아미타불의 정토는 아미타불의 전신인 법장 비구의 이상을 실현한 국토이다. 아미타불께서 지금도 항상 설법하시며, 모든 일이 구족하여 즐거움만 있고 괴로움은 전혀 없는 자유롭고 안락한 윤회계를 벗어난 깨달음의 세계이다.

明清淨之身。或復隨取一相一境乃至如來眉間白毫相光。遠離虛妄或一念至十念。或一日至七日。譬如壯士屈伸臂頃。即得往生。其有直信有彼國土有彼如來願力威神。不生疑惑。但能一心不亂執持名號者。不出所期亦得生彼。何待色身報滿然後得生。

만일 어떤 선남자 선여인이 이같은 정토법문을 듣고 지극한 마음으로 믿고 기뻐하여 저 극락국토에 왕생하고자 발원하는 사람이라면, 마땅히 석가모니부처님께서 (정토삼부경 등에서) 설한 가르침과 같이 지성심至誠心, 심심深心, 회향발원심迴向發願心 등 삼심三心을 원만하게 발하고 여러 계율을 구족하여 단정한 위의威儀를 범하지 않아야 할 것이다.

遠離種種虛幻的妄想分別 , 或者一念至心 , 乃至十念專精 , 或經一日乃至七日 , 就譬如健壯之士屈伸手臂短暫的頃刻 , 即得往生於彼佛世界。

그런 뒤에 직심直心으로 서방세계를 향하여 저 극락국토의 일체 의보·정보의 무량하게 장엄한 무승하고 미묘한 경계와, 저 아미타여래의 팔만 사천 상호의 공덕과 광명·청정한 여래의 몸을 관찰해야 한다. 혹은 다시 한 상호, 한 경계, 내지 아미타여래의 미간 백호상광을 임의로 취해 관찰해야 한다. 허망한 망상과 분별을 멀리 떠나면, 혹은 일념에 지극한 마음에 이르거나 십념에 일심불란을 이루어, 혹은 1일에서 7일이 경과하면 마치 팔뚝을 굽혔다가 펴는 짧은 순간에 곧 바로 저 부처님 세계에 왕생하게 된다.

만일 저 극락국토를 곧은 마음으로 바로 믿으며, 저 아미타여래의 광대한 서원과 위신력이 존재함을 바로 믿어 어떠한 의혹도 내지 않고, 한결같은 마음으로 어지러움 없이(一心不亂) 아미타불 명호를 집지執持하는 사람은 정해 놓은 기한이 다가오지 않아도 또한 저 국토에 왕생하게 된다. 어찌 색신의 과보가 원만하기를 기다린 후에라야 왕생이 가능하겠는가.

當知阿彌陀佛接引眾生。令離苦海過彼慈親。於先劫中已立大誓。無苦不忍。無行不臻。無願不立。無法不說。為度我故方便百千。今正是時。目睛不瞬。垂臂待我。已歷十劫。念念不捨。甚於剖心。乃至其心激切。入生死中。遍歷三道。地獄猛火不辭勞倦。我若廻心向佛。如子戀母。正慰所懷。則不逾當念便得往生。何必更經十念之頃。然後得生

마땅히 알아야 한다. 아미타불이 중생을 접인하여 생사의 고해苦海에서 벗어나게 하시는 대자대비가 사람들의 자애로운 어버이를 능가하신다는 것을. 아미타부처님께서 과거 무수겁 이전의 세상에서 이미 48대원을 세워 힘든 수행을 통해 참지 않으신 괴로움이 없었으며, 원만 성취하지 못한 보살행이 없었으며, 세우지 않은 광대한 서원이 없었으며, 말씀하지 않으신 불법이 없으셨다. 이와 같이 우리를 제도하려고 시설한 무량 백천의 방편이 한량 없으시다.

지금 이 시간에도 아미타불께서 우리를 고해에서 구제하기 위해 잠시도 곁눈질할 여가 없이 자비의 눈으로 응시하시며, 황금의 팔을 늘어뜨리시어 우리를 접인하기 위해 기다리신 지가 이미 십겁이 지나셨다. 염념에 우리를 가엾게 여기사 잠시도 버리지 않으시는 그 비통함이 심장을 쪼개는 아픔보다 더하시며, 또한 아미타불의 대비심이 말할 수 없이 간절하실 때면 생사의 고해 속에 들어가 지옥·아귀·축생 등 삼악도三惡道를 두루 편력하시나니, 지옥의 사나운 불길에서도 피로와 권태를 마다하시지 않는다.

우리가 만일 마음을 돌이켜 부처님을 향하는 것이 어린아이가 자비로운 어머니를 그리워하듯 아미타부처님 심중의 회포를 위로한다면 당념當念을 넘기지 않고 바로 왕생할 것이다. 하필 다시 십념十念을 성취한 연후에야 정토에 왕생할 수 있다 하겠는가.

제2 허망함을 배척하고 진실을 나타냄

斥妄顯眞第二 (附眞妄心境圖)

行人欲生彼國出離生死。先當深識求生彼土眞妄之心。且謂如是極樂世界爲是在境。爲是在心。若在於心。但有虛想。無土可生。若在於境。雖有生處。又復失心。

수행인이 저 불국토에 왕생하여 삼계·육도의 생사윤회를 벗어나고자 한다면 먼저 반드시 저 불국토에 왕생을 구하는 진망眞妄의 마음을 깊이 식별해야 한다. 그렇다면 이러한 극락세계는 경계에 있는가, 마음 안에 있는가?

만일 마음 안에 있다면 저 극락세계는 단지 허망한 환상만 있을 뿐 왕생할 만한 진실한 불국토는 없는 것이며, 만일 경계에 있다면 왕생하는 처소는 있다 해도 다시 유심唯心의 도리를 잃게 될 것이다.

若謂心境二俱求生。則我身心是一。寧生兩處。若謂心境是一一心求生。則自今心境宛爾。難說是一。又極樂娑婆淨穢不同。況是世尊垂教。勅令捨穢求淨。一義奚得。四句既不可求。

만일 자심과 경계가 함께 왕생을 구한다고 말한다면 나의 몸과 마음은 본래 하나인데 어떻게 두 곳에 왕생하며, 또 만약 자심과 경계가 하나라고 말하여 일심一心으로 왕생을 구한다면, 지금처럼 자심과 경계가 뚜렷하게 존재하므로 하나라고 말하기도 어렵다.

이밖에 극락세계와 사바세계는 그 청정과 더러움이 동일하지 않다. 게다가 석가세존께서는 자비로운 가르침을 베푸셔서 우리가 예토를 싫어하고 정토를 구하라고 하셨는데, 그렇다면 소위 한 가지 도리에만 집착해서 도리어 어떻게 얻겠는가. 앞에서 열거한 '같거나, 다르거나, 같기도 하고 다르기도 하거나, 같지도 않고 다르지도 않다'고 하는 사구四句로도 이미 구하지 못하였다.

> 或謂處處皆是西方極樂。或謂心淨則是極樂。或云極樂不離這個。若作此解。皆名邪見。而余因不得以默矣。彼若謂極樂在心。即便妄認此心住在我今身中。既在身中。但名求心。何名求生。豈我世尊不知極樂在心。而說在西方十萬億國土之外耶。又豈不能指說內心。而但能說外境耶。

또 혹자는 바로 이곳 처처處處가 모두 이 서방극락이라 말하며, 혹자는 마음이 청정하면 바로 극락세계라 말하며, 혹자는 극락세계가 이곳을 떠나 있지 않다고 하는 이들도 있다. 만약 이와 같이 이해한다면 이는 모두 삿된 견해에 지나지 않아서, 나는 이들의 말을 듣고 그냥 침묵하고만 있을 수 없는 것이다.

그 사람이 만약 극락세계가 내 마음 안에 있다고 말한다면 문득 이 자심이 몸(色身)속에 있다는 잘못된 인식을 하는 것과 같다. 이미 자심自心이 자신自身 가운데 있다면 단지 구심求心이라 할 수 있을 뿐, 어떻게 구생求生 극락이라 하였겠는가. 그러면 어떻게 우리석가 세존께서 극락세계가 자기 마음 안에 있음을 알지 못하시고, 여기서 서방으로 십만억 국토 밖에 있다고 하셨겠는가. 또 어찌 석가세존께서 내심內心을 가리켜 말씀하시지 않고 다만 외경外境의 일만을 말씀하셨겠는가.

> 今西方極樂世界阿彌陀佛現在說法。實境宛然。此是聖人誠言。焉敢不信。而不知此緣影心外之極樂正即是我真心。我此真心如彼大海不增不減。而汝妄謂為境。

바로 지금도 서방극락세계의 아미타불께서는 설법하고 계시므로 극락정 토는 진실한 경계로 존재함이 완연하다. 이는 석가세존 성인의 참으로 진실한 말씀인데, 어찌 감히 믿지 않겠는가. 그리고 이 육진六塵에 반연한 그림자인 망심 밖의 극락세계가 진정 나의 이 진실한 마음(眞心)이며, 나의 이 진실한 마음은 저 큰 바다가 늘지도 않고 줄지도 않는 것과 같음을 알지 못하고, 당신은 도리어 극락세계를 마음 밖의 경계라고 허망하게 주장하고 있는 것이다.

汝謂極樂在緣影心。此緣影心如海一漚。生滅全妄。而汝妄謂為心。汝若固執妄見。不信外有極樂。信在汝緣影心內者。汝緣影心無體。不可以心求生於心。而不知彼極樂雖在西方。西方即我真心。

그대는 망령되이 극락세계가 육진 연영심緣影心 가운데 있다 말하지만, 이 육진의 연영심은 큰 바다의 작은 물거품과 같다. 그 생멸과 동정動靜이 완전히 환상이요 허망한 것인데, 그대는 도리어 허망하게 그것을 진실한 본심이라 잘못 말하는가.

그대가 만일 허망한 견해를 고집하여 사바세계 밖에 극락세계가 있음을 믿지 않고 도리어 그대의 연영심 내에 있다고 믿는다면, 그대의 연영심은 진실한 체성이 없으므로 망심으로써 망심에 왕생하기를 구하지 못할 것이다. 그리고 그대는 저 극락세계가 비록 서방에 있긴 하나 서방이 곧 나의 진실한 마음(眞心)임을 알지 못한 것이다.

真心無性。即彼名體以顯我心。名體本空。亦即我心而示其相。心境一體生佛同源。求彼佛。即求自心。非外求也。究自心。須求彼佛。豈他惑哉。如是則取捨忻厭。熾然着相。任我所求。豈復外心。心能具故。

진심眞心은 자체성이 없으므로 저 극락세계라는 이름으로써 나의 진심을 나타냈으며, 극락세계라는 이름이 본래 공적하므로 또한 나의 진심에 그 경계상을 보였다. 진심과 경계상이 한 몸이며, 중생과 제불이 동일한 근원이다. 저 아미타불을 구하는 것은 곧 자기의 마음을 구하는 것이며, 바깥에서 구하는 것이 아니다. 자기의 마음을 탐구하려면 모름지기 저 아미타불을 구하여야 하는데, 어떻게 다른 부처로 인해 자심을 미혹하겠는가. 이와 같다면 정토를 취하고 예토를 버리고, 극락을 좋아하고 사바세계를 싫어함이 치연熾然하게 청정과 더러움이라는 상相에 집착하여 나의 의식이 구하는 대로 맡기리니, 어찌 다시 나의 진심 밖이겠는가. 자심에 능히 일체법의 인연을 갖추고 있기 때문이다.

> 則知此心圓裹一切依正境界。乃至色心淨穢。生佛因果。三世十方諸法。含攝無外。同一受用。求一外相。了不可得。雖無外相。不分而分。淨穢宛爾。故當如是而求。豈可求之於妄心也。

이와 같은 즉, 나의 이 진심은 일체 의보·정보의 경계와 내지 색법·심법, 정토·예토, 중생과 제불의 인因과 과果와 시방 삼세의 일체법을 자심에 원만하게 감싸고 가없이 포섭 함용하여 동일하게 수용하므로, 한 터럭이라도 마음 밖의 모양에서 구하고 취하려 해도 완전히 얻을 바가 없음을 알 것이다. 비록 마음 밖에 한 터럭의 모양(相)도 없긴 하지만, 그러나 분리되지 않는 가운데 속제俗諦의 분리가 있으므로 청정한 국토와 오염된 세계의 차별이 뚜렷하게 존재한다. 그래서 이와 같이 극락세계로의 왕생을 구해야 한다는 것이니, 어찌 육진 연영의 허망한 마음에서 구하겠는가.

如是願求。佛所印可。與彼世之不識本心。愚癡無智。不求西方極樂之佛。但向自己肉團
緣影妄心中求。謂是者。實遼遠矣。

이와 같이 왕생을 발원하고 구하는 것은 석가모니부처님께서 인가하신 것이다. 이것은 곧 저 세간에서 본심本心을 알지 못한 우치하고 무지한 사람이 서방극락세계의 아미타불을 구하지 않고, 자기 육단심 가운데 육진연영의 허망한 마음속에서 구하면서 "유심의 정토며 본성의 미타(唯心淨土 本性彌陀)"라고 잘못 말하는 것으로, 그 차별은 실로 요원한 것이다.

然彼極樂國土非依緣影妄心。又彼彌陀色身非在眾生陰體。若向我今四大緣影身心中。
求本性自己之佛。不求西方極樂之佛。則妄心生滅。

그러나 저 극락세계의 국토는 육진 연영緣影의 허망한 마음을 의지하지 않았다. 또 이 밖의 저 아미타불의 색신은 중생의 오음五陰으로 이루어진 허망한 몸에 있지도 않다. 만일 나의 지금 사대四大가 거짓 화합된 육진 연영의 허망한 신심身心 속을 향하여 본성인 자기 부처를 구하고 서방극락의 아미타불을 구하지 않는다면, 우리의 허망한 신심은 생멸하므로 곧 자심의 부처 또한 생멸에 떨어지고 말 것이다.

佛生滅故。三昧不成。縱求有得。但成生滅之佛。還生生滅之土。不成正行。經云。以輪廻
心。生輪廻見。彼圓覺性亦同輪轉。即此義也。

(식심識心 안의) 부처가 이미 생멸하기 때문에 염불삼매가 성취되지 않으며, 비록 허망하게 구하여 얻음이 있다 하여도 다만 생멸하는 부처만 이룰 뿐이므로, 생멸하는 국토에 왕생하여 정토법문의 바른 행行을 이루지 못한다. 원각경에서 말하기를 "윤회하는 마음으로 윤회의 생각을 내므로 원각圓覺의 성품 또한 함께 윤회한다" 하였는데, 바로 이러한 도리이다.

若欲離諸妄見直生彼者。但求西方十萬億國土外極樂彌陀之佛。以稱性妙觀。如實觀
之。使彼如來本覺相好於彼顯現。合我眾生始覺眞心。於此發明。始本相冥。生佛互感。
三昧乃成。正行斯立。不生滅土始可生也。

만약 온갖 허망한 견해를 떠나서 곧바로 저 극락국토에 왕생하고자 하는 사람이라면 서방 십만억 국토 밖의 극락세계 아미타부처님을 흔쾌히 구하여야 한다. 진여 체성에 합당한 오묘한 관찰로 여실히 사유하고 관조하면 저 극락정토에 밝게 나타난 아미타여래 본각本覺[13)의 상호相好와 광명이 이 사바세계에서 밝게 드러난 우리 중생의 시각始覺인 진심眞心과 합해진다. 시각과 본각이 서로 명합冥合하고 중생과 부처가 서로 감응感應하여 염불삼매가 성취되고 정토법문의 정행正行이 여기에서 능히 성립되리니, 불생불멸의 국토에 비로소 왕생이 가능해질 것이다.

故知此心遍一切處。尚不聞於地獄。何止極樂。但地獄苦處今順性而求離。極樂九品今
順性而求生。

그러므로 알아야 한다. 나의 이 진심이 일체의 처소에 두루 하나 지옥이 있다는 것도 듣지 못하는데, 어찌 극락에만 그칠 뿐이겠는가. 다만 지옥은 괴로운 곳이기에 지금 본성에 수순하여 떠나기를 구할 따름이며, 극락세계의 구품연화는 안락한 곳이기 지금 진여본성에 수순하여 왕생을 구할 뿐이다.

但依修多羅教。順佛法音。求離苦得樂從凡入聖。實不出吾之心性。故名惟心淨土本性

---

13) 본각本覺은 진여眞如 자신인 각체覺體를 말하며, 시각始覺은 수행에 의하여 증득한 각체覺體를
    말한다. 본각은 부처와 중생을 막론하고 누구나 가진 깨달음의 당체이며, 시각은 깨달음을 통해
    망각해 온 본각을 비로소 회복하는 것.

彌陀。非謂從妄心中求。妄心無體。焉得名為惟心本性之佛耶。彼向自己緣影妄心中求者。以色身及山河大地十方刹海為外境也。此向自己不動真心中求者。即十方刹海大地山河為內心也。若知十方刹海即內心。則打成一片。

우리가 세존과 경전의 가르침에 의지하고 부처님의 법음法音을 따라 고통에서 벗어나 안락을 누리기를 기구하여, 범부로부터 성인에 들어가기를 구하는 것이 실로 우리 진심·본성에서 벗어나지 않는다. 그러므로 유심정토惟心淨土·본성미타本性彌陀라 이름한 것이다. 결코 우리 육진의 그림자와 같은 허망한 마음을 좇아 추구함을 말한 것은 아니다. 허망한 마음은 진실한 체성이 없는데 어떻게 유심·본성의 진불眞佛이라 이름할수 있겠는가.

자기 육진의 그림자인 허망한 망심妄心을 향해 구하는 사람은 자기의 색신色身과 산하대지, 시방 허공의 세계(刹海)를 내 마음 밖의 경계로 삼는다. 하지만 자기의 움직이지 않는 불생불멸의 진심에서 구하는 사람은 곧 시방찰해와 일체 산하대지가 사실은 내 마음임을 알 수 있다. 시방 허공의 세계가 우리 마음임을 알면 곧 나와 일체 산하대지·허공세계가 곧 한 덩어리를 이루게 된다.

故我任意於中捨穢取淨。厭東忻西。不出自心。以實有彼大願果佛能接引故。故求無不得。若謂十方刹海為外境。則打作兩橛。故纔動念即乖法體。即失其用。不得自心。以但有此性具因佛無力用故。故雖求無得。

따라서 내가 마음대로 그 가운데서 예토를 버리고 정토를 취하며, 동방을 싫어하고 서방을 기뻐하며 구하더라도 우리 자심의 본성을 벗어나지 않는 것은 진실로 광대한 서원을 세우신 과불果佛(아미타불)께서 우리가 극락세계에 왕생할 수 있도록 능히 접인하시기 때문이다. 그러므로 저 극락국토에 왕생을 구하면 왕생하지 못할 자가 없다.

그러나 만일 시방 허공의 세계를 마음 밖의 경계라 한다면 즉, 자심과 저 세계가 양단兩端을 이룬다. 때문에 조금이라도 생각이 움직이면 즉시 제법의 진실한 체성을 무너뜨리고 바로 자심의 묘한 작용을 잃어 자기 마음을 깨닫지 못한다. 이는 다만 이 본성에 있어 인지因地의 부처만 갖추었을 뿐 진실로 힘 있는 작용이 없기 때문인데, 그러므로 아무리 자심에서 애써 구해도 결코 정토에 왕생할 수가 없다.

> 又妄心但是虛妄緣影。惑爲色身之內。無土可生。眞心舍育一切塵刹。本具極樂依正。求之必生。妄心捨外趣內。眞心卽外爲內。內無外故。外求有相果佛。卽求自心。內非實故。內求無體緣影。不見自心。

또한 망심은 허망한 육진에 반연하는 그림자일 뿐이어서, 그 마음이 4대 색신의 안에 있다고 잘못 알아 결코 왕생할 만한 진실한 국토가 없다. 그러나 진심은 시방 일체의 미진세계를 함장하고 길러서 극락세계의 의보와 정보를 본래 구족하였으므로, 진심의 서방극락을 구하기만 하면 반드시 아미타불의 정토에 왕생하는 것이다.

망심은 바깥 경계를 버리고 안으로만 나아가나, 진심은 바깥 경계를 자기 내심內心으로 삼는다. 그 진심의 안에는 마음 밖의 법法이 없기 때문에, 밖으로 유상有相의 과불果佛(과지果地의 부처님, 곧 아미타불)을 구하는 것이 곧 자기의 진심을 구하는 것이다. 망심으로서의 내심內心이라 하여도 진실한 체성이 없기 때문에, 안으로 실체 없는 육진에 반연한 그림자 같은 허망한 마음을 구하지만 결코 진실한 자심自心을 보지 못하는 것이다.

> 妄心心境宛然。眞心卽心卽境。妄心生滅無據。眞心不動不搖。妄心在因無果。始終生

滅。真心因果一致。性修交徹。故知從真心妄心求者。其別若是。

허망한 분별을 일삼는 망심은 자심과 바깥 경계가 뚜렷하여 차별이 있고 분리되어 있지만, 진심은 마음과 경계가 분리 되지 않아서 경계가 바로 마음이다. 망심은 환상으로 생멸하지만 근거가 없으며, 진심은 동요가 없고 불생불멸이다. 망심은 인지因地에서 과덕果德이 없이 시종 생멸하여 무상하지만, 진심은 인지因地와 과지果地가 평등하게 일치하고, 인지의 성덕性德과 과지의 수덕修德이 원융하고 상호간에 관철된다. 그러므로 진심을 수순하거나 망심을 따라 정토를 구하는 결과가 실로 이와 같이 다른 줄 알 것이다.

論時則何啻日劫相倍。論處則何但天地懸殊。論體真則圓裹十虛。妄則居於身內。論用真則橫截娑婆。直出生死。妄則煮砂為飯。經劫難成。

만약, 수행 성취에 걸리는 시간을 논한다면 진심에 수순하고 망심을 따름이 어찌 하루와 1겁劫의 배 수 차이 뿐이겠는가. 그 왕생하는 처소로 논한다면 진심을 따르고 망심에 의거함이 어찌 하늘과 땅 차이 뿐이겠는가. 또 그 체성을 논한다면 진심은 시방의 허공세계를 원만히 포괄하였으나, 망심은 허망한 4대 색신 안에 머물고 있다. 그 응용을 논한다면 진심에 수순함은 사바세계를 옆으로 초월하고 절단하여 곧 바로 생사를 벗어나지만, 망심은 모래를 쪄서 밥이 되기를 기다리듯이 무량 겁을 지나도 성취하기 어렵다.

是故行人發菩提心求生淨土。豈可但求自己緣影妄心。不求西方極樂真佛。良可痛傷。譬如欲西而面東。欲升而抱石。從水求火。從火覓水。奚可得焉。

따라서 수행인이 보리심을 발하고 정토 왕생을 구하면서도 다만 자기 육진의 그림자인 허망한 마음만을 구하고 서방극락세계의 진실한 아미타불께 흔연히 왕생을 구하지 않는다면 어찌 되겠는가. 참으로 비통하고 상심할 일이다. 비유하면 서방으로 가려 하면서 동방으로 향하고, 수면으로 올라가려 하면서 무거운 큰 돌을 껴안는 것과 같다. 깊은 물속에서 불을 구하고, 큰 불 속에서 물을 찾는 것과 같으니, 이렇게 해서야 어떻게 얻을 수 있겠는가.

嗟今之人不識眞心遍一切處。即色顯體。而妄認緣塵影事。謂是本性。謬之甚矣。譬如有人。認賊爲子。其家財寶必被消滅。分別影事妄認爲心。亦復如是。

아~! 요즘 사람들은 진심이 일체 처에 두루하여 색법色法에 즉即해 그 체성이 나타남을 알지 못하는구나. 오히려 육진의 그림자와 같은 것들을 허망하게 취해서 그것을 자기의 본성이라 말하니, 이는 참으로 오류가 심하지 않는가!

비유하자면, 어떤 사람이 도적을 자기가 낳은 자식으로 잘못 알면 그 집안의 재물과 보배가 반드시 절도를 당해 소멸하는 것과 같다. 지금 육진 경계에 반연하는 그림자를 분별하여 우리의 자심이라고 잘못 인식하는 것도 또한 이와 같다.

若或識子是賊。賊不爲害。知意是妄。妄亦奚傷。但不可認彼爲是極樂依正也。四明法智大師所以有指妄即眞之說。觀佛觀心之談。終不撥於極樂依正實境。

만약 가짜 자식을 도적인 줄 알고 나면 도적이 나를 해칠 수 없듯이, 분별의식이 허망임을 알고 나면 망심이 또한 어떻게 나를 해칠 수 있겠는가. 다만 그 망심을 극락세계의 의보·정보로 인정해서는 안될 것이다. 사명법지四明法智대사가 "망심이 곧 진심이다"라고 곧바로 가리키고, "부처를 관하는 것이 마음을 관하는 것이다"라고 말씀하셨지만, 끝내 극락세계의 의보·정보 등 진실한 경계를 배제하지는 않았던 것이다.

奈何後世邪見蜂起。魔侶熾然。破滅佛法。斷佛種性。妄計極樂妙土在我緣影心中。而不肯西求。可勝顛倒。彼閭巷之人未聞正說。以此邪見密相傳授。

어찌하여 후세에 삿된 지견이 벌떼처럼 일어나고, 사마외도들이 불길처럼 일어나서 진실한 불법을 파멸시키고 부처의 종성種性을 단멸시키는가. 망령되이 저 극락세계의 미묘한 국토가 내 육진의 그림자인 망심 속에 있다 하고 서방의 아미타불은 구하려 하지 않으니, 이는 참으로 지나치게 전도된 것이다.

疑誤人者雖不逃於地獄苦報。尚有可恕。而我出家四眾圓頂方服者同此見解。尤可傷憫。倘若真為生死。則必以此說為是。若有障重之人。於此法門不能隨順者。則當更審緣影妄心境界云何。

이와 같이 미혹하고 오해한 사람들은 지옥의 고통스런 과보를 피할 방법이 없다 하더라도 너그러이 용서할 수는 있다. 그러나 우리 출가한 사부대중 가운데 머리를 삭발하고 가사를 입은 사람들이 이런 삿된 견해와 동일하다면 더욱 비통하고 슬픈 일이니, 진정으로 생사해탈을 위해 수행한다면 반드시 나의 이 말을 옳다고 여겨야 한다. 만일 업장이 무거운 사람이라서 이 진실한 정토법문을 듣고도 믿고 따르지 못하겠다면, 마땅히 다시 이 육진의 그림자를 반연한 망심妄心의 경계가 어떠한가를 자세히 관찰해야 하리라.

此虛妄心既無有體。但隨我生滅。遂即妄說為我。妄認我故。便謂此心住在我今色身之內。謂此色身住於今之世界。謂此世界還住今之虛空之中。此虛空性廣大難量。遍舍塵剎。如是則空大界小。心劣於身。

이 허망한 육진의 그림자인 망심은 사실 진실한 체성이 없어서 다만 나의 색신色身에 집착하여 생멸하면서 드디어는 이것을 나(我)로 오인하고 만다. 허망하게도 그것을 참다운 나로 오인하기 때문에 문득, 이 마음이 나의 색신의 안에 있다고 여기며, 이 4대가 거짓 화합된 색신은 지금의 세계 안에 거주한다고 생각한다. 이 세계는 다시 지금의 허공 가운데 존재하니, 이 허공의 체성은 광대무변하여 사량하기 어려우며, 티끌 같은 국토와 세계를 두루 포함한다고 여긴다. 이와 같다면 허공은 상대적으로 크고 세계는 비교적 작으며, 자심은 색신보다 더욱 하열한 것이 되고 만다.

一念轉微。不可舉示。豈可以至微至末一念無體之妄心。而於此求極樂依正之妙境乎。不可求而求。豈不甚惑。

저 일념은 더욱 미묘하여 사람들에게 들어 보일 수조차 없는 것이다. 그런데 어떻게 지극히 미세하고 지말적인 일념으로, 자체성이 없는 망심으로 극락세계의 의보·정보의 광대하고도 미묘한 경계에 왕생하기를 구하겠는가. 구하지 못하는 망심에서 광대한 묘한 경계를 구한다면 어찌 미혹이 심하다 하지 않겠는가.

既了此義。則知如是空性無邊。雖不可量。元不出我大覺清淨心中。如彼片雲點太清裏。況諸世界在虛空耶。況此色身在世界耶。況此妄心在色身耶。

이미 이러한 뜻을 깨달아서 알았다면 곧 이같은 허공의 체성이 가없어 비록 헤아리지 못한다 해도 원래 나의 광대한 각성覺性의 청정심에서 일찍이 벗어나지 않은 것이, 마치 저 한 조각 구름이 광대한 푸른 허공 가운데 점을 찍은 것과 같은 줄 알리라. 하물며 온갖 세계가 허공 안에 있으며, 더구나 이 색신(육신)이 세계 안에 있으며, 또한 이 망심이 색신 안에 있음이겠는가.

故知妄微身著。界大空圓。從纖至洪。不出我今本心之內。故知我心如空。彼空如塵。我心廣大無涯無底。圓裹十方三世一切虛空微塵剎土一切衆生色身妄念。欲求一法在於心外。了不可得。何特西方極樂非心外耶。

그러므로 알라. 허깨비 같은 망심은 아주 작지만 색신은 그보다 크고, 세계가 비록 크지만 허공은 더욱 원만히 두루 감싸고 있다. 작고 미미한 몸과 마음으로부터 광대한 세계와 허공에 이르기까지 모두 나의 이러한 진실한 본심 안에서 벗어날 수 없음을. 따라서 나의 참마음(眞心)은 광대한 허공과 같고 저 빛깔과 모양이 있는 유형의 허공은 오히려 티끌과 같은 줄 알 것이니, 나의 참마음은 광대하여 한계도, 밑도 없이 시방삼세의 일체 허공과 미진 수의 찰토와 일체 중생의 4대 색신과 망념을 두루 포함하고 있기 때문이다. 한 법도 참마음 밖에서는 구할 수 없거늘, 특별히 서방극락세계라고 해서 참마음 밖에 존재하겠는가.

造次顚沛尚不可離。況淨行莊嚴要期西邁。透脫生死。豈求外耶。經云。認悟中迷。晦昧為空。空晦暗中。結暗為色。色雜妄想。想相為身。聚緣內搖。趣外奔逸。昏擾擾相以為心性。一迷為心。決定惑為色身之內。不知色身外洎山河虛空大地。咸是妙明真心中物。

급작스럽고 황망한 창졸간이라도 오히려 마음에서 멀리 떠나지 못하는데 하물며 청정한 묘행과 복덕·지혜로 장엄하고 보리심으로 서방정토에 왕생하길 발원함이겠는가. 더구나 6도의 생사를 투철히 벗어나는 일을 어찌 마음 밖에서 구하랴.

능엄경에서 설하시길, "본래부터 깨달아 있는 자성自性 가운데 미혹을 잘 못 알아 어둡고 매한 텅빈 바탕을 공空이라 하고, 다시 허공의 어두움 속에서 맺힌 어둡고 둔탁한 형질形質을 색色이라 한다. 이 색법色法은 무명의 망상과 뒤섞여 허망한 망상의 모양이 자기 몸이 되고, 여러 인연이 마음 안에서 요동하여 밖으로 분주하고 멋대로 치달아서 혼미하고 어지로운 분별상으로써 심성心性을 삼는다. 한번 혼미하여 육진의 그림자를 자심自心으로 삼아 그것이 색신의 안에 있다고 미혹하면 4대 색신과 더불어 그 몸 밖의 산하대지와 허공이 모두 우리 '묘하게 밝은 참마음'(묘명진심妙明眞心) 안의 사물임을 모르게 된다.

> 譬如百千澄清大海棄之。唯認一浮漚體。目爲全潮。窮盡瀛渤。汝等卽是迷中倍人。如我垂手。等無差別。又云。妙覺明心遍十方界。舍育如來十方國土淸淨寶嚴妙覺王刹。又云。十方虛空生汝心內。猶如片雲點太淸裏。況諸世界在虛空耶。

비유하면 백천의 맑은 대해大海를 버리고 오직 하나의 작은 물거품을 자기 몸으로 삼아 그것을 전체의 바닷물이라 여겨서 크나 큰 바다를 다 해마쳤다 하는 것과도 같다. 그대들은 미혹함이 더욱 배나 되는 사람이긴 하나 내가 드리운 손의 손바닥과 같은 모양이어서 조금도 차별이 없다" 하였다.

또 설하기를, "묘각妙覺의 영명한 마음은 시방세계에 두루 하여 제불여래의 시방국토와 청정한 가지가지 보배로 장엄한 묘각妙覺의 불과佛果인 법왕의 찰토를 포섭하고 기른다" 하였다. 또한 "시방의 허공이 너의 마음 안에 발생한 것이 마치 한 조각 뜬 구름이 광대한 허공의 태청太淸

속에 점을 찍은 것과도 같다. 더구나 여러 세계가 허공 안에 있음이겠는 가"라고 하였다.

以是義觀。旣十方空剎依正色心是我本有。我今決志求生本有之土。求見本有之佛。有 何不可而謂外求。我旣願求。心能感故。彼佛爲我顯現之時。卽我自家底本有心佛顯現。

이러한 의리로 관찰해 본다면 시방의 허공찰토와 의보·정보, 색법·심 법이 본래부터 나에게 갖추어져 있는 것이다. 그렇다면, 내가 지금 지향 점을 결정하여 나의 참마음에 본래 있는 극락정토에 왕생하기를 구하고, 내 자성에 본래 있는 아미타부처님 친견을 원하는데, 무엇이 불가능하여 마음 밖에서 헛되이 구하겠는가.

내가 이미 발원하고 구하면 내 마음이 능히 감득하기 때문에, 저 부처님 이 나를 위하여 장엄한 불신佛身을 드러내실 때가 곧 나에게 본래 있는 참마음(眞心)의 아미타불이 나타나는 순간이다.

心佛眞實。何有外來。旣無外來。彼佛顯時。卽我心顯。我心顯時。卽彼佛顯。我心卽是 彼佛之心。彼佛卽是我心之佛。一體無二。性本圓融。何可捨彼西方極樂內心之佛。而妄 計別有惟心佛也。

자심自心의 부처가 진실인데 어떻게 밖에서 부처가 오겠는가. 이미 밖에 서 오는 부처가 없다면 저 아미타불이 나타나실 때가 곧 나의 자성청정 심自性淸淨心이 드러날 때이며, 나의 청정심이 나타날 때가 곧 저 아미 타불이 현현顯現하실 때이다. 나의 자성청정심이 바로 저 아미타불의 마 음이요, 저 아미타불이 곧 내 자심의 부처이기 때문이다. 나와 저 부처 님이 본래 일체이고 차별이 없어 체성이 본래부터 저절로 원융무애圓融 無礙한데, 무엇 때문에 저 서방극락세계의 내심불內心佛을 버리고, 허망하게 서방극락세계 밖의 별도의 유심불唯心佛을 헤아리겠는가.

> 或日。雖妄心。豈不亦具依正之法。何必使人求乎外境。答日。妄心設具一切依正之法。豈不亦具西方極樂。若知西方極樂一如娑婆之實境可求。可說心具。若謂此心即是心外更無實境。此則但是妄心虛想。有何實焉。而謂心具。又即境之心名真心。離境之心名妄心。

어떤 이가 묻기를, "비록 6진의 그림자인 분별망심이긴 하나 어찌 또한 의보·정보의 법을 갖추지 않았겠는가. 하필이면 사람들에게 바깥 경계에서 의보와 정보를 구하게 하는가?" 하기에, 이렇게 대답하였다.

"만약 망심이 일체 의보와 정보의 법을 갖추었다면, 어찌 서방극락세계에서 갖추지 않았겠는가. 만일 서방극락세계에서도 사바세계에서처럼 실제 경계를 보거나 구할 수 있다면 또한 자심에 본래부터 다 갖추어 있다는 말이 가능하다. 그러나 만약 이 그림자 같은 망심이 정토라고 한다면, 이 망심 밖에 다시 진실한 정토의 경계는 없을 것이다. 이는 곧 망심의 헛된 망상이니, 무슨 진실성이 있다고 자심에 정토를 갖추었다 말할 수 있겠는가. 일체 경계에 즉即한 마음을 참마음(眞心)이라 하며, 경계를 떠난 마음을 망심妄心이라 한다.

> 故知真妄雖同。即離為異。即得離失。即是離非。其旨明矣。又如法師少康。因念佛故。稱佛名時。佛從口出。狀若連珠。亦存其相。使其眾會皆得見也。佛既有相。土焉不實更有一等。

그러므로 알라. 진심과 망심이 비록 같은 마음이란 명칭으로 부르기는 하나, 경계를 즉함과 경계를 떠남에서 오히려 차이가 있다. 경계를 즉한 마음을 '득得'이라 한다면 경계에서 떠난 마음을 '실失'이라 하며, 경계에 즉한 마음을 '옳다(是)'고 하면 경계에서 떠난 마음을 '그르다(非)'고 하니, 그 뜻이 무척 명료한 것이다.

또 여如(소강少康) 스님은 염불삼매를 증득하였기에 부처님의 명호를 칭양할 때마다 화불化佛이 입으로부터 나왔는데, 그 모양이 구슬을 연이은 염주와도 같았다. 이 역시 그 화불의 상相을 폐기하지 않고 인정한 것으로, 여 스님는 그 상서로운 모습(서상瑞相)을 법회에 모인 중생들이 모두 보게 하였다. 이와 같이 부처님이 이미 상호가 있는데, 청정한 불국토인들 어찌 실제가 아니겠는가.

謂於事則有。於理則無。或云。處處皆是淨土。傷哉此輩。深惑難祛。又禪宗南陽國師。為禪客擧無情說法之話。雖不專言淨土旨趣。亦痛末世向緣影求佛者多。故此說中不得不備。

다시 어떤 사람들은 현실상(事相)으로는 있으나 이치(理體)로는 없다 말하며, 혹자는 곳곳이 다 극락정토라 말한다. 이런 류의 사람들은 사실 마음이 아플 정도로 가련해서, 그 깊은 어리석음과 미혹을 제거하기가 참으로 어렵다.

이 밖에 선종의 남양혜충국사南陽慧忠國師는 참선객을 위하여 '무정물도 법을 설한다'(無情說法)는 화두를 들면서, 비록 정토법문의 종지를 전문적으로 말하진 않았지만, 또한 말세에 반연의 그림자인 망심을 향하여 '마음의 부처'(心佛)를 구하는 사람이 많은 것을 매우 통탄하였다. 그래서 부득이 이 말도 여기에 보충해서 제기해 둔다.

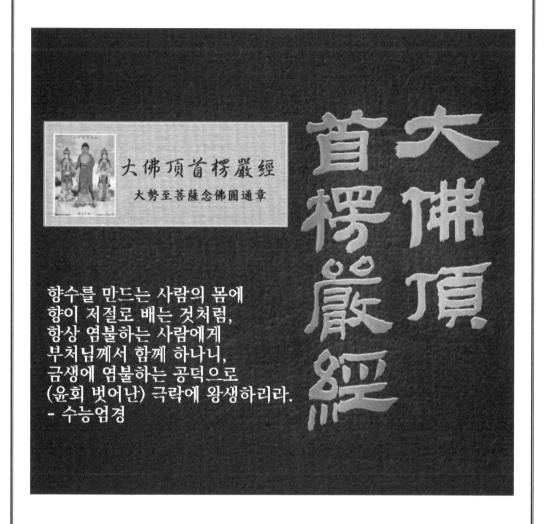

제3 잘못 이해한 것을 꾸짖다

呵謬解第三(附：眞妄心境圖說)

念佛三昧名三昧王。境界甚深卒難究竟。古今師授互有不同。至於天台其說大備。慈恩賢首各引其長。企仰禪宗亦極明顯。但後學淺陋莫得指歸。尚未升堂。焉能入室。

염불삼매를 삼매의 왕이라 하는 것은 그 경계가 매우 깊고 미묘해 짧은 기간에 완전히 그 뜻을 알기 어렵기 때문이다. 고대로부터 지금에 이르기까지 조사스님들이 전수해 온 것이 시대에 따라 서로 차이가 있어 동일하지 않았는데, 천태지자대사天台智者大師에 이르러 그 학설이 크고 원만하게 완비되었다.

자은慈恩의 규기대사窺基大師와 현수賢首의 법장대사法藏大師는 각각 그 장점을 인용하여 정토를 설하였고, 그 다음으로 우리 선종에서도 정토를 존숭한 것이 또한 극히 분명하게 나타났으나, 다만 후세 학인들의 견식이 천박하고 고루하여 선종과 정토의 진실한 종지를 얻지 못했을 뿐이다. 그러니, 아직 마루(堂)에도 오르지 못했거늘, 어떻게 입실하여 마주 볼 수 있겠는가.

尋門未得。異見多途。逐將禪宗六祖大師壇經說淨土處。暗地搏量隨語生解。便謂本無淨土。不必求生。而不知我大師非但所說隨機。實乃義符經旨。縱隨其語但言淨土不必生。亦不說無淨土。

문을 찾았으나 모두 얻지 못하였으므로 다양한 견해로 나눠져 의견이 분분하게 되었다. 이리하여 마침내 선종의 육조혜능대사가 『단경壇經』에서 설한 '서방정토'의 처소를 가지고, 심중의 어두운 생각으로 더듬고 추측하며 언어와 문자를 따라 잘못된 견해를 내고서는, 곧바로 "본래 서방정토는 없는 것이니, 구지 극락세계로의 왕생을 구할 필요가 없다"고 한 것이다.

그러나 우리 육조대사께서 말씀하신 것이 그 근기와 시의성을 따랐을 뿐, 그 실제상의 의리義理가 경전의 종지와 부합한다는 것을 알지 못하였다. 비록 그 표면적인 말을 따르더라도 다만 "정토 왕생을 반드시 필요로 하지는 않는다"고 하셨지, "극락정토가 없다"고 말씀하신 적은 없다.

> 淨土既有。生理昭然。何故初機執指為月。若依大師所云。迷人念佛求生於彼。悟人自淨其心。又云。東方人但心淨即無罪。雖西方人。心不淨亦有愆。東方人造罪念佛求生西方。西方人造罪念佛求生何國。凡愚不了。不識身中淨土。願東願西。悟人在處一般。又言淨土遠近但隨眾生善根不同。而佛土焉有遠近之異。是謂不必求生也。然要眾生永斷十惡八邪。具修十善八正。又令妙識心地性王不離此身。

서방정토가 이미 진실로 존재한다면 왕생의 도리도 분명한 것이니, 무엇 때문에 초학자들은 달을 가리키는 손가락을 집착하여 밝은 달이라 하는가. 가령 육조대사께서 설하신 법문을 살펴보면 이러하다.

"미혹한 사람은 염불하여 저 극락국토에 왕생하기를 구하나, 깨달은 사람은 그 마음을 스스로 청정히 한다." 또 설하기를, "동방인이라도 마음이 청정하면 바로 죄가 없으려니와, 서방 사람이라 해도 마음이 청정하지 않으면 또한 허물이 있게 된다. 이 땅의 동방인은 죄를 지으면 염불하여 서방정토로의 왕생을 구하나, 서방 사람이 죄를 지으면 염불하여 어느 나라에 왕생하기를 구하겠는가. 어리석은 범부는 자심을 깨닫지 못하여 자기 몸 속의 정토를 알지 못하고 동쪽에 나기를 원하고 서쪽에 왕생하기를 원하나, 깨달은 사람은 어느 곳에 있든 모두 평등하다.” 또한 이르되, “극락정토의 멀고 가까운 것은 중생의 선근善根이 같지 않음을 따르나니, 여러 부처님의 국토에 무슨 원근의 차이가 있겠는가.” 하신 것을 따른다면, 이를 일러 “반드시 정토 왕생을 구할 필요가 없다.”는 것이다. 그러나 육조대사는 중생이 10악업과 8사도邪道를 영원히 끊게 하려고, 10선업과 8정도를 갖추어 닦게 하였다. 또 심지心地의 성왕性王이 이 몸을 떠나지 않았다는 것을 오묘하게 알게 해주었다.

但迷悟有異。若悟則能行慈悲喜捨。能淨平直等善。即是觀音勢至釋迦彌陀。若迷則分別人我。邪心虛妄塵勞之殊。即是須彌海水之境。龍鬼地獄之黨。

다만 미혹과 깨달음의 다름이 있을 뿐인데, 만일 깨달았다면 자慈 · 비悲 · 희喜 · 사捨14)를 실행하여 청정 · 평등 · 정직 등의 선을 구족하리니, 이들이 곧 관세음보살 · 대세지보살 · 석가모니불 · 아미타불이시다.

또 만일 미혹하면 옳고 그름과 인人 · 아我를 분별하여 사심邪心이나 혹은 허망한 진로塵勞의 차별을 불러일으키는 것이 곧 수미산과 바닷물의 경계이며 독룡 · 귀신 · 지옥 등의 무리들이다.

---

14) 무량한 마음에는 네 가지가 있는데 이것을 사무량심四無量心이라고 한다. 사무량심이란 자慈, 비悲, 희喜, 사捨를 말하는 것으로 타인을 대할 때 그 마음을 어떻게 쓰느냐 하는 마음가짐과 그 내용을 말하고 있다. 자무량심慈無量心은 만인을 평등하게 사랑하여 즐거움을 주는 것이다. 2) 비무량심悲無量心은 중생이 모든 고통을 떠나 즐거움을 느끼고, 중생이 고통 받는 것을 슬퍼하여 그 고통을 덜어 주지 않으면 안된다는 것이다. 희무량심喜無量心은 자무량심과 비무량심으로 중생이 고통을 여의고 즐거움을 얻었다면 그것을 함께 기뻐하는 마음이다. 사무량심捨無量心은 궁극적으로 중생을 모두 평등하게 보아서 아무런 원망도 없게 하는 것이다. 부처님께서 모든 중생이 갓난 아기와 같다고 하신 것이 무량평등을 말하고 계신 것이다. 사무량심은 남을 교화하기 위한 용심用心의 도이다. 그리고 남을 위하는 이타의 마음은 반드시 자신에게도 큰 공덕을 가져오게 마련이다.

今詳大師旨意。但能心淨則隨處皆淨。實與維摩會上佛。足按地變穢為淨。其諸大眾各各自見坐寶蓮華。義實無二。則經所謂隨其心淨即佛土淨。其說明矣。大師之辯豈不稱可佛心深符經旨。但聖人說法遮表不同。其有位未至於此者。不可引彼遮詮而自誑也。

지금 육조대사의 의지를 상세히 탐구해보았더니, "다만 마음이 청정하면 어디에서나 모두 청정하다" 하였는데, 실로 『유마경』의 설법 회상會上에서 "석가세존께서 발로 땅을 밟자 예토가 변하여 정토가 되었으며, 그 회상의 모든 대중이 각각 칠보련화寶蓮華 위에 앉아 있는 것을 스스로 보았다" 한 법문과 그 이치상에 차이가 없다. 곧 경전에서 말씀한 "그 마음이 청정하면 불토가 청정하다"고 한 그 설법이 분명한 것이다. 육조대사의 말씀이 어찌 가히 석가모니부처님의 마음에 칭합하고 경전의 종지에 깊이 부합된다 아니 하겠는가.

但是聖人們說法之時，用遮止來詮釋、或用表彰的方式來詮顯則有所不同。如果有境界階位尚未能夠及於此處者，不可以引用其遮止的詮釋方式而來自我欺誑。

다만 성인들이 설법할 때 차전遮詮(사물의 의미를 가리고 부정적으로 표현함)과 표전表詮(사물의 뜻을 명확히 표현함)을 사용함이 동일하지 않으니, 만약 경계의 위계가 있을 지라도 여기에 아직 도달하지 못한 사람은 그 차전만을 인용하여 자신을 속여서는 안 된다.

況一大藏教或說遮詮一切皆非。何必求生。或說表詮。一切皆是。必當求生。此二法說同出佛口。義無有殊。豈可偏執遮詮之說。頓棄表詮求生之義耶。若果直謂於土不必捨穢取淨而但淨其心者。則大師亦當謂人但淨心而已。不必令人斷諸惡業而修善行也。

하물며 세존의 일대 장교에서 혹은 차전을 설하여 일체의 법을 모두 부정하고 모두 허망하다 하였으니, 어찌 서방정토로의 왕생을 구하는 것뿐이랴. 혹은 표전의 방식으로도 설하여 일체의 법이 모두 불법佛法이라고 긍정하기도 하였으니, 반드시 청정한 세계에 왕생해야 한다고도 했다.

이 두 법문의 방식은 모두 석가모니부처님의 금구金口에서 동일하게 나왔으므로 그 뜻은 전혀 차별이 없다. 그렇거늘 어찌 차전의 말씀만 편협하게 집착하여 갑자기 표전에서 정토 왕생을 구하는 의미를 저버리겠는가.

만약 곧바로 사람들에게 지시하기를 "국토에 있어서 반드시 예토를 버리고 정토를 취하라는 것이 아니라 다만 그 마음만 청정케 할 뿐이다"고 한다면, 즉 육조대사께서 또한 사람들에게 "다만 마음을 깨끗이 하라" 하면 그뿐이지, 반드시 사람들이 모든 악업惡業을 끊고 여러 선행善行을 닦게 하진 않았으리라.

> 今既令人斷惡行善。則必於土捨穢取淨。其義益明。故佛說遮詮之時。正欲顯於表詮令求生。說表詮時。正是依於遮詮知無生。

이제 육조대사께서 이미 사람들에게 "악업을 끊고 선법을 행하라" 하였다면 곧 반드시 국토세계에 있어서 예토를 버리고 정토를 취해야 한다는 그 뜻이 더욱 명료해진다.

그러므로 부처님께서 차전을 말씀하실 때 바로 표전의 방식을 나타내어 청정국토에 왕생을 구하게 한 것이며, 표전의 방식으로 설하실 때가 바로 차전에 의지하여 무생법인無生法忍[15]을 깨닫게 하려 하신 것이다.

> 故知曹溪令人因心先淨則報境自淨。不令求生遮詮也。盧山令人佛報境淨則因心自淨。

---

[15] 불생불멸하는 진여 법성을 인지하고, 거기에 안주하여 움직이지 않는 것. 보살이 초지나 7지, 8지, 9지의 경지에서 얻는 깨달음.

敎必求生表詮也。

따라서 조계의 육조대사께서 사람들에게 마음이 먼저 청정해지는 것으로 인해 과보의 경계가 자연히 청정해지도록 하고, 달리 정토 왕생을 급히 구하지 않게 하신 것은 차전의 방식에 해당함을 알 수 있다. 여산의 혜원慧遠대사께서 사람들이 아미타부처님의 보토報土인 청정한 경계로 들어가게 되면 마음이 저절로 청정해짐으로, 반드시 극락정토에 왕생을 구하도록 가르치신 것은 표전의 방식으로 불법佛法을 선양한 것이다.

然佛祖說法因果不二。非前非後。二義未嘗相離。雖使人所入不同。而法體本一。奈何今人纔聞遮詮之說謂是。便謂表詮之談爲非。自生退障。良可憫傷。不知大師作此遮詮不必求生之說。正是顯於表詮令求生淨土故也。

그러나 부처님과 조사스님의 설법 내용은 인지因地와 과지果地가 둘이 아니며, 앞에 있는 것도 아니요 뒤에 있는 것도 아니므로, 두 의미가 일찍이 서로 분리된 적이 없다. 비록 사람들이 불법佛法으로 들어가는 방식은 제각기 같지 않으나 법체法體는 본래 동일한 것이다. 그런데 어찌하여 요즈음 둔한 근기의 사람들은 차전의 설법을 한번 들으면 문득 옳다 하고, 표전의 말씀은 잘못이라 여겨 스스로 도道에서 물러나는 장애를 만드는지, 이는 참으로 민망하고도 가슴 아픈 일이다. 육조대사께서 차전의 방식으로 "반드시 정토에 왕생을 구할 필요가 없다"고 가르친, 바로 이것이 표전의 방식을 통해 청정한 마음으로 극락정토에 왕생을 구하게 한 것임을 알지 못한 까닭이다.

又如釋尊一代聖敎諸部歷談。無非一味。而於顯說法中。定多讚顯說。於密說義中。必特稱密說。各宗當部而置別談。

또 여러 경전의 부류와 설법으로 이뤄진 석가세존의 일대성교一代聖教는 모두 동일한 법미法味아닌 것이 없다. 그러나 표전으로 표현된 설법 가운데는 필시 그 설법을 찬탄한 것이 많으며, 은밀한 뜻을 지닌 차전의 설법에서는 반드시 그 비밀스런 차전의 법문을 찬탄하였다. 각 종파의 종주들은 마땅히 먼저 설해진 부류의 경전을 앞에 두었으며, 기타의 설법은 따로 배치하였던 것이다.

> 然佛豈無別談妙於此者。蓋欲應機使眾會受持。得以一志無猶豫也今像季中扶宗樹教。
> 豈無抑揚之時。

그러나 부처님께서 어찌 바로 앞의 설법에서 특별한 말씀이나 수승하고 미묘함이 없다고 하셨겠는가. 이는 실로 부처님께서 눈앞의 근기에 응하여 당시 모인 대중이 능히 기뻐하며 받아들여 한결같은 심지心志로 머뭇거림이 없게 하려 하신 것이다. 지금 상법像法·말법末法[16] 중에 종문을 부축하고 교법을 수립함에 있어 어찌 억압과 칭양稱揚의 시기가 없다고 할 수 있겠는가.

> 六祖既欲弘一行三昧。理宜杜絕諸乘。盧山特欲闡念佛三昧。使之橫超直截。正當圓攝

---

16) 정법正法과 상법像法, 말법末法의 시대를 삼시三時라고 한다. 부처님 입멸 후에 가르침이 행해지는 시기를 정법, 상법, 말법으로 나눈 것. 정법시正法時는 부처님의 가르침과 실천, 깨달음 이 세 가지가 모두 이루어지던 시기. 상법시像法時는 깨달음을 얻는 자는 없지만, 가르침과 그 실천, 두 가지는 존재하여 정법시와 비슷한 불법이 행해지는 시기. 마지막으로 말법시末法時는 가르침만 있고 실천과 깨달음이 빠진 시기로 불교 쇠퇴의 시기를 말한다. 정법과 상법의 시한에 대해서는 경론에 따라서 정법 500년·상법 1000년, 정법 1000년·상법 500년, 정법·상법 모두 500년, 정법·상법 모두 1000년의 4가지 설이 있는데, 말법의 시한은 1만년으로 하는 점에서 이설이 없으며 그 중 정법 500년·상법 1000년·말법 1만년 설이 많이 믿어졌다. 정상말의 3시기 구분이 중국에서 최초로 표명된 것은 남악혜사대사의 『입서원문立誓願文』에서이며, 이후 말법사상이 널리 행하여지게 되었다.

群機。後學豈可妄生二見。宜詳審之。又謂東方西方之人心淨無罪不淨有愆者。正謂東
方惡境麁強。佛已滅度。不能心淨。如俗在家。火宅萬煎。縱修亦失。譬如小石入水卽
沈。故必求生西方。

육조대사는 이미 일행삼매一行三昧를 널리 펴고자 하였으므로 이치상으로
모든 승乘의 교법을 두절하는 것이 마땅하였다. 반면, 여산의 혜원대사는
특별히 염불삼매를 천양하여 중생으로 하여금 '삼계를 가로로 초월'(횡초
삼계橫超三界[17])하여 곧바로 왕생하도록 하였으므로 마땅히 일체 근기를
원만히 섭수한 것이다. 지금 후학이 어찌하여 망령되게 분별하여 두 가
지 견해를 내는가. 마땅히 그 뜻을 자세하게 살피는 것이 옳다.

또 육조대사께서 말씀하신 "동방과 서방 사람을 막론하고 마음이 청정하
면 죄가 없고, 청정하지 못하면 허물이 있다" 한 것은 바로 "이 동방세
계의 악한 경계가 거칠고 강하여 석가세존께서 이미 멸도하신 지금 보통
사람들이 마음을 청정이 할 수 없음"을 말한 것이다. 비유하자면, 세속
인이 속가에 있으면 불 타는 집(火宅)이 만 가지로 찌는 듯하여 비록 수
지修持한다 해도 매우 쉽게 잃는 것과 같다. 비유하면 작은 돌 하나가
큰 물속에 들어가면 즉시 가라앉는 것과 같으므로 반드시 서방극락세계
에 왕생하기를 구해야 한다.

彌陀聖眾現在。境勝行深。逃子旣回。佛親誨益。如出家在寺。善緣具足決不退
轉故。生彼國心淨無愆。如彼大石乘船入水不沈故也。阿彌陀佛與諸菩薩聖眾現今依然存
在, 境界殊勝而使人修行能夠深入, 逃離慈父的兒子旣然知道回頭了, 佛陀
慈悲親自教誨利益。

아미타부처님과 여러 보살성중이 현재 의연히 존재하시며, 경계가 수승

---

17) 「대업왕생帶業往生 횡초삼계橫超三界」의 줄인 말이다. 아미타불 염불행을 통해 업을 짊어진 채
로 극락에 왕생하여 쉽고 빠르게 횡으로 삼계(욕계 색계 무색계의 윤회계)를 벗어난다는 뜻.

하여 사람들이 수행을 통해 도에 깊이 들어갈 수 있도록 하였으니, 도망 갔던 자부의 아들이 이미 머리를 돌려 돌아옴을 아시기에 부처님께서 자비롭게도 친히 가르쳐 이익되게 하시는 것이다. 이는 마치 속가를 떠나 절에 있으면 좋은 반연들이 있으므로 결정코 퇴전하지 않는 것과 같다. 따라서 저 국토에 왕생하면 마음이 문득 청정하여 허물이 없는 것이, 마치 저 큰 돌을 배에 실어 큰 물에 들어가더라도 침몰하지 않는 것과 도 같기 때문이다.

又東方西方理本一體。彼佛國土非但境勝。其佛現在能除愆罪。心必淸淨聖地可階。故必遠勝娑婆。須求生也。若是根勝如曹溪會中者。尙能入生死大海。尋聲救苦敎化衆生。何必求生。其或道力未充。妄效先覺。自不求生。敎人亦不求生。譬如救溺。無船彼此俱溺。可奈何哉。

또 소위 동방·서방이 이치상으로 본래 일체이나, 저 아미타부처님의 국토는 경계만 수승할 뿐 아니라 그 부처님이 현재도 머무시면서 사람들의 허물과 죄업을 제거하시므로, 심지心地가 반드시 청정해야만 성인의 경지에 도달하게 된다. 그러므로 그 서방세계는 반드시 사바세계보다 원대하게 수승한 곳이어서, 필수적으로 극락정토에 왕생하기를 구해야 하는 것이다.

만약 이 근기가 수승함이 조계曹溪의 회중會衆과 같은 자라면 오히려 생사 고해의 큰 바다에 들어가 구원을 찾는 음성을 찾아 중생의 고난을 구제하며 널리 일체 중생을 교화하리니, 하필 서방정토에 왕생하기를 구하겠는가. 만일 그렇게 도력이 충만하지 못하면서 먼저 깨달은 조사스님들을 망령되이 모방한다면 자기도 정토 왕생을 구하지 못하고, 다른 사람 또한 정토 왕생을 반드시 구하지 못하게 가르치니, 비유하면 자기 배도 없으면서 물에 빠진 사람을 구제하는 것과도 같아서 그와 자기가 모두 익사하는 것과 같다. 이렇게 해서야 어찌 되겠는가.

又我大師實弘禪宗之六祖。所說豈非闡揚少室之禪。乃云心平何勞持戒。行直何用修禪。若依此語。則謂不必持戒修禪矣。而不知心若平則我待物無不乎。物我既乎。豈可殺他自養。盜彼自利。分男女相而行非行。語不真實。而更飮酒使醒醉異時。

또한 우리 혜능대사께서는 실로 선종을 홍양시킨 선종의 제6조祖이시다. 그 말씀하신 불법佛法이 어찌 소실少室의 달마대사 선법을 천양하지 아니 하겠는가. 이리하여 말씀하시기를 "심지心地가 능히 평등하다면 무엇 때문에 수고롭게 계율을 지니며, 행이 정직하다면 어찌 선禪을 닦으랴." 하셨다. 만약 이 말씀에만 비추어본다면 계율을 지니고 선정을 닦을 필요가 없다 할 것이다.

그러나 심지가 만일 능히 평등하다면 우리가 마주한 중생과 만물이 평등하지 않음이 없고 중생과 내가 이미 평등하다면 어떻게 타인을 죽여 자기 색신을 기르며, 저들의 물건을 훔쳐 자신을 이롭게 하며, 남녀의 모양을 분별하여 부정한 삿된 행을 저지르며, 말은 허망하고도 진실하지 않게 하고, 게다가 술을 마셔 깨어났을 때와 취하였을 때가 전도되어 다르게 하겠는가.

心平既無此犯戒之相。則一切戒皆在其中。豈可全不持戒與劫殺人等而云心平。是知作此心平何勞持戒之語。正是顯於大戒也。

마음이 평등할 때 이미 계를 범하는 모양이 없다면, 즉 일체의 계율이 모두 그 가운데 있을 것이다. 그러니 어떻게 전연 계율을 지니지 않는 것과 겁탈하고 도둑질 하고 살인 하는 자 등을 다함께 "마음이 평등하다"고 말하였겠는가. 이것으로 볼 때 "마음이 평등한데 어찌 수고롭게 계를 지니겠는가"라고 말한 것은 바로 광대한 계율을 나타낸 것임을 알 수 있다.

禪字乃是梵語。此翻靜慮。或翻正定。或翻一行三昧。豈有行直之人其心慮而不靜。其住定而 不正。其行有不一者。是知何用修禪之語。正是顯於深禪也。

'선禪'이란 글자는 범어이다. 한역하면 정려靜慮 혹은 정정正定, 일행삼매 一行三昧[18]라 번역한다. 어떻게 신·구·의 행이 정직한 사람이 그 마음의 사유가 고요하지 않겠으며, 그 선정에 안주함이 바르지 않겠으며, 그 소행이 한결같지 않은 자가 있겠는가. 이로써 "무엇 때문에 선정을 닦으랴." 한 말씀은 바로 심오한 선정禪定을 나타낸 것인 줄 알 것이다.

> 大師行超天人之表。道隆像季之間。恐後學著法泥跡。於戒體中。說何勞持戒之語。於禪
> 境中。說何用修禪之言。例此則知。

육조대사의 수행은 천상·인간을 초월했고, 그 도법道法은 상법像法시기에 융성하시었다. 다만 두려운 것은 후학들이 법상法相에 집착하고 자취에 얽매여 저 계체戒體 중에서 "무엇 때문에 수고롭게 계율을 지니겠는가"란 말을 하며, 선禪의 경계 가운데에서 "무엇 때문에 선정禪定을 닦으랴"는 말을 하는 것이다.

> 亦於必當求生淨土法中。而說不必求生之語也。後學猶轉泥跡。謂實不必求生。愚之甚

---

18) 일상삼매一相三昧·진여삼매眞如三昧라고도 한다. 마음을 하나의 행행에 정定하고 닦는 삼매이 다. (1) 진여법계眞如法界는 평등일상平等一相이라고 관觀하여, 진실 그대로의 모습을 관상觀想 하는 삼매. (2) 고요한 장소에서 일심불란一心不亂하고 오로지 아미타부처님을 생각에 떠올리는 염불삼매念佛三昧. (3) 육조혜능六祖慧能대사에 의하면, 일체시一切時에 행행·주주住·좌坐·와와臥 어느 때나 항상 참다운 진심眞心이 되도록 하는 선정수행 등을 나타내기도 한다.

也。蓋大師所說反勸也。諸祖所談順讚也。非順則無以啟進修之路。非反則不顯圓頓之
修。

또한 반드시 정토에 왕생을 구해야 할 법 가운데 "왕생을 구할 필요가
없다"는 말을 하는 것도 여기에 비례하면 바로 알 것이다. 후세의 학자
들은 오히려 더욱더 전도되고 자취에 얽매여 "육조께서 왕생을 구할 필
요가 없다고 설하셨다"고 생각하니, 이는 참으로 어리석음이 심하다 하
겠다.

사실 육조대사께서 말씀하신 것은 반대로 권한 것이며, 모든 정토 조사
께서 설하신 것은 수순하여 찬탄하신 것이다. 만일 불법에 수순하여 찬
탄함이 없다면 중생의 수행 길을 계도할 방법이 없으며, 만약 반대로 권
함이 없다고 한다면 원돈圓頓의 수행법을 드러낼 수 없었을 것이다.

反勸順讚。悉應當時之機。無有實法。如云逢佛殺佛。豈真殺佛乎。若殺佛之語是實。則
文殊仗劍。亦是真殺佛乎。苟隨古人之語。不求古人之心。謂實不必求生者。正所謂醍醐
上味為世所珍。遇斯等人翻成毒藥矣。是故大師稱彼三諦圓妙之理。於有生中說無生。
於無證中說修證。二邊叵得。中道不存。

물론 이 반대로 권하거나 혹 수순하여 찬탄한 것은 모두 당시의 근기에
마땅하게 따른 것으로 고정된 실재의 법은 없다. 비유하자면, 선종에서
는 "부처를 만나면 부처를 죽이라"고 말하나 어찌 부처를 참으로 살해하
겠는가. 만약 부처를 살해하라는 말이 진실이라면 문수보살이 예리한 칼
을 잡고 부처를 해치려고 한 것 또한 부처를 참으로 살해하려 한 것이
겠는가.

진실로 고인의 말만 따르고 고인의 마음을 구하지 않으면서 "실로 반드
시 정토 왕생을 구할 필요는 없다"고 말하는 사람이 있다. 이른바 제호

醍醐의 가장 뛰어난 맛은 비록 세간에서 가장 진기한 것이지만, 이런 전도된 사람들을 만나면 독약으로 변하고 말 것이다.

이 때문에 육조대사께서 저 삼제三諦[19]의 원묘圓妙한 이치를 칭찬하시며 생이 있는 가운데에서 무생無生을 말씀하셨고, 닦아서 증득함이 없는 가운데서 수증修證을 말씀하셨다. 유와 무의 두 변邊을 모두 얻지 못하면 중도 역시 존재하지 않는다.

> 合教乘圓頓法門。坦然明白。如揭日月於昏衢。無不蒙照。而謂禪宗於念佛三昧淨土旨趣有所未盡。可乎。若夫河西綽公。長安善導。信源禪師。智覺慈覺。豈非繼其後者。皆能遠稟遺音。力弘斯道。道珍。懷玉。行業厥彰。圓照諸師其驗益著。況今禪林為病僧念誦。及荼毗十念稱佛名號。俾其往生事載典章。餘風尚在。更奚惑焉。

이리하여 불교 대승의 원돈법문은 탄연히 명백하기가 어두운 거리에 해와 달을 높이 건 것과 같아서 일체 중생이 광명의 혜택을 입지 않은 자가 없다. 그런데도 선종에서 "염불삼매와 정토의 종지는 미진함이 있다"고 말하는 것이 옳은가.

무릇 하서의 도작대사, 장안의 선도대사·신원선사, 영명의 지각선사·자각선사와 같은 분들이 어찌 그 후인들을 계승한 것이 아니랴. 모두 석가 세존께서 남긴 법음을 멀리 이어 받아 이 정토법문을 힘써 홍양한 분들이었다. 도진선사와 회옥선사는 그 수행의 공업功業이 광대하게 드러났

---

19) 현상세계 일체 사물의 진실한 존재 방식을 시사하는 3종의 진리, 삼론三論과 천태天台의 학설로 공空·가假·중中의 삼제설三諦說은 진속眞俗 2제설二諦說 위에 중제中諦(중도제일의제中道第一義諦)를 더한 것으로서, 중국에서 성립한 『보살영락본업경菩薩瓔珞本業經』과 『인왕반야경仁王般若經』 등에서 볼 수 있다. 천태지의대사는 이처럼 원융적인 삼제를 강조하고 있는데, 이 원융의 삼제를 증득하는 것이 일심삼관一心三觀의 관법觀法이다. 공관空觀에 의해서 제법의 공성空性을 인식하고, 가관假觀에 의해서 제법諸法의 현실성을 긍정하고, 나아가 중관中觀에 의해서 양자를 지양한다. 이 공가중空假中의 삼관三觀을 일심一心에서 동시에 성립시킴으로써 원융의 삼제三諦가 증득되는 것이다.

고, 원조선사 등 여러 스님들은 그 영험이 더욱 현저했다.

하물며 요즈음 선종 총림에서는 병든 스님을 위해 염송하며, 다비茶毗(스님의 화장) 시에는 십념十念으로 아미타불의 명호를 칭양하여 고인이 정토에 왕생하도록 한 일들이 서적에 실려 있고, 그 풍습이 오히려 지금도 존재하거니 다시 어떤 의혹이 있겠는가.

제4 심불心佛의 관조지혜를 바로 밝히다

正明心佛觀慧 第四

夫念佛三昧者。實使群生超三界生極樂之徑路也。始自鷲嶺敷宜。次羨廬山繼軌。十方
稱讚諸祖傳持。自昔至今。有自來矣。但其說或不能一。致後學不得其歸。

(이는 정토종의 근본법륜으로서, 칭명 염불자는 마땅히 여기서 종지를 깨달아 들어가야 한다.)

소위 염불삼매라는 것은 실로 중생으로 하여금 삼계를 초월하여 극락세계에 왕생하게 하는 직접적인 지름길이다. 이것은 석가세존께서 인도 영취산에서 부연·선양하심으로부터 시작하여 그 다음 중국 여산의 혜원대사에게 전해져 계승하게 된 법문이다. 이 정토법문은 시방제불이 칭찬하고 역대 조사가 전승하고 수지한 것으로, 예부터 지금에 이르기까지 이미 아주 오랜 유래를 갖고 있다. 다만 그 종종의 설법이 혹 통일되지 못하여 후대의 학자들이 그 귀결점을 알 수 없었다.

獨天台三觀法門理冠群經。超乎衆說。稟教得旨。其益難思。故後學不可不以此爲舟航
也。夫三觀者。一念即空即假即中也。自我如來恢揚。至於智者妙悟。所謂空則一切皆
空。假則一切皆假。中則一切皆中。俱破俱立。俱非破立。圓融絕待。難議難思。

유독 천태종 일심삼관一心三觀의 법문만이 그 이치가 여러 경전을 통괄하고 기타 제종諸宗의 다양한 설법을 초월하여 부처님의 교화를 받고 그 종지를 얻으면 그 이익과 공덕이 생각하기조차 어려웠다. 그 때문에 후세의 학자들이 불가불 이것으로 배를 삼았던 것이다.

소위 삼관三觀이란 것은 즉 내 지금 일념의 당체를 공空·가假·중中에 즉即하여 관하는 것이다. 우리 석가여래께서 널리 전하며 선양하신 법이 천태지자대사의 오묘한 깨달음에 이른 것이다.

이른바 공空이라는 것은 일체가 공이며, 가假라는 것은 곧 일체가 모두 거짓(환상 · 꿈)이며, 중中이라는 것은 곧 일체가 다 중이란 말이다. 한꺼번에 타파하고, 한꺼번에 건립하며, 타파와 건립을 한꺼번에 부정하기도 하며, 원만히 융통하여 일체의 상대(대대對待)가 끊긴 지라 도무지 의론하거나 생각하기조차 어려운 것이다.

> 統諸部之玄門。廓生佛之境智。極萬法之源底。顯淨土之圓修。念佛三昧非此法門。則有所未盡也。四明大師發揚妙旨。以論後學。今悉用其語。求生淨土。

경전 제부諸部의 깊고 심오한 문을 통섭하여 중생과 제불의 경계와 지혜를 확연히 청정하게 하였고, 일체 만법의 근원을 밑바닥까지 궁구하여 정토법문의 원만한 수행법을 드러내셨다.

염불삼매는 천태종의 일심삼관 법문이 없으면 곧 공부에 미진한 바가 있게 된다. 사명지례대사四明知禮大師가 그 미묘한 뜻을 밝혀내고 천명하여 후학들을 밝게 가르쳐 개도하였다. 이제 이 장章에서 대사께서 개시한 법문을 전부 채용하여 서방정토에 왕생을 구하도록 하겠다.

> 雖不外乎世間小善及彼事想。若非以大乘圓妙三觀法門。釋彼十六觀經奧旨。使人開解起行。何由必生。十六觀者。初觀落日。所以先標送想向彼佛也。初心行人雖了根塵皆是法界。而心想羸劣。勝境難現。是故如來設異方便。即以落日為境。想之令起觀中之日。圓人妙解。知能想心本具一切依正之法。今以具日之心。緣於即心之日。令本性日顯現其前。斯乃以法界心。緣法界境。起法界日。既皆法界。豈不即空假中。此猶總示。若別論三觀成日劫者。以根境空寂。則心日無礙。以緣起假立。故累想日生。以其心日皆法界。

故當體顯現。日觀既成。則三觀同在一心。非一非三。而一而三。不可思議。日觀既爾。餘觀例爾。應知十六皆用即空假中一心三觀。以爲想相之法。

비록 이 세간의 작은 선행이나 저 사상(事相)의 관상觀想 밖에 있지는 않지만, 대승의 원만하고도 묘한 삼관법문三觀法門으로써 저 십육관경十六觀經(관무량수경觀無量壽經)의 심오한 뜻을 해석하여 사람들로 하여금 원만한 앎이 크게 열려 수행하게 하지 못한다면, 어떻게 정토 왕생을 반드시 성취하겠는가.

소위 16종의 관문觀門이란 첫째, 지는 태양을 관상觀想하는 것이다. 따라서 먼저 저 아미타부처님께 돌아간다(歸向)는 심상心想을 가리킨다. 초발심의 수행인이 비록 육근六根과 육진六塵이 모두 일진법계一眞法界(온 세상이 모두 하나의 참된 법계뿐이라는 뜻)임을 알지만, 심상心想의 역량이 쇠약하고 하열하여 서방정토의 수승한 경계가 마음속에 나타나기 어렵기 때문이다. 때문에 석가여래께서 특이한 방편법문을 시설하셨으니, 곧 범부도 볼 수 있는 떨어지는 해로써 경계를 삼아 그것을 상상하여 관하는 가운데 관상觀想 중의 태양을 불러일으키게 하신 것이다. 원교圓敎의 근기에 해당하는 사람은 미묘하게 이해하여 주관적인 능상심能想心에 일체 의보와 정보의 법이 본래 구족해 있음을 알리라. 마치 지금 지는 태양을 구족한 마음으로 자심에 즉한 태양을 연상緣想함으로써, 본성에 구족한 태양을 자심 앞에 나타나게 한 것과 같다.

이는 곧 청정한 법계의 마음으로 청정한 법계의 경계를 연상하여 청정한 법계의 태양을 일으킨 것이다. 이미 모두 청정한 법계라면 어찌 당체當體가 아니겠으며, 공·가·중에 상즉하지 않겠는가. 이는 마치 총상總相으로 보인 것과 같다. 만일 3관을 따로 의논하여 낙일관落日觀의 공덕을 성취한 자라면 육근과 육경이 본래 공적하기 때문에 곧 자심과 지는 태양이 서로 원융하여 걸림이 없을 것이다. 여러 인연은 거짓으로 성립(假立)한 것이므로 부단하게 상상 속의 지는 태양의 경계가 발생하게 된다. 그 자심과 지는 태양이 모두 청정한 법계이기 때문에 마음으로 지는 해를 관상하게 되면 당체가 더욱 밝게 나타난다.

낙일관落日觀이 이미 성취되면 공·가·중 3관이 동일하게 한마음에 있다. 하나도 아니고 셋도 아니며, 하나이면서 셋이 되어, 가이 생각으로 당체當體를 헤아릴 수가 없다. 낙일관이 이미 이러하다면 나머지 관문觀門도 비례하여 그러하리라. 마땅히 알아야 한다. 16종의 관문이 모두 공·가·중에 상즉한 일심삼관一心三觀으로써 사상事相을 관상觀想하는 법으로 삼은 것이다.

> 次觀淸水。復想成氷。良以彼土琉璃為地。此地難想。且令想氷。氷想若成。寶地可見。如
> 上且以所見落日及氷。以為方便。次觀地觀樹觀池。及以總觀樓地池等。已上六觀皆所
> 以觀彼土之依報也。

그 다음에는 맑은 물을 관상觀想하여 다시 그 물이 응결하여 얼음이 되는 것을 관상한다. 진실로 저 극락국토는 땅이 유리로 되어있는데, 이 유리 땅은 미묘하고 수승하여 지상에서는 상상하기 힘들기 때문이다.

때문에 또 얼음을 관상하게 한 것이니 얼음 관상이 성취되면 곧 보배 유리 땅을 볼 수 있는 것이다. 이상 두 가지 관상법은 범부들이 볼 수 있는 지는 해와 청결한 얼음으로 관상의 방편을 삼은 것이다.

그 다음에는 다시 보배 땅과 보배 나무, 칠보 연못을 관상하고 누각과 보배 땅과 연못을 총관總觀하는데, 이상의 6종 관문觀門은 모두 저 극락국토의 의보依報(환경)를 관상하기 위한 것이다.

至於觀華座者。為三聖之親依。觀寶像者。類三聖之真體。欲觀於佛。先觀於座。真佛難觀。要先觀像。

연화보좌蓮華寶坐를 관하는 것에 이르러서는 삼성三聖(아미타불 관세음보살 대세지보살)이 친히 의지하는 것이며, 보상寶像을 관하는 것은 삼성三聖의 진실한 본체真體와 견주어야 한다. 부처님을 관찰하고자 한다면 먼저 저 연화좌대를 관해야 하고, 진실한 부처님(真佛: 부처님의 법신)은 관하기 어려움으로 요컨대 먼저 불·보살의 형상을 관해야 한다.

乃至普觀往生。雜觀佛菩薩等七觀。皆所以觀彼土之正報也。後三觀者。明三輩九品之人自此而生彼也。既然修因不同。是故感果差降。今亦觀者。為令行人識別三品優劣。捨於中下而修習上品往生故也。然諸觀皆用經所示相。憶持在心。為所觀境。仍了自心本具此法。託境想成。發明心目。又經題云佛說觀無量壽佛經者。佛是所觀勝境。舉正報以收依果。

나아가 왕생의 정황을 두루 관하거나 부처님과 보살의 형상 등 일곱 가지 관(七觀)을 뒤섞어 관찰(雜觀)하는 것까지는 모두 저 서방정토 극락세계의 정보正報(몸과 마음)를 관하기 위함이다.

마지막 삼관三觀은 세 가지 상중하 삼배구품三輩九品의 사람들이 이로부터(남염부주南閻浮州: 사바세계) 저기(서방정토 극락세계)에 왕생함을 설명한 것이다. 이미 그렇게 각품의 수행 인지因地가 동일하지 않기 때문에 감득하는 과보 또한 차별과 오르내림(升降)이 있다.

지금 또한 사람들에게 관상을 가르치는 것도 수행인이 상중하 삼품三品의 우열과 높고 낮음을 식별하여 중품中品과 하품下品을 버리고 상품上品의 왕생을 닦도록 하기 위함이다. 그러나 이 모든 관문觀門은 반드시 경전에서 열어 보인 모양으로 마음속에 기억하고 수지하여 관하는 바의 경

계로 삼아야 한다. 따라서 자기 마음에 이러한 법이 본래 구족具足되어
져 있음을 깨달아 경계에 의탁하여 관상觀想이 성취되면 자기의 지혜로
운 안목이 발명發明되리라.

이 밖에 경의 제목을 『불설관무량수불경佛說觀無量壽佛經』이라 말한 것은
무량수부처님은 이에 관하는 바의 수승하고도 묘한 경계라, 정보正報를
들어 올려 의보依報를 거두어들인 결과이다

述化主以包徒眾。觀雖十六。言佛便周。則當但觀彼佛也。欲觀彼佛者。則當先觀彼佛如
虛空量。端嚴微妙廣大色身。一一身分八萬四千相。一一相中八萬四千隨形好。一一好
中八萬四千光明。一一光明之中一一世界海。彼世界海中。一切十方諸佛菩薩聲聞緣覺
僧眾。一一微妙廣大。不可具說。但當憶想令心眼見。見此事者。即見十方諸佛。以見諸
佛故。名念佛三昧。作是觀者。名觀一切佛身。以觀佛身故。亦見佛心。佛心者大慈悲是。
以無緣慈攝諸眾生。作此觀者。捨身他世。生諸佛前。得無生忍。

교화의 주인을 좇아 보살·성문 등의 도중徒衆을 포괄한 것이다. 관상의
대상은 비록 십육관十六觀으로 많으나, 아미타부처님으로 말하자면 곧 일
체를 두루 포함하고 섭수하시므로, 다만 저 아미타부처님만 관찰하면 되
는 것이다.

만일 저 아미타부처님을 관상하려고 하는 사람은 응당 먼저 저 부처님이
허공처럼 무량무변의 단정한 장엄과 미묘하고도 광대한 색신임을 관하여
야 한다. 아미타부처님의 색신은 하나하나의 몸으로 나뉘어 팔만사천
의 모습이 되고, 하나하나의 모습 가운데에 팔만사천의 수형호隨形好가
있으며 하나하나의 상호에는 팔만사천의 찬란한 광명이 있어, 하나하나
의 광명 속에는 하나하나의 세계의 바다(世界海)가 있다.

저 세계해 가운데는 일체 시방의 모든 부처님·보살·성문聲聞·연각緣覺

·스님의 대중이 있어 한 분 한 분이 모두 미묘하고 광대하여 완전하게 설명하는 것은 불가능하다. 다만 마땅히 일심으로 사념思念하고 기억하고 상상하여 마음의 눈(心眼)으로만 이 일을 볼 수 있을 뿐이다.

이 일(事)을 본 사람은 곧 시방에 계시는 모든 부처님을 뵈올 것이니 모든 부처님을 뵈옵기 때문에 염불삼매念佛三昧라 이름한다. 이러한 관觀을 짓는 것을 일체 부처님의 몸(佛身)을 본다고 하며. 부처님의 몸을 보기 때문에 부처님의 마음(佛心) 또한 보게 된다. 부처님의 마음이란 것은 곧 대자대비가 이것이라. 조건 없는 대자비로 모든 중생을 섭수攝受하시기 때문이다. 이 관상을 수행하는 사람이 이 세상에서 몸을 버리고 타방(서방정토)으로 갈 때 반드시 모든 부처님 앞에 태어나서 무생법인無生法忍을 증득하리라.

> 又云。觀無量壽佛者。從一相好入。但觀眉間白毫。極令明了。見眉間白毫者。八萬四千相好自然當現。見無量壽佛者。即見十方無量諸佛。得見無量諸佛故。諸佛現前授記。是為遍觀一切色身相。故知十六妙觀以觀佛為要。八萬相好都想難成。故令但觀眉間毫相如五須彌。此想若成。八萬皆現。此為要門也。若修前諸觀。心得流利。觀已宏深。則可稱彼毫量而觀。使八萬相好自然皆現。疏中令觀劣應毫相。乃為未修前諸觀者。及為雖修觀未成者。

또 설하기를, 무량수부처님(아미타불)을 관상하는 것은 한 가지 상호를 따라 들어가 다만 미간의 백호상白毫相을 관상하여도 마음이 지극히 청정하고 명료해진다. 아미타부처님 미간의 백호상을 보는 사람은 팔만사천의 상호가 자연히 눈앞에 나타남을 보게 되며, 무량수부처님을 보는 사람은 시방의 한량없는 모든 부처님을 친견하는 것이다. 시방의 한량없는 부처님을 뵈옵기 때문에 모든 부처님이 목전에 출현하여 수기授記를 내려주시는데, 이것이 일체 제불의 색신의 모양(相)을 두루 관하는 것이다. 이러한 까닭으로 16종의 수승하고 미묘한 관문觀門은 아미타부처님을 관상함을 가장 중요하게 생각한다. 범부들이 팔만사천 상호相好를 모두 관상하여 성취하기 어렵기 때문에 다만 아미타부처님 미간의 백호상白毫相만을 다섯 수미산須彌山처럼 관상하게 하거니와, 만약 이 관상이 성취되면 팔만사천의 상호가 함께 나타나리니, 이것을 관상의 요문要門이라 한다.

만일 앞의 모든 관을 수행하여 마음으로 숙련하여 유리流利함을 얻고 관상이 크고 깊어진다면 저 미간 백호白毫의 광대 무량함에 칭합稱合한 관상으로써 팔만사천의 상호가 자연히 모두 현전現前하게 되리라. 『관경소觀經疏(관무량수경소)』 가운데서 사람들로 하여금 하열한 근기에 응하는 백호白毫의 모양을 관하게 함은 앞의 모든 관을 아직 닦지 못한 사람과 이미 닦았더라도 성취하지 못한 사람을 위한 방편이다.

故於佛身別示初心可觀之相。為三昧門也。又慈雲法師但令直想阿彌陀佛丈六金軀坐於華上。專繫眉間白毫一相。其毫長一丈五尺。周圍五寸。外有八稜。中表俱空。右旋宛轉在眉中間。瑩淨明徹不可具說。顯映金顏。分齊分明。作此想時。停心注想堅固勿移。此想若成。則三昧現前矣。是故觀佛三昧經云。若人至心繫念。端坐觀念色身。當知心如佛心。與佛無異。雖在塵勞。不為諸塵之所覆蔽。作是觀者。是真念佛。

그러므로 부처님의 광대한 몸에서 초심이 관상할 만한 특별한 모양을 보여서 삼매의 문을 삼았다. 또 자운법사慈雲法師는 다만 아미타부처님의 장육丈六(16자로 5m 정도 높이)의 금색신이 연화좌대蓮華坐臺 위에 앉아 계시는 것만을 곧바로 상상하게 하고, 또 아미타부처님 미간 백호白毫의 한 가지 상호에만 오로지 생각을 모으도록 하였다. 그 백호의 길이는 일장一丈 오척五尺이며 주위는 오촌五寸의 넓이가 있으며, 그 외형에는 8개의 뾰족한 모서리가 있고 백호의 중심과 표면은 속이 비었으며, 우측으로 돌아서 완곡하게 구르며 눈썹의 중간에 있다. 그 광명은 청정하고 투명하며 아주 맑아서 설명하지 못할 정도이며 부처님 금빛 얼굴에 환하게 반사되어 그 나뉘어진 한계가 분명하다. 이 관상을 할 때는 멈춘 마음으로 관상에 집중하여 그 마음을 견고하게 해 움직이지 않도록 해야 한다. 이와 같은 관상이 만일 성취되면 관불삼매觀佛三昧가 현전할 것이다. 그래서 『관불삼매경觀佛三昧經』에서 이르기를, "만일 사람이 지극한 마음으로 생각을 집중해서 단정히 앉아 부처님의 색신을 관상하고 생각한다면 마땅히 그 사람의 마음이 부처님의 마음(佛心)과 같아 조금도 상이함이 없음을 알 것이다. 비록 티끌(번뇌·망상)에 덮여 있다 해도 온갖 티끌에 덮혀 가리지 못하리니, 이와 같이 짓는 관상을 진정真正한 염불이라 한다"고 하였다.

是知觀佛功德。其事如是。又彼世尊相好光明微妙廣大。眾生狹劣想念難成。佛令於真身觀前先令想像。佛必坐座。又先觀座。座觀若成。則當想像。經云。諸佛如來是法界身。入一切眾生心想中。是故汝等心想佛時。是心即是三十二相八十隨形好。是心作佛。是心是佛。諸佛正遍知海從心想生。是故應當一心繫念諦觀彼佛。夫法界身者報佛法性之身也。滿足始覺名為報佛。究顯本覺名法性身。

이로써 부처님을 관상하는 공덕이 이와 같이 수승한 일(事相)임을 알 것이다. 또한 저 아미타세존의 상호 광명이 미묘하고 불가사의하게 광대하여 중생들의 협소하고 하렬下劣한 근성根性과 심력心力으로는 이 관상의 마음을 성취하기가 어렵기에, 석가모니부처님께서 저 아미타부처님의 진실한 보신報身을 관하기 전에 먼저 부처님의 형상을 관상하게 한 것이다. 그리고 부처님은 반드시 연화좌대에 앉아 계심으로 또한 중생들이 먼저 연화좌대를 관하도록 했다. 연화좌대를 관상함이 성취되면 마땅히 부처님의 응화신應化身인 형상을 관상해야 한다.

『관경觀經』에서 말씀하시기를, "모든 부처님 여래는 곧 법계의 몸(法界身)이라 일체 중생의 마음[心想] 속으로 들어 가신다. 이러한 까닭으로 너희들이 부처님을 마음으로 관상할 때의 이 마음이 곧 32상相 80수형호隨形好인 것이다. 이 마음이 부처를 이루므로, 이 마음이 이 부처님이다.(是心作佛 是心是佛) 모든 부처님의 정변지해正遍知海[20]는 마음(心想)으로부터 발생하기 때문에 응당 일심으로 생각을 모아 저 부처님을 자세히 관찰해야 한다" 하였다.

대저 법계의 몸(法界身)이란 보신불(報佛)의 법성신法性身이라, 시각始覺을 원만하고 완전하게 구족具足한 것을 보신불이라 한다. 그리하여 마침내 본각本覺을 드러내는 것을 법성신法性身(법신法身과 같다)이라 이름한다.

始本相冥能起應用。然非眾生能感。則諸佛亦豈能應。能感如水。能應如日。是故始覺合本。猶白月昇天。應入淨想。如影現百川。有感有應。此二道交。是為入眾生心想之義也。又法界身者即佛身也。無所不遍故。以法界為體。若能得此觀佛三昧。則觀解心契入佛體。佛體入觀解心。斯乃始覺解於本覺。是故本覺入於始覺。有解有入。此二相應。是為入眾生心想中也。當知今之心觀非直於陰心觀本性佛。乃託他佛以顯本性。是故先明應佛入我想心。次明佛心全是本覺。

시각始覺과 본각本覺이 서로 그윽히 합하여야 응화應化의 묘용妙用을 일

---

20) 정변지는 부처님의 십호 중의 하나로 정진도正眞道, 등정각等正覺, 등각等覺, 정각正覺이라고 한다. 바르고 두루 아는 지혜를 말한다. 부처님은 일체지一切智를 갖추어서 우주간의 모든 정신적 물질적 현상에 대하여 알지 못하는 것이 없다는 의미로서 정변지라 하며, 또 부처님의 정변지는 깊고 광대하여 헤아릴 수 없기 때문에 바다(海)에 비유해서 정변지해正遍知海라 한다.

으킬 수가 있다. 그러나 중생심이 아니면 어찌 능히 부처님을 감동시키고, 모든 부처님들 또한 어찌 능히 상응하시겠는가. 능히 부처님을 감동시키는 중생은 맑은 물과 같고, 능히 상응하는 부처님은 해와 같다. 이 때문에 모든 부처님의 시각始覺이 궁극적으로 본각本覺에 계합하는 것은 밝은 해가 하늘에 떠오르는 것과 같고, 모든 부처님의 감응이 청정한 마음(心想)에 들어가는 것은 태양의 그림자가 백 가지 시냇물에 나타나는 것과 같다. 중생에게 감感이 있고 제불에게 응應이 있으니, 이 두 가지 도道가 상호 교감하는 것이 중생의 심상心想에 들어가는 뜻이다.

또한 법계신法界身이라는 것은 곧 이 불신佛身이기도 하다. 두루하지 아니함이 없기 때문에 진실한 법계法界로 몸을 삼는다. 이에 관불삼매觀佛三昧[21]를 깨달아 체득한다면 관행觀行과 깨달은 마음이 부처님 성품의 본체(性體)에 계합契合하여 들어간다. 부처님의 성체性體가 중생의 관행觀行과 깨달은 마음에 들어가면 이것이 곧 중생의 시각이 부처님의 본각을 깨달은 것이다. 때문에 부처님의 본각本覺이 중생의 시각始覺으로 들어가면 중생에게는 깨달음이 있게 되고 제불에게는 들어감이 있다. 이 두 가지가 서로 상응하면 이것을 "중생의 마음(心想) 속으로 들어간다"고 한다. 마땅히 알아야 한다. 지금의 심지관문心地觀門은 결코 자기 오음五陰의 마음으로 직접 그 본성불本性佛을 관하여 깨달은 것이 아니라, 타불他佛인 아미타부처님께 의탁하여 본래 있던 자성自性이 드러난 것임을. 이 때문에 먼저 응화불應化佛이 내 관상觀想의 심중에 들어가는 것을 밝

---

21) 아미타불·석가모니불 등 부처님의 상호相好(32상과 80종호)와 공덕功德을 마음속으로 생각하고 관찰하는 삼매. 관불에 대한 가르침에 따르면, 선정禪定 중에 부처님이 투영投影됨으로써 마음에 나타난다고 하며, 부처님 보기를 원한다면 우선 그 마음을 깨끗이 해야 한다고 되어 있다. 관불삼매는 부처를 염念하여 선정禪定으로 들어가면 그 선정 속에 부처가 나타나 구제의 기별記別(예언予言)을 전해 주는 것으로 알려져 있는데, 이에 대한 내용이 『반주삼매경般舟三昧經』 등의 삼매경전三昧經典에 실려 있다.

혔고, 다음으로는 불신佛身의 현현顯現이 실은 그 전체가 우리 본유의 깨달음의 성품(覺性)임을 밝혔다.

> 故應佛顯。知本性明。託外義成。惟心觀立。二義相成。是今觀法。又經中云是心作佛是心是佛者。所以示今觀佛。當明修性不二之旨。言作佛者。此有二義。一者淨心能感他方應佛。謂諸佛法身本無色相。由衆生淨心依於業識熏佛法身故。能見佛勝應色相。二者三昧能成自己果佛。謂衆生以淨心想。成就觀佛三昧。故能使自己終成作佛。此之二義。初作他佛。次作己佛。

이러한 까닭으로 응화불應化佛이 나타나면 그 본성本性이 뚜렷이 밝아졌음을 알게 된다. 관상의 대상인 응화불의 외경外境이 성취된 것에 의탁한다면 유심唯心의 관觀이 건립되어 이 두 가지 의리가 상호 성취되는데, 이것이 지금 이 경(관무량수경)의 관법이다.

또한 경에서 설하기를 "이 마음이 부처가 되고, 이 마음이 곧 부처다" 한 것은 지금의 관불觀佛할 때를 보인 것으로, 응당 수덕修德과 성덕性德이 둘이 아닌 취지를 밝혔다.

작불作佛이라 말한 것은 여기에서는 두 가지 의미가 있다.

첫째는 청정한 마음으로 타방他方의 응화불(應佛)과 능히 감응感應하는 것이다. 이 말은 모든 부처님의 법신은 본래 색상(형상)이 없는데 중생의 청정한 그 마음이 중생의 업식業識에 의지하여 아미타부처님의 법신을 훈습하여 감응하기 때문에 아미타부처님의 수승한 응화應化의 색상을 능히 볼 수 있는 것이다.

둘째는 중생이 삼매를 닦음으로써 능히 자기의 과보불果報佛을 성취하는 것이다. 말하자면 중생이 청정심으로 부처님을 기억하고 관상하여 관불삼매觀佛三昧를 성취하는 것이다. 그러므로 능히 자기 스스로가 마침내 과보불果報佛을 성취하게 된다.

이 두 가지의 의리는 처음에는 타불他佛(아미타불)을 지었고(作) 그 다음에는 자기 스스로의 부처[己佛]를 지음이다.

> 當知果佛從證。非是自然。即是而作。全性成修。顯非性德自然是佛也。言是佛者亦有二義。一者心即應佛。前言性本無相心感故有。則心佛有無條然永異。今泯此見。故則衆生之心全是應佛。以離此心外更無佛故。二者心即果佛。既心是果佛。故知無有成佛之因。以衆生心中已有如來結加趺坐。豈待當來方成果佛。此之二義。初是應佛。次是果佛。當知果佛本具。非從緣成則作而是。全修成性。顯非修德因緣成佛也。若以作是顯於三觀。則空破假立。皆名為作。二邊之觀也。不破不立。名之為是。中道之觀也。全是而作。則三諦俱破俱立。全作而是。則三諦俱非破立。即中之空假名作。則能破三惑立三法。故感他佛三身圓應。能成我心三身當果。即空假之中名是。則全惑即智。全障即德。故心是應佛。心是果佛。故知作是之義一心修者。乃不思議之三觀。為十六觀之總體。一經之妙宗也。

마땅히 알아야 한다. 과보불果報佛은 관행觀行으로 증득한 것이지, 저절로 함이 없이(無爲) 있게 된 것이 아님을. 당체當體는 곧 '시是'라 하고, 수증으로 지은 것은 '작作'이라 한다. 전체가 본유本有한 성덕性德으로부터 수덕修德의 성취가 가능하다. 이른바 '작불作佛'이란 것은 단지 성덕에 의지해 일(事)을 따라 수행하지 않는 자연의 부처님이 아님을 나타낸 것이다.

'이 부처님[是佛]'이라 말한 것도 두 가지 의미가 있다.

첫째는 중생심이 곧 응화불應化佛이란 것이다. 앞에서 말했듯이, 부처님의 법신(法身)은 본래 색상이 없지만 중생심의 감득(感)으로 인해 존재한다. 이렇게 되면 중생심과 부처님의 유무有無가 있게 되어, 두 가지 분리가 분명하여 영원히 차별이 있는 것이다. 하지만 지금은 이 분별 견해를 제거하였기 때문에 중생의 마음 전체가 응화불이다. 이 중생심을 떠난 밖에는 다시 다른 부처님(他佛: 아미타불)이 없는 까닭이다.

둘째는 마음이 과보불果報佛이라고 한 것이다. 이미 중생심이 과보불이기 때문에 성불할 원인이 없음을 알아야 한다. 중생의 마음속에 이미 여래가 가부좌跏趺坐를 맺고 있는데, 무엇 때문에 당래에 과보의 부처님을 기다리겠는가.

이 두 가지 의미는 첫 번째는 응화불이고, 두 번째는 과보불이다. 마땅히 알아야 한다. 과보의 부처님이 본래 갖추어져 있어 바깥 인연을 따라 성취되지 않았음을. 곧 **이 마음이 부처가 되며(是心作佛), 이 마음이 곧 부처(是心是佛)로서** 전체의 수덕修德이 본래 있던 성덕性德을 성취하며, 결코 수덕修德의 인연으로 인하여 성불한 것이 아니라 성덕性德이 구족되지 않았다면 성불할 수 없음을 나타냈다.

이에 "이 마음으로 부처가 되며 이 마음이 부처"인 것으로써 삼관三觀을 나타낸다면, 공관空觀으로 일체의 집착하는 상相을 타파하고 가관假觀으로 일체법을 세우는 것을 모두 작作(是心作佛)이라 이름한다. 그렇다면 이는 공관空觀과 가관假觀 이변二邊의 관觀이다.

일체의 집착상을 타파하지도 않고 일체법을 세우지도 않는 것을 시是(是心是佛)라고 이름하는데, 이것이 곧 중도中道의 관이다.

또한 전체가 '시심시불是心是佛'의 당체로써 '시심작불是心作佛'이라면 공空·가假·중中 삼제三諦가 함께 타파되고 함께 건립된다. 전체가 '시심작불是心作佛'의 당체이면서 '시심시불是心是佛'이라면 공·가·중 삼제의 타파와 건립을 함께 부정한 것이다. 중도에 즉한 공관空觀·가관假觀을 이름하여 '시심작불是心作佛'이라고 한다면, 견사見思·진사塵沙·무명無明 등

삼혹三惑22)을 능히 타파하고 진제真諦·속제俗諦·중제中諦 삼법三法을 능히 성취하는 것이다. 이러한 까닭으로 능히 타불他佛(아미타불)의 법신·보신·응화신 세 가지 몸(三身)이 원만하게 감응하는 것을 감득하여 내 마음의 법신·보신·응화신 삼신三身과 당래의 과보를 능히 성취하는 것이다.

공관·가관 당체에 즉한 중도中道를 '시심시불是心是佛'이라 한다면 전체의 삼혹三惑이 곧 세 가지 지혜(三智)이며, 전체의 삼장三障이 곧 삼덕三德이다. 때문에 자심이 곧 응화불이며, 자심이 곧 과보불이라. 이러한 까닭으로 알아야 한다. '시심작불是心作佛 시심시불是心是佛'의 의미를. 능히 오로지 정밀하게 한마음으로 수행하여 닦는 것은 불가사의한 삼관三觀(일심삼관)이다. 이것이 16관觀의 총체이며, 한 부 『관무량수경』의 미묘한 종지이다.

文出此中。義遍初後。是故行者當用此意修淨土因。或曰。何不依經所說惟以事想直生淨土。乃顯慧觀之門。使初心難入耶。答曰。觀慧事想乃至人中微善。但得一心。皆可生於淨土。但麁妙之不同耳。麁則惟彼事想。妙則專乎心觀。疏云。良以圓解全異小乘。小昧惟心。佛從外有。是故心佛其體不同。

그 경문은 이 제8관觀 가운데에서 나왔으나, 그 의리義理는 경문의 처음과 뒤에 두루하니, 이러한 까닭으로 수행자는 응당 이와 같은 의지로 정토의 인因을 닦아야 한다.

---

22) 천태종에서 설하는 세 가지 번뇌. (1) 견사혹見思惑: 이치를 알지 못함으로써 일어나는 견혹見惑과 대상에 집착함으로써 일어나는 사혹思惑. (2) 진사혹塵沙惑: 진사는 많음을 비유함. 한량 없는 차별 현상을 알지 못하여 중생을 구제하는 데 장애가 되는 번뇌. (3) 무명혹無明惑: 모든 번뇌의 근본으로서, 차별을 떠난 본성을 알지 못하여 일어나는 지극히 미세한 번뇌. 이 가운데 견사혹은 성문·연각·보살이 함께 끊는 번뇌이므로 통혹通惑이라 하며, 진사혹과 무명혹은 오직 보살만이 끊는 번뇌이므로 별혹別惑이라 한다.

어떤 이가 질문하기를, "무엇 때문에 경전에서 말씀하신 오직 사상事相 (일과 형상)의 관상觀想으로 극락정토에 곧바로 왕생한다는 것을 의지하지 아니하고, 지혜 관해觀解의 문을 나타내어 초발심의 사람들이 들어가기 어렵게 하는 것인가?"

대답하여 말한다. 지혜 관혜와 사상事相의 관상觀想 내지 범부의 보잘것없는 선행까지도 다만 일심一心만 얻어 성취한다면 모두 극락정토에 왕생함이 가능하나, 다만 그 과보의 경계가 거칠고 미묘함이 동일하지 아니 할 따름이다. 거친 것은 저 사상事相의 관상觀想일 뿐, 미묘한 것은 일심一心에 오롯이 정밀하게 집중하는 묘관妙觀이다. 『관경소觀經疏』에서 설하기를, 진실로 원만한 불승佛乘의 이해로는 소승小乘의 가르침과는 완전히 상이하다. 소승은 유심惟心의 종지에 미혹하여 모든 부처님들이 마음 밖에 있다고 인식하기 때문이다. 이러한 까닭으로 자심自心과 부처가 그 체성이 완전히 동일하지 않게 된다.

> 大乘行人知我一心具諸佛性。託境修觀佛相乃彰。今觀彌陀依正爲緣。熏乎心性。心性所具極樂依正由熏發生。心具而生。豈離心性。全心是佛。全佛是心。終日觀心。終日觀佛。其旨明矣。又應了知。法界圓融不思議體作我一念之心。亦復舉體作生作佛作依作正作根作境。一心一塵至一極微。無非法界全體而作。既一一法全法界作。故趣舉一。即是圓融法界全分。既全法界。有何一物不具諸法。以一切法一一皆具一切法故。是故今家立於惟色惟香等義。

대승의 수행인은 나의 일심一心에 모든 부처님의 체성體性이 구족되어 있음을 안다. 다만 경계에 의탁하여 관상을 수행하되, 본래부터 구족한 부처님의 모양(佛相)을 이에 능히 드러내는 것이다. 이제 아미타부처님의 의보와 정보를 관상하는 것으로써 증상연을 삼고 본래부터 구족한 심성

心性을 훈습하여 심성에 구비한 극락세계의 의보와 정보가 경계와 인연의 훈습을 따라 발생한다. 자심에 본래 구족하여 인연 따라 생기하는데, 어찌 자심의 본성을 떠나겠는가. 중생 전체의 심성이 곧 부처이며, 제불 전체의 체상體相이 곧 심성이니, 종일토록 심성을 관조觀照함이 곧 종일 부처를 관상觀想하는 것이다. 종일토록 부처님을 관상하고 억념憶念함이 곧 종일 심성을 관조하는 것이라는 그 뜻이 더욱 명료해질 것이다. 또한 마땅히 깨달을지니, 청정법계의 원융하고 불가사의한 체성體性 전체가 내 일념의 마음을 짓는다는 사실을. 또 다시 법계의 체성 전체가 중생·부처·의보·정보·육근六根·경계를 지으니, 이런 까닭에 어떠한 하나의 마음心念, 하나의 경계 내지 극미極微에 이르기까지 청정법계 전체로부터 이루어지지 않음이 없음을 알 것이다. 이미 하나하나의 법이 청정법계 전체가 지은 것이라면, 나아가 하나의 법만 들어 올려도 즉시에 원융한 청정법계 전체가 된다. 그러므로, 어떤 물건이라도 일체 제법을 원만하게 구족하지 않음이 없는 것이다.

일체의 법에 낱낱이 일체의 법을 하나하나 모두 갖추어 원만구족하였기 때문에, 이러한 까닭으로 지금 천태가天台家에서 유색惟色 유향惟香 등의 의리를 수립한 것이다.

> 又云。毘盧遮那遍一切處。一切諸法皆是佛法。所謂眾生性德之佛。非自非他非因非果。即是圓常大覺之體。故知果佛圓明之體。是我凡夫本具性德。故四三昧通名念佛。若此觀門託彼安養依正之境。用微妙觀專就彌陀顯真佛體。雖託彼境。須知依正同居一心。心性周遍。無法不造。無法不具。若一毫法從心外生。則不名為大乘觀也。

또 말하기를, "비로자나毗盧遮那부처님께서 일체의 처소에 두루하여 일체의 모든 법이 모두 불법佛法이다. 이른바 중생의 성덕性德인 부처님으로 자타自他가 아니며 인과가 아닌, 바로 원만하고도 항상한 대각大覺의 본체이다. 따라서 과불果佛의 원명圓明한 본체는 우리 범부가 본래 갖추고 있는 성덕性德임을 알아야 한다. 이러한 까닭으로 네 가지 삼매를 총괄적으로 염불삼매라 이름한다. 만약 이 경의 관문觀門으로 저 안양국安養國(극락세계)의 의보와 정보의 경계에 의탁하여 미묘한 혜관慧觀으로 아미타부처님 이 한 부처님을 한결같이 관한다면, 진실한 법신불의 체성이 나타날 것이다. 비록 저 아미타부처님의 경계에 의탁한다고 해도 극락세계의 의보와 정보가 내 일심 안에 거함을 알아야 한다. 심성이 원만하고 두루하여 한 법도 짓지(造) 않음이 없고, 한 법도 구족하지 않음이 없다. 만일 한 터럭만큼의 법이라도 마음 바깥에 발생한다면 대승의 관문觀門이라고 이름하지 못한다" 하였다.

> 又仁王般若經云。佛問波斯匿王。汝以何相而觀如來。王言。觀身實相。觀佛亦然。無前際中際後際。不住三際。不離三際。不住五蘊。不離五蘊。不住四大。不離四大。不住六處。不離六處。不住三界。不離三界。乃至非見聞覺知。心行處滅。言語道斷。同眞際。等法性。我以此相觀如來身。佛言。應如是觀。若他觀者。名為邪觀。此義益明矣。又云。若其然者。何不直觀彼土眞身之妙。而又此經敎人先修像觀耶。答。娑婆敎主稱讚樂邦。務引衆生出離五濁。敎觀彼佛六十萬億那由他由旬之法身。

또한 『인왕반야경仁王般若經』에서 설하기를 "부처님께서 파사익왕波斯匿王에게 묻기를 '그대는 어떤 모양(相)으로써 여래를 관하는가?' 말씀하시자 왕이 대답하였다. '제가 자기 색신의 실상을 관찰함은 관불觀佛할 때와 마찬가지입니다. 이 일체는 모두 과거, 현재, 미래의 시간이 없습니다. 과거·현재·미래의 때에 머물지 않을 뿐만 아니라, 과거·현재·미래의 시간에서 벗어남도 아닙니다. 색·수·상·행·식 등 오온五蘊

에 머물러 있지 아니함이나 오온을 떠나지도 아니하며, 지·수·화·풍 사대四大에 머물러 있지 아니함이나 사대를 떠나지도 아니하며 색·성· 향·미·촉·법 육처六處에 머물러 있지 아니함이나 육처를 떠나지도 아 니하며, 욕계·색계·무색계의 삼계에 머물러 있지 아니함이나 삼계를 떠나지도 아니합니다. 내지 견문각지見聞覺知(보고 듣고 감각하고 알아차림)도 아니며, 마음의 행하는 곳이 적멸하고 언어의 길이 끊어져 진실의 본제 (眞際)와 동일하고 제법의 실성法性과 동등합니다. 저는 이러한 모양相으 로써 여래의 몸을 관합니다.'

석가모니부처님께서 말씀하셨다. '마땅히 이와 같이 관찰해야 한다. 만 약 다르게 관찰한다면 삿된 관찰이라 이름한다' 하였는데, 이 의미가 더 욱 분명해진다.

또 질문하였다. "만약 그 뜻이 이와 같다면 무엇 때문에 저 극락국토 아 미타부처님의 진실한 법신의 오묘함을 곧바로 관하지 않고, 이 경에서는 먼저 사람들이 형상의 관(像觀)을 닦도록 가르치는가?"

대답하였다. 사바세계의 교주이신 석가모니부처님이 서방정토 극락세계 를 칭찬하고 중생들이 오탁악세五濁惡世에서 벗어나도록 힘써 인도하시는 까닭에, 저 아미타부처님의 육십만억 나유타 항하사 유순의 법신을 관상 하기 전에 먼저 연꽃 위의 보상寶像을 관상하도록 가르친 것이다.

而先之以華上寶像者。開示方便使觀麁見妙也。繼之以丈六八尺之像者。隨順下凡使觀 小見大也。蓋麁妙異想。悉從性而起修。小大殊形。咸自本而垂迹。能觀之性初無差別。 所觀之境寧可度量。是故圓頓之談一音普被。開示其次第而非漸。隨順其根器而非偏。 並啟觀門全彰實相。像教之源豈不在茲。此是念佛三昧單提直截之旨。始終不二之談。 大乘圓頓之道。如日月普照天下後世。使知真妄之心即一而不同。而理有所詣也。可謂不離日用。解行觀慧悉皆具足。學者可不盡其心哉。

우선 연화 위의 보상寶像을 먼저 관하게 한 후 묘상妙相을 보게 한 것은 석가세존께서 개시한 방편법문이다. 장육丈六 팔척八尺의 상을 먼저 관하게 한 것은 하근기 범부에 맞게 작은 몸을 관상한 뒤에 큰 몸(大身)을 보게 하게 위한 것이다. 이는 거친 상(粗相)과 오묘한 상(妙相)을 관상함이 서로 상이하나, 모두 본래 구족한 성덕性德을 따라 수행을 일으킨 것이다. 작고 큰 몸이 형체가 상이함이나, 모두 다 아미타부처님의 본각本覺으로부터 드리운 자취이다. 능관能觀의 심성이 애당초에 높낮이의 차별이 없는 것인데, 소관所觀의 부처님 경계(佛境)인들 어떻게 헤아리겠는가. 이러한 까닭에 원돈교圓頓教의 담론은 석가모니부처님의 원음圓音으로 두루 가피加被함이다. 그러므로 비록 그 수행의 차제次第를 열어서 보임이나 방편의 점교漸教가 아니며, 그 중생의 근기가 보여주는 다름을 따르지만 편파적이지 않다. 동시에 나란히 각종의 관문觀門을 열어 보이지만, 전체 그대로 제법의 실상을 나타낸다. 상법像法의 가르침 근원이 어떻게 여기에 존재하지 않겠는가?

이 염불삼매는 향상의 직절直截한 종지를 단적으로 제시한 시종始終이 둘 아닌 담론이며, 대승 원돈圓頓의 도道이다.

해와 달이 천하와 후세를 두루 비추듯이 중생이 진실과 거짓의 마음을 알게 하였다. 그러나 일체인 동시에 같지 않음이 있는 것은 이체理體에 오히려 나아갈 바가 있기 때문이다. 중생의 일용日用을 떠나지 아니하고, 해행行解(실천과 앎)과 관혜觀慧를 막론하고 모두 구족했다 할 만하다. 불법을 배우는 자가 어찌 궁극적으로 노력하고 마음을 쓰지 않겠는가.

제5 도량의 존상尊像으로 부처님을 생각하여 올바로 관하다

道場尊像念佛正觀第五

夫觀慧三昧者。當以斯觀慧之旨。觀彼極樂依正。使此心純熟。心境理一。而直生於彼土也。道場正觀者。以彼雖達觀慧之旨。而六根所對尙留塵境。或有退轉故。於道場聖像乃至莊嚴供具。即與極樂依正一體而觀。行人雖未離娑婆。以此心觀一故。如已生淨土矣。於命終時。莫不感應。

대저 관혜삼매觀慧三昧란 것은 응당 이전에 기술한 관행지혜觀行智慧의 종지로써 저 극락세계의 의보와 정보를 관상함이니, 이 마음을 정밀하고도 순수하게 숙련시켜 관하는 마음과 관찰되는 경계의 이체理體가 합일되어 직접 저 극락국토에 왕생하게 하는 것이다.

도량의 정관正觀이란 것은 저것에서 비록 관혜觀慧(관조지혜)의 종지를 통달하기는 했으나 육근六根이 경계를 상대할 때 오히려 육진六塵 경계에 머물고 집착하여 혹 퇴전하는 일이 일어나기도 한다. 이런 까닭에 저 도량의 성스러운 불상이나 내지 여러 장엄 및 공양구供養具에 이르기까지 곧 극락세계의 의보 및 정보와 더불어 동일한 체성體性으로 관상하게 하는 것이다. 수행인이 비록 아직 사바세계를 벗어나지 않았다고는 하나, 이 마음으로 도량의 성상과 극락세계의 의보와 정보를 관상함이 동일한 인연인 까닭에 이미 서방정토에 왕생한 것과 다름없다. 이 사람은 임종 시에 아미타부처님의 접인接引이라는 감응感應을 얻지 않을 수 없다.

且如行人懺悔行事淸淨道場莊嚴供事。至於一香一華。豈不卽彼三諦之理。若不以此諦

理。事事之中正念觀察。使勝行有歸。則於大乘圓頓之道。不能開顯。如彼佛土。有無量
一一莊嚴之具。皆從彼佛初修菩薩行時。因行所感。因行旣立。果土現前。故莊嚴具勝妙
無盡。我今觀果知因。則知三昧道場一一莊嚴與彼極樂因果無二。豈不亦各各成大三
昧。顯諸法門圓融微妙。如極樂土等無差別。亦自卽彼嚴具爲妙身相。身相供事非彼非
此非一非多。依正互融顯法界理。如諸佛土不可思議。豈可視爲土木所成境耶。

또 수행인의 참회수행이나 청정한 도량의 종종 장엄과 공양, 내지는 저
하나의 향 하나의 꽃과 같은 것들이 어찌 저 진眞·속俗·중中 삼제三諦
의 이치에 상즉相卽하지 않겠는가. 만일 이 진실한 삼제三諦의 이치로써
사물과 일 가운데 지혜관찰로 마음을 모아 정념正念하여 수승한 수행에
귀결점이 있게 하지 못한다면, 대승 원돈圓頓의 도道를 개발하지 못한다.
저 아미타부처님의 청정한 국토의 무량한 하나하나의 장엄구莊嚴具와 같
은 것들도 모두 저 아미타부처님께서 처음 보살행을 닦으실 때의 인지수
행因地修行을 통해 감득感得하신 과보인 것이다. 인지의 수행이 이미 건
립되어 과보의 국토가 자연스럽게 앞에 나타난 까닭에 그 장엄된 기구는
수승하고 미묘하여 무궁무진한 것이다. 우리가 이제 아미타부처님의 과
보를 보고 인지수행을 알 수 있기 때문에, 곧 인지수행시 삼매의 도량
가운데 하나하나의 장엄구와 저 극락세계의 인과가 더불어 둘이 아니며
차별이 없음을 알게 된다.

같은 모양으로 제각기 성취한 광대한 삼매三昧와 모든 법문이 원융무애
하고 심심미묘함을 나타내는 것과 극락국토가 한결같이 동등하여 차별
없음이, 어찌 또한 같지 않겠는가. 동시에 저 제불께 공양하는 장엄구로
써 내 장래의 미묘한 몸(身相)으로 삼으니, 나의 몸과 저 공양하는 사물
이 피차彼此가 없고, 하나도 여럿도 아니다. 의보와 정보가 서로 융합하
여 통함으로써 법계의 진리가 현창된 것이다. 도량 중에 내가 공양하는

성상과 장엄구와 제불국토의 만덕장엄은 하나같이 불가사의하니, 어찌 흙과 돌, 나무로 이루어진 바깥 경계로만 보아서야 하겠는가?

故知或境或心或身或土。同一受用自在無礙。經云。以波羅蜜所生一切寶蓋。於一切境界清淨解所生一切華帳。無生法忍所生一切衣。入金剛法無礙心所生一切鈴網。解一切法如幻心所生一切堅固香。周遍佛境界如來座心所生一切寶衆妙座。供養佛不懈心所生一切寶幢。解諸法如夢歡喜心所生一切佛所住處寶宮殿。無著善根所生一切寶蓮華雲等。以是觀之。則知極樂依正之境乃是彌陀如來因行所成。今感其果。我此道場旣是生淨土因。勝劣雖有不同如海如渧。而其氣分豈不與同體耶。

그러므로 혹은 경계, 혹은 자심自心, 혹은 보신報身, 혹은 국토가 모두 법계성의 이치로 볼 때 동일한 수용受用으로 자재하여 걸림이 없음을 알 수 있다.

경에서 설하기를, "보살의 육바라밀에서 생겨난 온갖 보개寶蓋와, 일체 경계의 청정한 지해知解에서 생겨난 온갖 화장華帳(화려한 휘장揮帳)과, 무생법인無生法忍에서 생겨난 온갖 의복과, 금강법계에 들어가 걸림 없는 마음에서 생겨난 온갖 방울 및 그물(鈴網)과, 일체 법이 허깨비와 같음을 아는 지혜심에서 생겨난 일체의 견고한 향과, 제불 경계에 두루한 여래 좌如來座를 공경히 오른쪽으로 도는 마음에서 생겨난 온갖 보배 묘좌妙座와, 부처님께 공양하기를 게을리 하지 않는 마음에서 생겨난 일체의 보당寶幢과, 모든 법이 꿈 같음을 깨닫고 기뻐하는 마음에서 생겨난 일체의 부처님이 머무는 처소인 칠보 궁전과, 집착 없는 선근에서 생겨난 온갖 보련화운寶蓮華雲 등이라." 하였다.

이러한 도리로 관해 보면, 극락세계의 의보와 정보의 수승한 경계가 아미타부처님의 인행因行(인지수행因地修行)으로 성취된 것으로, 지금 이러한 원만한 과보를 감득할 수 있기에, 우리의 이 수행도량이 이미 정토에 왕생할 인㘴임을 알 수 있다. 아미타부처님 인행因行의 수승함과 우리 근기의 하열함이 비록 높고 낮음, 우열의 차이가 있지만, 그러나, 대해의 바닷물과 그 한 방울 물이 맛과 성질에 있어서 어찌 동체同體이자 평등한 것이 아니겠는가?

因是義故。則道場中六根所對香華燈燭勝旛寶蓋一切供具。乃至衣服臥具飮食醫藥諸受用具。一色一香及一微塵。無非三昧。無非法門。皆能使人發乎妙解悟心證聖。雖未聞音。亦能表現念佛三昧諸大法門。亦即一切生佛之身境智無礙。亦能與我同行。為真法侶。行人敢輕視之。使不發妙悟俱生彼國。可乎。經云。禪定持心常一緣。智慧了境同三昧。義亦若是。能作此觀。則根境一致。何但我之三業為能修也。

이러한 까닭에, 곧 지금 수행하는 도량 가운데 육근으로 대면하는 향화香華·등촉燈燭·수승한 당번幢旛·보개寶蓋· 일체의 공양구, 내지 의복·와구臥具와 종종 음식과 의약, 모든 수용하는 도구, 일색一色·일향一香 및 일미진一微塵도 삼매 아닌 것이 없으며 도에 들어가는 법문 아님이 없다. 모두 다 사람들로 하여금 미묘한 이해를 발하게 하여 자심을 깨닫게 하고 성인의 경계에 증득하여 들어가게 하는 것들이다.

비록 아미타부처님의 법음法音을 듣지 못한다 해도 또한 염불삼매念佛三昧의 모든 큰 법문을 표현할 수 있으며, 아울러 바로 지금 일체 중생과 제불의 몸이 경계와 지혜에 원융하여 걸림 없는데 나아간다. 또한 나와 같은 수행인과 더불어 진실한 법의 반려를 삼거늘, 수행인이 감히 일체의 경계를 경시하여 사람들로 하여금 오묘한 깨우침을 발하여 저 극락국토에 왕생하지 못하게 해서야 되겠는가.

경에서 설하기를, "선정禪定으로 마음을 닦아 지니면 항상 하나의 인연

속에서 행하며, 지혜로 경계를 깨달으면 일체 경계에서 동일하게 삼매를 얻는다" 하였는데, 그 의미가 또한 이와 같다. 이렇게 관함을 능히 짓는 다면 육근六根과 육경六境이 한 가지로 일치하여 둘이 아니거늘, 어찌 다만 나의 신·구·의 삼업三業만을 닦아 수행하겠는가.

又如地獄苦具刀杖劍火。以彼先造惡因所使。皆能搖動為蛇為狗為蟲為鳥。穿骨入體。作諸苦事。況道場中諸莊嚴具。而不依正同源皆解脫法。與我共成三昧者乎。又道場莊嚴形皆異物。尚能使人發乎妙解。況今所奉尊像。恭敬供養。盡心竭志。如父如母。豈不能令我解脫速生安養。且如一佛二菩薩像置道場中。為的對懺悔之主。餘像是伴。總名為正。諸莊嚴具悉名為依。是則主伴依正。與彼極樂依正。雖麁妙不同。而其像主所有神通願力。同佛真身。扣之則靈。求之則應。有何差別。

또 지옥의 괴로운 형구刑具인 칼·곤장·검劍·불 같은 경우도 저가 먼저 지은 악한 인 때문에 당하게 됨이니, 이 모두가 요동하며 쇠로 된 뱀·개·독충·새 등이 되어 뼈를 뚫고 몸 안에 들어와서 모든 괴로운 일을 짓는 것이다. 어찌 하물며 수행 도량 안의 온갖 장엄구가 극락세계의 의보·정보와 동일한 근원이자 모두 생사해탈의 법으로서, 나와 함께 삼매를 성취하는 것이 아니겠는가.

이 밖에 수행 도량의 여러 장엄물은 그 형체가 모두 나의 몸과 마음과는 다른 물건(異物)이건만, 오히려 사람들에게 미묘한 이해를 발하게 한다. 하물며 지금 봉안한 불·보살의 존상尊像을 여법하게 공경히 공양하며 성의와 진심을 다해 부모님처럼 친절하게 대한다면, 어찌 나를 생사해탈케 하여 안양국安養國(극락)에 신속히 왕생하게 하지 않겠는가.

또한 아미타부처님 존상과 관세음·대세지 두 보살님의 상像을 도량 가운데에 안치한다면, 단정히 마주 대하여 참회하는 주主가 되며 나머지

성상聖像들은 반伴이 되어 이를 총체적으로 정보正報라 하고, 나머지 모든 장엄구는 다 의보依報라 이름한다. 이는 주主와 반伴의 의보ㆍ정보가 저 극락세계의 의보ㆍ정보와 비록 거칠고 미묘함이 동일하지 않지만, 그 그 형상의 주主(아미타부처님 상像)가 소유한 신통과 원력은 아미타부처님의 진신眞身과 동일하다. 아미타부터님 존상에 무릎을 꿇고 머리를 조아려 절하면[叩拜] 영험靈驗하고, 구하면 감응感應하시니, 아미타부처님의 진신과 무슨 차별이 있겠는가.

既無差別。則於此像豈可但作土木膠漆金彩所成之見。而不作西方極樂大願相好真身之佛觀耶。若於像中不見真身。則其心不一。三昧難成。妙悟不深。失之甚矣。蓋今所見之像。與彼真身實無二致。但以彼佛大慈普遍。於無二身。隨機應現。示真示化。或示形像。而我亦眼障尚深。於一法中。所見自異。於佛真身。而謂像耳。則知此像豈實像哉。譬如觀經三輩九品接引之佛。隨其品位。所遣從勝至劣。各各不同。故知我所見像。實亦當我所見。豈佛慈不普。而示我以像哉。雖然見有不同。皆即彌陀一體。

이미 차별됨이 없다면 이 도량 중의 이 불ㆍ보살 상이 어떻게 흙ㆍ목재ㆍ아교ㆍ칠ㆍ채색ㆍ금으로만 이루어졌다는 생각을 짓고, 이 서방극락세계의 대원大願을 구족하고 상호와 광명을 가진 진실한 불신佛身이라는 관상을 짓지 않겠는가. 만일 형상 중에서 진신眞身의 관상을 짓지 못한다면 그 마음이 전일專一하지 못함에 염불삼매를 성취하기 어려워서, 미묘한 깨달음으로 깊이 들어가지 못하고 과실이 매우 크다고 하겠다. 대체로 지금 보는 불ㆍ보살 상像은 저 극락세계의 아미타부처님 진신과 실제로 두 가지 차별된 이치가 없는 것이다. 다만 저 아미타부처님께서 대자대비로 일체 중생에게 두루 미쳐, 둘이 아닌 무분별의 진신으로 중생의 근기를 따라 응화신應化身을 나타낼 뿐이니, 혹은 진신을 보이고 화신을 보이며, 혹은 형상을 보이기도 하신다.

우리가 또한 안근眼根의 장애가 매우 깊어 동일한 진법眞法 가운데서도 보는 것이 스스로 차이가 있다. 아미타부처님의 진신을 스스로 형상이라 말할 뿐이니, 이렇다면 곧 이 형상이 어떻게 실유實有하는 흙과 나무의 형상일 뿐임을 깨닫겠는가.

비유하면 『관무량수불경觀無量壽佛經』에서 상·중·하 삼배구품三輩九品으로 접인接引하시는 아미타부처님께서 중생의 근기와 품위品位에 따라서 보내시는 것이 수승함으로부터 하열함에 이르기까지 각각 동일하지 않음과도 같다. 이러한 까닭으로 우리가 보는 형상이 실제로 또한 우리의 이러한 근기에 마땅하게 보는 진불眞佛임을 알 수 있다. 어찌 아미타부처님의 자비가 두루하지 아니하여 우리에게 허망한 환상의 형상으로만 보이셨겠는가. 비록 각종 근기의 중생이 보는 바가 동일하지 않지만, 모두 아미타부처님의 유일한 진실의 체성인 것이다.

又如經說懺彼眼障漸薄。見佛座已。先見一佛二佛。障又薄時。漸漸見佛遍虛空界。以彼例此。若我懺願求生之心與理相應。先見佛像及化。後能見佛眞身。又如華嚴會上。佛體本一。大菩薩眾見佛是廣大無量天冠莊嚴舍那之身。三乘見佛是王宮降生老比丘身。我等凡夫故。應見佛是土木所成之身。不爾。云何普賢觀經但懺眼罪而得見佛。是知佛本一體。或眞或像。實見者自異耳。

또 경전에서 설한 바와 같이, 참회 이후에 저 안근眼根의 장애가 점점 엷어져서 곧 부처님의 연화좌대蓮華坐臺를 본 후, 먼저 일 존불尊佛 또는 양 존불을 먼저 보게 된다. 안근의 장애가 더욱 엷어져서 허공계虛空界에 두루하신 부처님을 점점 더 볼 수 있게 된다.

저 경에서 설한 바를 여기에 비교하여, 가령 내가 참회하고 발원하여 왕생을 구하는 마음이 진실한 이체理體와 상응한다면, 먼저 부처님의 형상과 화신불을 보고 뒤에는 아미타부처님의 진실한 몸을 볼 수 있게 되는 것이다.

또 화엄회상華嚴會上에서 석가모니부처님의 몸은 본래 하나이나, 일승一乘의 근기인 대보살大菩薩의 무리들은 부처님이 광대 무량하여 천관天冠으로 장엄된 노사나불盧舍那佛23)의 몸을 보고, 삼승三乘 근기의 사람들은 부처님을 왕궁에 강생降生한 늙은 비구의 몸으로 보고, 우리 범부 중생은 부처님을 흙·나무·돌 등으로 이루어진 몸만을 볼 뿐이다 한 것과도 같다. 그러하지 아니하다면 무엇 때문에 보현관경普賢觀經에서 다만 안근眼根의 죄만 참회하여도 부처님을 보게 된다 하였겠는가. 이로써 부처님은 본래 하나의 몸이나, 보는 사람의 근기에 차이가 있어서 혹은 진신으로 혹은 흙과 나무로 된 불상으로 스스로 상이하게 볼 뿐이다

又昔有人。刻木為母。母身本木。人有借覓於母。或與或恪。木母亦能形喜慍色與真母同。彼世間孝意所感。尚能若是。況我無量大願神通之佛即真寶像。不及木母者乎。況古今造像徵驗不一。或放光明。或示瑞應。乃至身生舍利。水溺火焚不壞者。載之傳記。不可具陳。則我道場像主即是彌陀如來真實色身。而我障故。謂是像耳。縱彼直謂是像。亦能入前像觀。從像見真。豈不顯同體之妙。

또 옛날 어떤 사람은 나무로 어머니를 조각하여 조성하였다. 어머니의

---

23) 노사나불, 혹은 노자나불盧遮那佛은 삼신불三身佛 중 보신불로, 보통 '원만보신 노사나불'이라는 이름으로 불리우며, 오랜 수행으로 무궁무진한 공덕을 쌓고 나타나신 부처로 표현된다. 전각이나 탱화에 삼신불로 표현될 때는 가운데 석가모니불, 왼쪽에 비로자나불, 오른쪽에 노사나불이 자리잡는다. 삼신불은 (1) 법신불法身佛: 영원불변의 진리를 몸으로 삼고 있는 법신, (2) 보신불報身佛: 수행에 의해 부처가 된 보신, (3)화신불化身佛: 중생을 교화하기 위해 여러 가지 형상으로 변화하여 나투시는 화신을 말한다. 법상종은 자성신自性身인 비로자나불, 변화신變化身인 석가모니불釋迦牟尼佛에 대하여, 수용신受用身으로서 노사나불盧舍那佛을 꼽는다. 천태종에서는 보신報身에 대비시키며, 화엄종은 본존불인 비로자나불과 같은 말로도 쓰인다.

몸은 본래 나무였으나, 다른 사람이 어머니에게 찾아 구하고 빌기를 혹은 공양을 올리고 혹은 인색하게 하면 나무로 조성된 어머니도 또한 기뻐하고 성난 얼굴빛을 드러내며 실제 어머니와 동일하게 이적을 나타내었다. 저 세간에서 효도의 뜻에 감응하는 것도 오히려 이와 같았는데, 하물며 한량없는 대원大願과 육신통六神通24)을 갖춘 불상은 진신에 상즉相卽한 보배로운 상像인데 나무로 된 어머니에게도 미치지 못한다 말할 수 있겠는가.

더구나 고금古今에 불상을 조성하여 나타난 징험이 한 둘이 아니었으니, 혹은 광명을 놓았고 혹은 서응瑞應을 보이기도 하였으며 내지는 사리가 용출聳出하였고 물에 빠지거나 불에 타도 파괴되지 않았다는 여러 가지 영험으로 전기에 두루 실려 있어 자세히 진술하지 못할 정도다. 그러하다면 우리 도량의 상像의 주인도 아미타부처님의 진실한 색신이거늘, 다만 우리가 업장이 가로막혀 이는 상像이다 말할 뿐이다..

비록 저가 바로 상像이다 말한다 해도 또한 앞의 '형상의 관'(像觀)에 능히 들어가 형상에서 진신을 본다면, 어찌 동체의 오묘함이 나타나지 않겠는가.

經云。佛淸淨身遍一切處。又云。一切諸法無非佛法。何特此像而非佛乎。或問。離一切相。即名爲佛。佛身尙非。何況此像與佛同耶。答。若於相非佛。何止於像。離舍那報身。

---

24) 우리 마음이 번뇌의 티끌이 단 한 점도 없이 깨끗하게 되었을 때 자연스럽게 갖추어지는 초능력의 현상. (1) 천안통天眼通: 육안을 통하지 않고 심안으로 모든 것을 볼 수 있는 지혜의 눈. (2) 천이통天耳通: 귀로 마음만 집중하면 천리 만리의 온갖 소리까지도 다 들을 수 있는 능력. (3) 타심통他心通: 남의 마음을 마치 자기 마음처럼 환희 다 알 수 있는 능력. (4) 숙명통宿命通: 과거의 지난 세상살이 등 모든 일들을 알 수 있는 능력. (5) 신족통神足通: 생각하는 곳이면 순식간에 그곳에 마음대로 갈 수 있는 능력. (6) 누진통漏盡通: 번뇌를 완전히 끊을 수 있는 능력. 제1통에서 제5통까지는 유루정有漏定을 닦는 불교 외의 외도外道나 신선, 천인天人, 귀신들도 부분적으로 얻을 수 있고 약을 쓰거나 주문을 외워도 이룰 수 있다고 한다. 그러나 오직 제6통인 누진통만은 정각을 성취한 부처님만이 지닐 수 있다.

亦非是佛。若一切非佛。即一切是佛。何非佛耶。

경에서 말하기를 "부처님의 청정한 몸이 일체의 처소에 두루 하신다(佛清淨身 遍一切處)" 하였고 또 말하기를 "일체의 모든 법이 부처님의 법 아닌 것이 없다(一切諸法 無非佛法)" 하였는데 왜 하필 이 상像만이 부처가 아니겠는가.

어떤 사람이 질문하였다. "「모든 모양을 떠나면 곧 부처다(離一切相 即名為佛)」라고 한다. 이와 같이 부처님의 몸도 부정하는데, 더구나 이 상像과 진실한 부처님이 동일하겠는가?"

대답하겠다. "가령 모양이 부처님이 아니라면 무엇 때문에 상像에만 그칠 뿐이겠는가. 노사나盧舍那부처님의 보신報身을 떠나도 또한 부처님이 아니리라. 가령 「일체가 부처님이 아니라면 즉 일체가 부처님이니(若一切非佛 即一切是佛)」, 어찌 부처가 아니겠는가."

若知此義。則悟我今所奉尊像不離願海。具大神方。能攝能受。所有一切方無畏等十八不共大慈大悲常樂我淨相好光明。與彌陀全身等無差別。而我於中懺悔行事。當如乞人得近帝王。常懷慚戰。畏愛兼抱。渴仰攝受。冀求出離。

만일 이 의미를 알았다면 내가 지금 봉안한 존상尊像이 원해願海를 떠나지 않았다는 것을 깨달아 알 수 있으리라. 큰 신통과 방편을 갖추어 능히 섭수攝受하며 소유한 일체방편一切方便인 무외無畏 등 십팔불공법十八不共法과 대자대비·상락아정常樂我淨[25)]·상호광명이 아미타불의 진신과 평등하여 차별됨이 없다.

우리는 그 가운데에서 참회의 행사를 걸인乞人이 제왕帝王과 가까이 할

---

25) 열반涅槃의 사덕四德. 곧 상常은 열반의 경지는 생멸 변천함이 없는 덕이며, 낙樂은 생사의 고통을 여의어 무위無爲 안락한 덕이고, 아我는 망집妄執의 아我를 여의고 팔대자재八大自在가 있는 진아眞我·대아大我이며, 정淨은 번뇌의 더러움을 여의어 담연청정湛然淸淨한 덕이다.

수 있는 것처럼 해야 한다. 항상 부끄러움과 두려움을 품고 외경畏敬과 사랑을 함께 품어 섭수攝受하시기를 목마르게 앙모仰慕하며 예토穢土의 생사에서 벗어나기를 구해야 한다.

況復歷劫難過。今既遭逢。豈可輕易使勝行不進自作障難耶。又念彼佛。哀憫我故。垂示像身。受我懺悔。既受我懺。則一切重罪定得消滅。必生淨土。於是心得歡喜。忽如天廓地清。獲得法眼。彼極樂國可如目覩。故知真像一致之說非不甚深。學者宜盡其誠。莫作異解。

하물며 역겁歷劫토록 만나기가 어려운데도 지금 이미 만남이겠는가. 어찌 경솔히 하고 소홀疎忽히 하여 수승한 행이 진보하지 못하게 하고 스스로 장애와 어려움을 짓겠는가.

또 저 아미타부처님을 생각해보았더니, 우리를 불쌍히 여기셨기 때문에 '형상의 몸'(불상)을 드리워서 보이시고 우리의 참회를 받아 들이셨다. 이미 참회를 받아들였다면 일체의 무거운 중죄가 결정코 소멸하고 서방정토 극락세계에 왕생하게 된다.. 이 마음은 환희를 얻고 홀연히 천지가 확 트여 쾌청快晴하듯 법안法眼을 성취하고, 저 극락정토를 눈으로 보는 듯 하리라.

그러므로 진신과 형상(불상)이 일치한다는 말이 매우 뜻깊은 것임을 알고, 학자는 그 정성을 극진히 하여 절대로 다른 이해를 지어서는 안 된다.

세 가지 정업淨業
왕생극락 하는
윤회를 벗어나

저 극락세계에 태어나고자 하는 이는
마땅히 삼복三福을 닦아야 하느니라.
첫째는 부모님께 효도 봉양하고,
스승과 어른을 받들어 모시며,
자비로운 마음으로 살생을 하지 말고,
열 가지 선업을 닦아야 하며,
둘째는 삼보를 받아들이고 늘 기억하여,
온갖 계행을 구족하고 위의를 범하지 않아야 하며,
셋째는 보리심을 발하고서 인과(염불성불)를 깊이 믿고
대승경전을 독송하도록 수행자를 권진勸進하여야 하느니라.
이와 같은 세 가지 일을 정업淨業이라 이름하느니라.
- 관무량수경

제6 단견斷見 · 공견空見의 삿된 견해를 물리쳐 배척함

闢斷空邪說第六

釋迦如來一代聖教。一本於善惡果報因緣諸法。爲始終不易之正教也。雖有百非超脫之
句。豈必離乎因緣法哉。奈何今時有一等斷人善根極惡闡提之輩。不識佛祖爲人破執除
疑解粘去縛之談。隨他脚後跟轉。妄謂除此心外諸行皆空。無佛無法。非善非惡。錯認妄
識是真。謂此心外無法可得。

석가여래 박가범薄伽梵의 일대성교一代聖教는 저 선악의 과보 및 인연의
모든 법이 오로지 하나같이 근본이 되어 시종始終이 바뀌지 아니하는 올
바른 가르침이 정교正教가 됨이라. 비록 백비百非를 초탈하라는 글귀가
있음이나 어찌 반드시 인연의 법을 떠나겠는가.

어찌하여 오늘날 일등으로 사람의 선근을 절단하는 극악한 천제闡提[26]인
오역五逆의 무리가 있어 불조佛祖가 사람들을 위하여 집착을 파破하고 의
심을 제거하여 끈끈하게 달라붙음을 풀고 결박을 제거한 말씀을 인식하
지 못하고, 타인의 정강이를 따라 뒤에 발꿈치를 굴러 옮기여 망령되게
이 마음을 제외한 바깥의 모든 행은 모두 공空하다 말하는가.

부처님도 없고 법도 없으며 선善도 아니고 악도 아닌 것이라 말하고, 그
릇되게 착오하여 인식하고 망령되게 이 진실(眞)을 인식하여 이 마음 바
깥에서는 법을 가히 얻을 수 없다 말한다.

---

26) 대승의 법을 비방하는 자, 세속의 욕망을 가진 자, 성불의 가능성이 희박한 자. 불교사에서는
일천제(一闡提 icchantika)의 성불 가능성을 둘러싸고 많은 논란이 있었지만, 대승불교에서는 성
불할 수 있다는 설이 다수설이다.

遂卽撥無因果排斥罪福。言一切菩薩諸佛形像祗是個金銀銅鐵土塊木頭。一大藏教亦祗是個樹皮。揩不淨底故紙。本非眞實。何足依憑。於一切善行功德。無不一一掃除謂言著相。一路談他之短。顯己之長。或存所參話頭而又謂不可固執。索性使人內外空索索豁達地了。卽乃潛行諸惡及婬怒癡等。反謂於道無礙。自賺賺他。內心腐爛殆不可聞。譬如師子身中蟲。自食師子身中肉。

드디어 곧 인과를 뽑아버리고 죄와 복(罪福)을 배척한다. 일체의 보살과 모든 부처님의 형상은 다만 이 낱개의 금·은銀·동銅·철鐵·흙덩이·나무덩이일 뿐이며, 일대장교一大藏教 또한 다만 이 한 낱개의 나무 껍대기로서 문지르면 깨끗하지 못한 낡은 종이조각일 뿐이라 본래 진실이 아니니, 어찌 족히 기대어 의지함이겠는가. 이렇게 말하며 저 일체의 선행 공덕을 하나하나 쓸어버리지 아니함이 없게 하며, "모양에 집착한 것이다"라고 일축一蹴하기도 한다.

한결같이 타인의 단점을 말하고 자기의 장점만을 나타내며 혹, 간직하고 참구參究하는 화두話頭에 있어서도 그리하여 또 "가이 고집하여 성품을 찾아서는 안된다" 말하면서 사람으로 하여금 내외가 공하여 쓸쓸하고 텅 빈 계곡처럼 여기게 하고 나서는 곧, 온갖 악함과 음탕함·성냄·어리석음 등을 가만히 행하면서 뒤집어서 반대로 말하기를 "도道는 걸림이 없다" 말하면서 자신을 속이고 남을 기만한다.

안으로 마음이 썩어 문들어진 것이 차마 들을 수 없는 지경이라, 비유하자면 사자 몸 속의 벌레가 사자 몸의 고기를 스스로 먹는 것과 같다.

此等見解其類甚多。必是天魔波旬昔恨未消所遣來者。令同我形服壞我道法而無遺餘。嗚呼痛哉。若如彼見。謂形像非佛。不知何者是佛。紙墨非經。不知何者是經。若自心是佛。何物非心。而獨謂聖人之像非心非佛耶。又心旣是佛。何人無心。而獨謂汝心是佛。

使人非像非經耶。不知眾生之心全體在迷。必假聖人形像經法。而表見之使人有所悟解也。若有悟解。則識生佛眞心平等遍一切處。

이러한 등의 견해는 그 종류가 매우 다양하여 천마파순天魔波旬이 지난날의 원한이 소멸되지 아니함에 보복하고자 파견하여온 자들이 우리와 형체 및 의복을 동일하게 갖추어 집착하고 우리의 도법道法을 파괴하여 남김이 없게 하고자 함이라. 슬프고 애통하다(嗚呼痛哉).

만일 저들의 견해처럼 "형상은 부처가 아니다" 말한다면 어느 것이 부처님인 줄 알지 못하겠으며, 종이와 먹이 경이 아니라면 어느 것이 경인 줄 알지 못하겠다.

만일 자기의 마음이 부처라 한다면 어느 물건인들 마음이 아니겠는가. 그런데도 유독 "너의 마음이 부처이다" 하면서 사람들이 불상과 경전을 부정하게 하는 것인가. 또 마음이 이미 부처라면 어떠한 사람인들 마음이 없겠는가. 그런데도 유독 너의 마음만이 부처다 말하면서 사람들이 불상과 경전을 비난하게 하는 것인가.

잘은 모르겠지만 중생의 마음이 전체가 미혹에 처해 있음으로 성인의 형상과 경법經法을 빌리고 표현하여 사람들이 깨닫고 이해하여 성취하는 바가 있게 하였으리라. 이에 깨달아 이해한 것이 있다면 중생과 부처의 진심眞心은 평등하여 일체의 처소에 두루함을 인식할 것이다.

經云。諸佛說空法爲度於有故。若復著於空。諸佛所不化。又云。寧可說有如須彌山。不可說無如芥子許。縱證空法。猶滯小乘。豈能如大菩薩等。從空入有證於俗假。於眾生界如佛度生者也。是故小乘空見是大乘菩薩所棄。佛說空法是未了義。又佛說空法。乃即有顯空。空不離有。得名眞空。今人說空。離有方空。空成斷見。深爲可畏。如陷坑穽永不可出。

경에서 말하기를 모든 부처님께서 공법空法을 말씀하신 것은 유有를 제도하고자 하는 까닭인데, 만일 다시 공空에 집착한다면 어떤 부처님도 이것을 교화하지 못하게 됨이라 하였다. 또 말하기를 "차라리 유有를 수미산須彌山처럼 말할지언정 무無는 개자芥子씨만큼이라도 거론해서는 안 된다" 하였다.

비록 공법空法을 증득하였다 해도 오히려 소승小乘에 막히는데, 어떻게 대보살大菩薩들이 공空을 따라 유有로 들어가서 세속의 거짓(假)을 증득하여 중생계衆生界에서 부처님처럼 중생을 제도하시는 것과 같이 하겠는가. 이러한 까닭으로 소승小乘의 공견空見은 대승보살이 여의어 버리는 바라. 부처님께서 공법空法은 요의了義가 아님을 설하셨으며, 부처님께서 말씀하신 공법空法은 유有에 나아가 공空을 나타낸 것이다.

공空이 유有를 여의지 않아야 진공眞空이라는 이름을 성취하는데, 오늘날 사람이 말하는 공空은 유有를 떠나야 바야흐로 공空이 되는 것이므로 공空이 단견斷見을 이루고 마는 것이라, 이것은 매우 심히 두려운 견해로써 마치 함정에 빠져 영원히 벗어나지 못하는 것과 같다.

> 永嘉云。棄有著空病亦然。還如避溺而投火。斯之謂也。善星比丘妄說法空。寶蓮香比丘尼私行婬欲。生陷泥犁。豈不是後人龜鑑。後人不以爲戒。復蹈其已覆之轍。如盲引盲衆。使師及弟子自甘沒溺。可悲甚矣。又若孝子。聞父過惡。以承彼生育之恩。猶尚不忍。況我釋氏之子負出世恩。於佛形像法言恣意輕毀。安然不懼。可不痛傷。此人必向五無間獄大熱猛焰之中。各各自受今日謬解之報。豈虛語哉。

영가대사永嘉大師가 설하되 "유有를 버리고 공空에 집착하는 병통 또한 그러하여 이에 다시 수마水魔에 몸이 빠지는 환란을 피하여 화마火魔 속으로 몸을 던지는 것과 같다" 하셨는데, 이를 말한 것이다.

선성善星 비구는 법공法空을 허망하게 말하였고, 보련향寶蓮香 비구니는 음욕을 사사로이 행하여 산 채로 지옥에 떨어졌다. 이 어찌 후에 도道를 닦는 수행자가 귀감으로 삼아야 하지 않겠는가. 이후의 사람이 이것으로 경계하여 경책警策을 삼지 않고 다시, 이미 전복顚覆된 전철을 밟으며 맹인이 소경을 이끌어 인도하는 것처럼 스승과 제자가 스스로 전도됨에 빠져 잠겨 들어감을 달갑게 여기니, 매우 안타깝고 불쌍한 일이다.

또 효자와 같은 경우도 부모의 허물과 악을 들음에도 이에 저 낳고 길러주신 은혜를 받았기 때문에 오히려 용서하여 견디어 내지 못하거늘, 더구나 우리는 석가모니부처님의 아들로서 부처님의 형상과 법언法言에 머물러 있음에 출세出世의 은혜를 저버리고 이에 방자한 뜻으로 경솔하게 훼방하면서 안연·평안함에 처하여 성찰하고 두려워하지 않는다면, 어찌 애통하고 상심이 되지 않겠는가. 이 사람은 반드시 오무간지옥五無間地獄의 큰 맹렬한 뜨거운 불꽃 속으로 향하여 각각 금일에 잘못 이해한 과보를 스스로 받을 것이라 한 말이 어찌 허망한 말이겠는가.

縱是德山丹霞亦但如文殊等。一時爲人破執顯理耳。豈欲以此敎後世耶。今爲其後者不識先人之方便。更喫彼已吐之唾。一向謬謂拆佛殿燒木佛是究道之行。可謂顚倒。若遵彼遺說。惟能燒拆便是道者。今天下釋子皆當如文殊師利。以劍自隨。有佛殺佛。無佛斫像。即是道矣。更不須以佛所傳定慧等學而爲道耶。又佛法門得久住者。全賴經像形服威儀善行乘法而已。

비록 덕산德山스님이나 단하丹霞스님이라 할지라도 문수보살文殊菩薩 등과 같이 한때 사람을 위하여 집착을 타파하고 이치를 나타냈을 뿐이다. 어떻게 이를 본받아서 후세를 이끌어 지도하겠는가.

요즘의 후세 사람들은 선인先人의 방편을 깨닫지 못하고 다시 저들이 뱉

아 버린 침을 주워서 마시면서 한결같이 잘못 말하기를 불전佛殿을 꺽어 버리고 목불木佛을 태워 버리는 이것이 도道를 '체험적으로 궁구'(體究)하는 행이라고 주장하니, 매우 깊이 전도되었다 말할 만하다.

만일 저들이 남긴 말대로 목불을 태우고 불전을 꺽어 버려야만 올바른 도道라고 말한다면, 요즘 천하의 불자들은 문수사리보살文殊舍利菩薩처럼 칼을 차고 다니면서 부처가 있으면 부처님을 살해하고 부처님이 없으면 불상이라도 찍어버려야만 곧 도道가 될 것이며, 다시는 모름지기 부처님께서 전하신 계정혜戒定慧 등의 학學으로써 정도正道를 성취하지 않아야 하겠는가. 또 불법佛法 문중門中에서 오랫동안 안주하여 부처님의 법을 선양할 수 있는 것은 경전과 불상, 가사의 위의威儀에 완전히 의뢰하여 진리의 수레바퀴를 잘 굴릴 뿐이다.

> 不知捨是何據而得久住者哉。是故佛說。於諸經像敬之不至。尚獲大罪。況更輕毀。罪逆可知。妙經有云。提婆達多昔作仙人阿私陀時。爲釋迦師。釋迦自以其身而爲床座奉上供養。令我具足六度相好金色無畏攝法。乃至不共神通道力。成佛度生等者。皆因達多善知識也。今釋迦已得證果。欲相成其道。不說法空。但逆讚其法。微損佛足小指。尚不逃於地獄長劫之痛。何況後五百歲。斷人善根妄說法空者。豈能免苦果耶。又佛說法空。蓋欲令人體空斷惡。

잘은 모르겠지만 이것을 버리고 무엇을 의거하여 오랫동안 안주할 수 있겠는가. 이러한 까닭으로 부처님께서 말씀하시기를 "모든 경전과 불상을 지극히 공경하지 아니함도 오히려 큰 죄를 얻으리라" 하시었거늘, 하물며 경솔하게 훼방함이겠는가. 거역된 죄과를 가이 알 것이다.

『묘법연화경妙法蓮華經』에서 말씀하시기를 "제바달다 비구는 옛날 선인仙人인 아사타가 되었을 때 그는 석가의 스승이 되었다. 석가는 스스로 그 몸으로써 상좌上座가 되어 공양을 받들어 올렸다. 내가 육도六度(육바라밀)와 금색 상호와 무외섭법無畏攝法과 내지는 불공不共(중생과 다른 18가지 초능력)의 신통도력神通道力을 구족具足하게 하여 성불·중생제도 하는 등까지가 모두 제바달다 선지식으로부터 비롯한 것이다."

그러나 지금 석가부처님께서 불과를 이미 증득하고 나자 그 도道를 서로 성취하고자 법공法空을 설하지 아니하고 다만 이에 그 법만을 역逆으로 찬탄하여 부처님의 작은 발가락을 약간 훼손하였을 뿐인데도 오히려 지옥에서 장겁長劫의 고통을 면하지 못하였는데, 하물며 후오백세後五百歲에 선근을 끊고 법공法空을 허망하게 말하는 사람들이 어떻게 고통의 과보를 면할 수 있겠는가. 또 부처님이 말씀하신 법공法空은 대체로 사람들이 공空을 체득하여 악함을 단절하게 한 것이다.

奈何不識佛意。而反滯空退善。豈不顚倒。又彼於諸不善尙說無礙。不知善法何礙而欲不修。古人以不落因果答學者問。而五百世墮野狐身。非百丈老人。不能脫之。況今妄說法空撥無因果。不懼後世。恣意妄談。非止毁於經像。又將素食之人比之牛羊。說法之人叱爲虛解。罪將安極。不知慧解如人之目。道行如人之足。有目無足。雖見而不能行。有足無目。雖行而不能見。以不見故必墮坑塹。以不行故奚到寶所。雖不能到。還識是非。

어찌하여 부처님의 의도를 깨닫지 못하고 반대로 공空에 막히고 침체하여 착함에서 퇴전하는가. 어찌 전도된 것이 아니겠는가. 또 불선不善에서 오히려 걸림이 없다 말하면서, 선법善法은 무엇이 장애가 되어 닦아 수행하지 않으려 하는지 알 수 없다.

옛사람이 '인과에 떨어지지 않는 것'(不落因果)[27]으로써 학인의 질문에 답

---

27) 『무문관無門關』 제2칙 백장야호百丈野狐 설화에서 유래한 이야기다. 백장야호의 설화는 인과因果의 법칙을 명확히 가리킨 중요한 공안公案이다. 백장스님이 상당上堂하면 항상 한 노인이 법문을 듣고 대중을 따라 흩어져 가곤 하였다. 하루는 돌아가지 않으므로 백장스님이 물었다. "거

변하였다. 그런데도 오백 세歲 동안이나 백 여우의 몸에 떨어져 백장노인百丈老人이 아니었다면 벗어나지 못하였을 것이다. 하물며 이제 법공法空을 허망하게 설하며 인과를 뿌리뽑는 것이겠는가.

후세를 두려워하지 않고 방자한 뜻으로 허망하게 담론하며 경전과 불상을 훼방하는데 그칠 뿐 아니라, 또 장차 채식하는 사람을 소나 양에 비유하며 설법하는 사람을 공허하고 잘못된 견해라고 질타하니, 죄가 어디에까지 이르겠는가. 지혜와 견해는 사람의 눈과 같으며 도행道行은 사람의 발과 같음을 알지 못한다. 눈만 있고 발이 없다면 비록 본다 해도 행하지 못하며, 발만 있고 눈이 없으면 비록 가도 보질 못한다. 보지 못하기 때문에 반드시 구덩이에 떨어지고, 가지 못하기 때문에 어떻게 보물 창고에 도달하겠는가. 비록 능히 도달하지는 못한다 해도 또한 옳고 잘못된 것을 인지하리라.

既墮坑塹。身命俱失。如經所謂五度如盲般若如導。以如盲故行必墮凶。以如導故必到寶所。豈可反叱經教之談為虛解也。然則解行雖各為要。設使有行無解。莫若慧解為優。譬如羅漢應供象身挂纓。其義可了。又若有解無行。菩提可發。有行無解。難會圓乘。故知文殊解深為諸佛之師。普賢行大作群生之父。豈可偏滯一隅而自執也。禪宗南嶽尚以不似一物不無修證不可污染。為悟道入門之要旨。況今人邪見若是之深。豈不速疾陷於極苦之處。

기 서 있는 이는 누군가?" "저는 과거 가섭불迦葉佛 때 일찍이 이 산에 살았는데, 어떤 학인學人이 크게 수행하는 사람도 인과에 떨어집니까? 안 떨어집니까? 하는 물음에, 인과에 떨어지지 않느니라 하고 대답해서 여우 몸을 받았습니다. 이제 청컨대 스님은 한 마디 법문을 설해 주소서." "물어 보라." "크게 수행하는 사람은 인과에 떨어집니까? 안 떨어집니까?" "인과에 어둡지 않느니라." 노인이 법문 끝에 크게 깨치고 예배하며 말하였다. "제가 이미 여우 몸을 벗어났습니다." 수행을 충분히 쌓았다면 인과응보 법칙에 속박되지 않는다고 하는 불락인과不落因果라는 생각은 그릇된 견해이며, 인과의 세계에 어둡지 않아서 따르는 불매인과不昧因果라는 생각이 옳다는 말이다.

이미 구덩이에 빠지면 목숨(身命)을 잃음이라. 경에서 말한 바 "오도五道 는 맹인과 같고 반야般若는 길잡이와 같아서, 맹인 같기 때문에 반드시 흉악한 데 떨어지고 길잡이와 같기 때문에 반드시 보물창고에 도달하는 것이다" 한 것과 같다. 어떻게 도리어 경교經敎의 담론을 헛된 이해라 꾸짖겠는가.

그렇다면 이해와 행이 각각 요체이긴 하나, 설사 행만 있고 이해가 없는 것 보다는 '지혜로운 앎'(慧解)이 우수한 것만 같지 못하다. 비유하면 나 한羅漢 · 응공應供이 코끼리 몸에 갓끈을 거는 것과 같다. 그 의미는 요해 要解하리라.

또 이해만 있고 행은 없어도 보리菩提는 말할 수 있으나, 행만 있고 이 해가 없으면 원만한 진리(圓乘)에 회합會合하기 어렵다. 그러므로 알라. 문수보살文殊菩薩은 지혜가 심오하여 모든 부처님의 스승이 되었고, 보현 보살普賢菩薩은 행이 위대하여 여러 중생의 어버이가 되었거늘 어찌 한 모퉁이에만 치우쳐서 집착함이겠는가.

선종禪宗의 남악南嶽스님도 "오히려 한 물건이라고도 할 것이 없지만 수 증修證은 없지 아니하니, 더럽혀 오염되지 않는 것이다"(尚以不似一物不無 修證不可汚染)라고 하여 도道 깨우치고 불문佛門에 들어가는 중요한 종취 (旨趣)를 담았는데, 하물며 요즘 사람들의 삿된 견해가 이와 같이 깊어서 야 어찌 지극히 괴로운 곳에 신속히 빠지지 않겠는가.

楞嚴云。自謂已足。忽有無端大我慢起。心中尚輕十方如來。何況下位聲聞緣覺。又云。
忽然歸向永滅。撥無因果。一向入空。空心現前。乃至心生長斷滅解。不禮塔廟。摧毀經
像。謂檀越言。此是金銅。或是土木。經是樹葉。或是疊華。肉身眞常不自恭敬。却崇土
木。實爲顚倒。其深信者從其毀碎。埋棄地中。疑誤眾生。入無間獄。失於正受。當從淪

墜。則知世尊於妄說法空之人。及未得謂得未證謂證者。預已授其入獄之記。

능엄경楞嚴經에서 말하기를 "스스로 이미 만족하다 여긴다면 홀연히 끝없는 큰 아만我慢이 일어난다. 마음속으로 오히려 시방의 여래도 가볍게 여기는데, 하물며 하위下位인 성문聲聞과 연각緣覺이겠는가" 하였다. 또 말하기를 "홀연히 영원한 단멸斷滅에 귀향歸向하여 인과를 부정하여 없다 하고 한결같이 공空으로 돌아간다. 공심空心이 현전現前함에 마침내는 마음으로 길이 단멸斷滅의 알음알이를 내어 탑묘塔墓에 예배하지 않고 경전과 불상도 꺾고 헐어버린다. 그리고는 단월檀越(시주)에게 말하기를, 이는 금동金銅이며 혹은 흙과 나무이다. 경전은 나뭇잎이며 혹은 중첩한 꽃이다. 육신의 진상眞常은 공경하지 않으면서 흙과 나무를 도리어 존중하니 실로 전도된 것이다 한다. 깊이 믿던 사람도 그가 헐고 부수며 땅속에 묻어버림을 따라 중생을 그릇 오도하며 무간지옥無間地獄으로 들어가서 정수正受를 잃어버리고 한정 없이 빠져 떨어져 버린다"고 하였으니, 곧 세존께서 법공法空을 허망하게 말한 사람과 얻지 못한 것을 얻었다 말하고, 증득하지 못한 것을 증득했다 말한 사람들에게 미리 지옥에 들어가리라고 수기授記했음을 알 수 있다.

明鑑若是。今人豈能逃佛所記哉。或曰。彼達多入獄無苦。我奚畏焉。不知達多因心欲逆讚釋迦之道。故在地獄非但無苦。且如三禪天樂。然以身口似謗故。在地獄之中。還如身口所作。具受無量種苦。佛師尚爾。況今人効之。使人於經像間不生尊敬。視猶土木。待如故紙。令彼不識因果。薄於罪福。遠佛教誡。近五逆行。如是惡報其能免乎。

밝게 살펴 성찰함이 이와 같거늘, 요즘 사람들이 어찌 부처님의 수기授記하신 바에서 도망칠 수 있겠는가. 어떤 사람이 말하기를 "저 제바달다(조달)는 지옥에 들어가도 괴로움이 없었다. 내가 무엇을 두려워하겠는가"

라고 하였지만 제바달다는 마음으로 석가모니부처님의 도道를 역逆으로 찬탄하려 함인 줄 알지 못한 것이다. 그러므로 지옥이 다만 괴로움이 없을 뿐 아니라, 또한 삼선천三禪天의 즐거움과 같았던 것이다. 그러나 몸과 입으로 비방한 듯 하였기 때문에 지옥 속에 있어서 도리어 몸과 입으로 지은 바대로 한량없는 괴로움을 받는 것이다. 부처님의 스승도 오히려 그러한데 하물며 요즘 사람들이 본을 받겠는가.

사람들에게 경전이나 불상에 존경하는 마음을 내지 않고 토목土木처럼 보게 하여 저들로 하여금 인과를 모르게 하고 죄와 복福을 가볍게 여기며 부처님의 가르침과 계율을 멀리하고 오역행五逆行을 가까이 하게 하고서도 이와 같은 악보惡報를 어찌 능히 면할 수 있겠는가.

불가사의한
고성염불과
수지독경의
공덕 · 위신력

고성으로 염불하고
경전을 독송하는
수행에 열 가지 공덕이 있나니,
잠을 내보내고
마군이 놀래 두려워 하고
소리가 사방에 가득 퍼지고
삼악도의 괴로움이 쉬며
바깥 소리가 섞여 들어오지 못하고
마음이 흩어지지 않게 하며
용맹한 마음으로 정진하게 하며
제불께서 기뻐하시며
항상 삼매가 현전하고
극락정토에 태어나느니라.
- 업보차별경

제7 선禪과 부처가 둘이 아님을 열어 보임

開示禪佛不二法門第七

釋迦如來所垂念佛法門。統法界群機而無外者也。實文殊普賢所證大人境界。天台四明判與華嚴法華同部。味屬醍醐。即禪宗所謂單傳直指之道。永明四料簡中謂。無禪有淨土。萬修萬人去。但得見彌陀。何慮不開悟。誠向上一路也。奈何今人因於名利所謀不遂其志。乃作色長歎而自悔云。噫我平生一切都罷了。參禪非我所望。不知且念些阿彌陀佛。以度生世。苟不折本足矣。於是反怠其身。曾未深省。倘或忽遇些些兒得志趣。便自無量惡作依舊一時現前。莫之能禦也。

석가여래께서 드리우신 염불법문은 법계의 여러 근기를 통괄함에 한계가 없는 것이다. 실로 문수보살 보현보살이 증득한 바 대인大人의 경계이며 천태天台대사와 사명四明대사가 화엄경·법화경과 더불어 같은 부部로 교판教判한 것이다. 맛(味)으로는 제호醍醐에 속함이라.

곧 선종禪宗이 말하는 바 다만 마음을 곧바로 가리키는(直指) 도道라. 영명연수선사永明壽禪師의 사료간四料簡 가운데 참선은 없어도 정토가 있으면 만 사람이 수행하여 만 사람이 왕생함이니, 다만 아미타불을 친견함에 어찌하여 개오開悟하지 못할까 염려하겠는가. 진실로 향상일로向上一路가 됨이라고 말하였다.

어찌하여 이제 사람들은 저 명성과 이익을 도모하는 바를 인하여 그 뜻하는 바를 성취하지 못하고 상심한 얼굴빛으로 길이 장탄식하며 스스로 후회하여 말하기를, "슬프다 내 평생의 일체 모든 것이 파괴되었구나. 참선은 내가 바라는 바가 아니며 잠깐 아미타불을 염불한다 해도 중생의 고통스러운 세간을 제도하는지 잘 모르겠다. 진실로 근본만 꺾어버리지 않는다면 만족할 뿐이다" 하여서 이때에 도리어 그 몸을 게을리하여 해태懈怠하고 깊이 성찰하여 반성하지 아니하고 혹 조그만한 취향(志趣)를 만나면 문득 한량 없는 나쁜 업이 예전 그대로 일시에 현전現前함으로 차단하여 막지를 못한다.

> 念佛如此。何益之有。今詳其見。彼謂參禪雖妙而難。如造萬間大廈。念佛雖麁且易。如
> 作一隙草窟。見地若此。譬如饑世得遇大王百味珍饍。認作草菜之食。以如意珠王。視為
> 魚目。可不哀哉。不知禪佛二門發行雖異。到家一著。其理是同。

염불을 이와 같이 한다면 무슨 이익이 있겠는가. 지금 그대의 견해를 자세히 살펴보았더니, 그가 말한 것은 참선이 비록 오묘하다 해도 만 칸의 집을 짓는 것과 같아서 어려움이 되고, 염불은 거칠고 용이하여 한 칸의 초굴草窟을 짓는 것과 같다 한 것이다. 견지見地가 이와 같음에는 비유하여 흉년에 대왕大王의 산해진미를 얻고도 풀과 나물 음식으로 된 것으로 알고, 여의주왕如意珠王을 물고기의 눈처럼 보는 것과 같음이니, 어찌 애달프고 슬프다 하지 않겠는가. 참선과 염불의 두 가지 문이 비록 출발하는 행은 상이함이나 돌아가서 도착하는 집은 하나인 것이다. 그 이치에 있어 한결같이 동일하다는 것을 인지하여 깨닫지 못하였다.

> 當知所以發行異者。如參禪。枯來即是。不著佛求。然若自不能具正知見。又不遇正知見
> 人。縱不退轉。多入魔道。無佛力救護故也。若念佛。一切不取。惟念彼佛。雖無正解及師
> 友開發。但直信有佛身土。發志即生。縱滯邪小。亦還於正。有彌陀願力救護故也。是名
> 發行有異。非謂法門地位深淺有異也。是知參禪即念佛。念佛即參禪。

마땅히 알아야 한다. 출발하는 행이 상이하여 다른 까닭은, 참선의 경우에는 고목처럼 하여 부처님께 집착하여 구하지 않는 것이다. 그러나 스스로가 바른 지견知見을 갖추지 못하고 또한 바른 지견의 선지식을 만나지 못하면 퇴전하지 않는다 해도 마도魔道로 끌려 들어가는 경우가 허다히 다분하다. 이는 부처님의 신통력으로 구호하는 것이 전무하기 때문이다.

가령 염불은 일체를 취하지 아니하고 오직 저 부처님만을 생각하여 모실 뿐이다. 비록 바른 이해나 스승과 도반이 개발하여 옆에서 도와줌이 없어도 불국토(극락)에 뜻을 발하면 즉시에 왕생할 수 있음을 곧바로 믿을 뿐이다. 삿(邪)되고 소소한 것에 침체되어 막힌다 해도 또한 정도正道로 되돌아 복귀하는데, 아미타부처님이 자비한 큰 서원(弘誓)의 자비한 본원本願으로 구제하고 보호하여 지켜서 수호해 주시기 때문이다.

이것을 출발하는 행이 상이하다 이름한다. 법문과 지위의 깊고 얕음에 상이함이 있는 것을 말하는 것이 아니다. 이에 참선이 곧 염불이고 염불이 곧 참선임을 알아야 한다.

> 禪非佛不得往生。佛非禪不得觀慧。念佛參禪豈有二致。若知此義。則當乘彼功名富貴得志之時。一刀割斷。即便猛發大心。力行斯道。於世所有妻子寶貨頭目髓腦乃至身命。不自悋惜。決志求生。豈可直待悔吝失節不得已之際。以此最上法門。但作草窟魚目小道之見。以苟且之法而欲修之。可傷可惜甚矣。若能因是悔吝。從公一時放下。生大乘寶所之見。辨決定不退轉心。譬如隨風順流之舟更加櫓棹。豈不疾有所至。何幸如之。

참선은 염불이 아니면 왕생을 성취하지 못하고 염불은 참선이 아니면 관혜觀慧(관조지혜)를 성취하지 못한다. 염불과 참선에 어찌 두 이치가 있겠는가.

만일 이 뜻을 깨달아 알았다면 곧 응당히 저 부귀와 공명功名에 올라타서 뜻을 얻은 때에 한칼에 쪼개어 끊어서 곧 문득 맹렬한 큰 대장부의 마음을 발하여 이 도道를 힘껏 행하여 실천하는 행동에 옮겨야 한다.

저 세간에서 소유하고 있는 처자·보회寶貨·두목頭目·뇌수腦髓 내지 신명身命을 스스로 탐하여 아끼고 아까워하여 인색하지 말고 뜻을 단호하게 결정하여 왕생을 구해야 하리라. 어찌 가히 유감스럽게도 욕심을 부리고 시절을 망각하여 부득이 어쩔 수 없이 시기를 기다렸다가 이 가장 뛰어난 최상 제일의 비교할 수 없는 정토법문을 다만 수초 굴의 물고기 눈으로 작은 도道의 견해인 구차한 법으로써 이를 닦아 수행하고자 함이런가. 상심하고 애석한 것이 매우 심하다 하겠다. 가령 후회하고 한함을 인하여 공公변됨에 나아가서 일시에 내려놓고 대승의 보배창고의 견해를 굳건히 하여 결정코 퇴전하지 않겠다는 마음을 결정한다면, 바람을 따라 흘러가는 배가 노와 돛대를 더하는 것과 같다. 어떤 다행이 이와 같겠는가.

問。若是。則禪書有云。如何是佛。答乾屎橛。答麻三斤。云我當時若見。一棒打殺。與狗子喫。貴圖天下太平。乃至魔來也殺。佛來也殺。且道與念佛三昧尊敬戀慕畏愛渴仰之心及到家之旨。如何同耶。答。念佛者。本持念彼西方極樂世界報身阿彌陀佛也。此佛報身有無量相好光明化佛菩薩聲聞願力功德。不可具說。此為佛身。

질문 : "이와 같다면 선서禪書에서는 어떤 것이 부처입니까?"

대답 : "마른 똥막대기다. 삼(麻)이 세 근이다. 내가 당시에 이를 직시했다면 한 방망이로 쳐서 죽여 개에게나 주어 천하의 태평太平함을 도모하였으리라 하고, 내지는 마구니가 와도 죽이고 부처가 와도 죽인다"고 말하였다.

그렇다면 말해보라. "염불삼매念佛三昧에서 존경·연모戀慕하고 외애畏愛·

갈앙渴仰하는 마음과 집에 도달하는 종지가 어떻게 동일한가?"

답하기를, 염불이라는 것은 본래 저 서방정토 극락세계의 보신불인 아미타부처님 명호를 수지하되 항상 사유하여 생각하는 것이다. 이 부처님 보신報身은 무량한 상호의 광명과 화불化佛(화신불), 보살·성문의 원력과 공덕이 가이 말하지 못할 정도로 갖추어져 있는데, 이것이 부처님의 몸이 되었다.

又佛所依境有諸寶池地樹幢網欄臺鈴旛華水等一切莊嚴。此爲國土。然彼佛以身爲土。以土爲身。身土無礙。心境圓通。或彼或此同一受用。乃至蘊入界處一切諸法。直至無上菩提。及能殺所殺之義。一切時一切處。無障無礙。非縛非脫。縱橫逆順。皆卽彌陀淸淨色身。何以故。心卽境。境卽心。身卽土。土卽身。生卽佛。佛卽生。此卽彼。彼卽此。及靑黃赤白之色。眼耳鼻舌之根。如是諸法或心或身。亦一一無不自在。無不解脫。

또 부처님이 의거하는 바의 경계는 존재하는 모든 보배 연못(寶池)·황금 땅(金地)·늘어선 나무들(行樹)·당번幢番·깃대·보배그물·난간欄干·누대樓臺·방울·휘장揮帳·번개幡盖·연화蓮華·팔공덕수八功德水 등 일체의 장엄으로, 이것이 극락국토가 되었다. 그리하여 저 부처님은 몸으로써 국토를 성취하고 국토로써 몸을 성취하였다. 몸과 국토가 서로 걸림이 없고 마음과 경계가 원만히 통하여(圓通) 혹 저것이나 혹 이것을 동일하게 수용受用하였다.

이에 오온五蘊·육입六入·십팔계十八界·십이처十二處·일체제법一切諸法에 이르기까지 곧바로 무상無上의 보리菩提에 도달하게 된다.

아울러 능살能殺과 소살所殺의 의미인 일체의 시간과 일체의 처소에 걸림이 없어 무장무애無障無礙하여 결박도 아니고 해탈도 아니다.

종횡縱橫으로 역순逆順하여도 모두 아미타부처님의 청정한 색신에 나아감이다. 왜냐하면 마음이 곧 경계이고 경계가 곧 마음이며, 몸이 국토이고 국토가 곧 몸이며, 중생이 곧 부처이고 부처가 곧 중생이며, 이것이 곧 저것이고 저것이 곧 이것이기 때문이다.

또한 청·황·적·백의 색과 안·이·비·설·신의眼耳鼻舌身意 육근六根과 이같은 모든 법法 혹은 마음, 혹은 몸이 또한 낱낱이 자재하지 아니함이 없으며 해탈하지 아니함이 없다.

> 尚不間於婬怒癡是梵行。塵勞儔是法侶。何特乾屎橛麻三斤非是佛耶。此既是佛。何須
> 於淨地上。特地示現降生。剜肉做瘡。起度生想。如此正好一棒打殺與狗子喫。却省得許
> 多作模作樣。六年苦行。降魔說法。於無生滅平等法中。唱生唱滅。賣弄千端。攪動世界。
> 惱亂一切。使平地上死人無數。豈不天下太平。咦到這裏。切忌錯會。不得動著。動著則
> 喫我手中痛棒有分。若謂此說是曹溪門下搕[打-丁+(天/韭)]堆頭觸著得底。且未曾夢
> 見在。我早打折爾驢腰間。恐不容汝如此計較。答。亦不外此計較。

오히려 간격을 두지 않으므로 음욕·성냄·어리석음(婬怒癡)이 청정한 행(梵行)이며 티끌처럼 근심하는 무리가 진리의 도반이다. 어떻게 다만 '마른 똥 막대기'와 '삼 세 근'만이 부처라 하겠는가. 이것이 이미 부처라면 무엇 때문에 청정한 땅 위에서만 특별히 시현·강생降生하여 긁어서 부스럼을 만들고 중생을 제도한다는 생각을 일으키겠는가. 이같은 것은 한 방망이에 쳐 죽여 개밥이나 주어야 좋으리라. 허다하게 지은 본보기를 살펴보자.

6년을 고행苦行 수도하여 마구니를 항복받고 정법正法을 말씀하시어 생멸이 없는 평등한 법 가운데서 생멸을 부르짖으셨다. 천 가지로 희롱하고 세간을 휘저어 일체를 뇌란惱亂하며 평지에서 죽은 사람이 헤아릴 수도 없게 하였으니, 어찌 천하태평天下太平이 아니겠는가.

익咦!

여기에 이르러서 간절히 잘못 이해하지 말며 요동하지 말라. 요동했다 하면 내 수중의 방망이를 맞을 분수가 있으리라.

만일 이 말이 조계문하曹溪門下의 잡다한 무더기에 감촉하여 얻은 것이라 말한다면, 아직 꿈에서도 보지 못한 것이다. 내가 벌써 너의 당나귀 허리(驢腰)의 사이를 쳐서 꺾어 버렸으나, 염려스러운 것은 그대가 이같이 계교計較한 것이며, 또한 그렇다 해도 역시 계교에서 벗어나진 않았다고 답변하는 것을 용납하지 못할까 하는 것이다.

又汝莫謂計較有心計較無心。我幾曾計較來。問。只此早是計較了。答。我適來說什麼底。問者不會。良久又問。若一切是佛。則糞箕苕箒皆可酬彼所問。何特以極劣乾屎橛而作答耶。答。既一切是佛。則門窓戶闥目前諸境皆可為問。何特取是勝之佛而為問耶。故知問者心地本純。太取其高。而答者欲破彼執。反取其劣耳。若知屎橛非劣則佛亦且非優。豈可謂彼語有不同。而妄認禪佛。為異行哉。

또 그대는 계교計較가 유심有心이라거나 계교가 무심無心이라고 말하지 말라. 나는 몇 번이나 계교를 하였는가.

질문 : 이것도 벌써 계교를 한 것입니다.

답변 : 내가 적연適然히 무엇을 말하였던가.

묻는 사람이 이해하지 못하고 한참 있더니 또 질문한다.

질문 : 만일 일체가 부처라면 똥·키·빗자루로도 다 제 질문에 답변할 수 있었을 것입니다. 무엇 때문에 특별히 지극히 하열한 '똥 막대기'로 답변하였을까요?

대답 : 이미 일체가 부처라면 창문과 현관문과 같은 눈앞의 모든 경계로도 모두 다 질문이 가능할 것이다. 무엇 때문에 특별히 훌륭한 부처님을

취하여 질문하는가.

이러한 까닭으로 알아야 한다. 질문한 사람의 심지心地는 본래 순박하였는데, 그 고상한 것만을 지나치게 취하므로 답변하는 사람이 저의 집착을 타파하고자 반대로 하열한 것을 취하였을 뿐이다. 만일 똥 막대기가 하열하지 않다는 것을 알았다면 부처 또한 우월한 것도 아니다. 어떻게 저의 말이 동일하지 않다 말하며, 참선과 염불의 행이 상이하다고 허망하게 인식하겠는가?

問。此念佛法門若如此奇特。與少室指心成佛之說。台宗觀心觀佛之談。初無有異。可謂不出一念顯三千妙法。而三觀宛然不離萬法。究一眞如門。而一心頓了。且敎我鈍根後學之人。如何修行得相應去。答。但肯發行。何慮不成。譬如空谷之間。有聲皆答。聲大則大鳴。聲細則細響。隨彼發聲。無不克應。正如樂國以三輩九品攝受衆生。亦隨其根利鈍深淺邪正遲速而導之。應生何品。無遺機矣。如谷應聲高低共作。若能勤加精進。必不唐捐。又況時無先後。何嫌鈍根。以是義故。則知一切法門即一法門。一法門即一切法門。豈特禪佛不二。舉釋迦一代施化之道。不出念佛一法門矣。又此法門量廣大。故攝機無外。何間愚智之根。奉勸後賢。於此法門莫生異見。

질문 : 이 염불법문이 이와 같이 기특奇特하다면 소실少室의 마음을 가리켜 바로 성불한다는 말과 천태종天台宗의 관심관불觀心觀佛의 담론과도 애초에 다름이 없습니다.

일념一念을 벗어나지 않고 삼천三千의 묘법妙法을 나타내어 완연한 삼관三觀이 만법萬法을 떠나지 않았으며, 일진여문一眞如門을 궁구하여 일심一心을 홀연히 깨달아 마쳤다 말할 만합니다. 또 저 같은 우둔한 근기와 후학인後學人에게도 어떻게 수행하면 상응해 갈 수 있는가를 가르쳐 주십시오.

대답 : 다만 수행하려 하면 된다. 왜 성취하지 못할까 염려하겠는가. 비유하면 빈 골짜기에 소리가 다 호응하는 것과도 같다. 소리가 크면 크게 울리고 소리가 미세하면 가늘게 메아리 치며 저가 내는 소리를 따라 호응하지 않음이 없는 것이 바로 극락국에서 삼배구품三輩九品으로 중생을 섭수攝受하는 것과 같다.

또한 그 근기의 예리함과 아둔함(利鈍), 깊고 얕음(深淺), 삿됨과 바름(邪正), 느리고 빠름(遲速)을 따라 인도하며, 어느 품品이든 왕생을 따라 기틀을 빠뜨림이 없다. 골짜기가 소리의 높낮이(高低)를 따라 함께 일어나는 것과 같으므로, 이러한 까닭으로 부지런히 정진만 한다면 반드시 버리지 않는다. 또 더구나 시기와 선후가 없는데 어찌 우둔한 근기라 해서 싫어하겠는가. 이러한 때문에 일체의 법문이 곧 하나의 법문이며, 하나의 법문이 곧 일체의 법문임을 분명히 깨달아 알 것이다.

어찌 함에 특별히 참선과 염불이 둘이 아니다. 석가세존께서 일대一代에 교화를 베푸신 모든 도道가 염불의 한 가지 법문을 벗어나지 않는다. 또 이 법문은 한량없이 광대하다. 그러므로 근기를 포섭하기를 가이 없이 한다. 무엇 때문에 어리석고 지혜로운 근기가 차이가 나겠는가.

받들어 권하노니, 훗날의 현자들이여, 이 정토법문에서 다른 견해를 내지 말라.

수행력이 지극하면 자연히 성스러운 경지가 바야흐로 밝아지나니,
착한 인연으로 난 제법諸法의 이치가 스스로 본디부터 그러하기
때문이다. 따라서 십지보살의 경지를 증득하게 되면 지地마다
상相이 모두 현전하는데, 이런 까닭에 "뜻이 간절하면 그윽히
가피를 느끼기에 도가 높으면 마魔도 치성한다"고 하는 것이다.
예컨대 혹 선정의 생각이 미묘하게 들다 보면 다른 모양으로도
변해 보이며, 혹 예배나 경을 독송함에 뜻이 간절하다 보면
잠시 상서로운 모양을 보기도 하는 것 등이다.
그러나 이 모든 경계들이 오직 마음의 그림자인 줄 깨닫는다면
보아도 보는 바가 없으려니와, 그렇지 않고 만일 이런 것들을
탐착해 취한다면 마음 밖에 따로 경계가 생겨서 곧 마사魔事를
이루고 마는 것이다. 그렇다고 또한 버리기에만 몰두한다면
좋은 공덕과 재능까지 버려서 닦아 나아갈 문이 없어지고 만다.
-영명연수선사 '만선동귀집'

제8 제불의 두 가지 국토를 단절하거나 섭수하는 법문을 보임

示諸佛二土折攝法門第八

夫二土者卽諸佛折攝二門也。行人聞上所說依正之境。則能如彼經旨。了知此土實苦彼土實樂。雖聞觀慧法門圓融微妙。而直見二土儼然皆卽實境。非如淺信之人謂。彼土心有則有。心無則無。光影幻化虛妄不實。處處皆是西方等解。深知彼土亦如此土。端確的實而無謬誤。

대저 이토二土라는 것은 곧 모든 부처님의 단절(折)하거나 섭수(攝)하는 두 가지 법문이다. 수행인이 위에서 설한 바 의보와 정보의 경계를 듣는다면 곧 능히 경의 종지(旨趣)와 같이 이 국토(사바세계)는 실로 괴롭고 저 국토(극락세계)는 실로 즐겁다는 것을 깨달아 분별하게 될 것이다. 비록 관혜觀慧의 법문으로 원융하고 미묘한 가르침을 받을지라도 두 가지 국토가 엄존儼存함이 그러하여, 모두 곧 실제의 경계인 것을 곧장 바로 볼 수 있다.

천박하게 믿는 사람들이 말하는 저 국토(서방정토 극락세계)는 마음으로 있다 하면 곧 존재하고, 마음으로 없다 하면 곧 없는 것이라, 빛의 그림자와 허깨비의 변화처럼 허망하여 진실(실제)이 아니며, 처처가 모두다 이에 서방西方 등이라는 이해와는 같지 않다.

저 국토(서방정토 극락세계) 또한 이 국토와 같이 명백하고 확실하여 틀림이 없음(的實)이다. 그리하여 오류가 없음을 매우 깊게 인지해야 한다.

若人能具此智。不爲世間一切邪解偏見諸惡知識之所回轉。則當正觀二土苦樂淨穢。於其境上。生二種心以為方便。非此二心。不能生彼。何謂二心。一者厭離心。二者忻樂心。
於此娑婆生厭離故。則能隨順釋迦所說折門。於彼極樂生忻樂故。則能隨順彌陀所示攝
門。以此二門精進修行。念佛三昧必定成就。何謂折門。以聞如上所說極樂勝妙。則應如
理觀察此娑婆世界皆苦無一樂者。

가령 사람이 능이 이같은 지혜를 갖추어 세간의 일체 삿된 견해와 치우친 견해의 모든 악지식惡知識에 굴림을 당하는 바 되지 않으려면 곧 응당히 두 가지 국토의 괴로움과 즐거움, 청정하여 깨끗함과 오염되어 더러움을 정확하게 관하여, 그 경계 위에 두 종류의 마음을 내어 방편을 삼는다. 이 두 가지 마음이 아니면 능히 저 서방정토극락세계에 왕생하지 못한다.

무엇을 두 가지 마음이라 하는가?

첫 번째는 싫어하여 떠나려는 마음(염리심厭離心)이고, 두 번째는 기꺼이 좋아하는 마음(흔연심欣然心)이다.

이곳 사바세계에 대하여 싫어하여 떠나려는 마음을 내는 연고로 곧 능히 석가모니부처님이 설하신 절문折門(단절하는 방편문)을 수순隨順하며, 저 서방정토극락세계에 왕생함을 기뻐하여 좋아하는 까닭으로 곧 능히 아미타부처님께서 보이신 섭문攝門(섭취하는 문)에 수순하는 것이다. 이 두 가지 문으로 정진하고 수행하면 염불삼매念佛三昧를 반드시 성취하게 된다.

무엇을 절문折門이라 하는가. 위에서 설한 바와 같이 극락세계는 수승하고 오묘하다는 법문을 듣고는 곧 응당히 이치와 같이 '이 사바세계는 모두 괴로움 뿐이며 즐거울 것은 하나도 없다'고 관찰해야 한다.

三塗地獄日夜燒然。餓鬼旁生不可堪忍。修羅忿戰。人處何安。根塵與八苦交煎。因果共
四生昇墜。時有寒暑。境是沙泥。晝夜推遷。無常不住。又復受身臭穢。男女異形。所需衣

食艱難麁惡。壽命不永。眾苦相生。縱有生於天宮。報盡還歸極苦。又不知人中樂即是苦
親正是冤。顛倒攀緣不求出路。從業致業展轉不休。如是苦惱不可具陳。

삼악도三惡途(지옥·아귀·축생도)의 지옥에서는 밤낮으로 불타고 아귀와 축
생은 차마 고통과 괴로움을 견디어 참기 어렵고, 아수라는 분노하여 싸
움을 일삼는다.

사람의 처소인들 무엇이 편안하고 안락하겠는가. 육근六根과 육진六塵은
팔고八苦(생로병사生老病死·애별리고愛別離苦·원증회고怨憎會苦·구부득고求不得苦)와
더불어 주고받고 하여 뜨거운 수증기에 찌는 듯하며, 인과는 사생四生과
함께 오르고 떨어진다. 계절에는 추위와 더위가 있고, 경계는 이에 모래
와 진흙이라. 주야는 움직이고 변천하여 무상(無常)하며 안주하지 않는다.
또한 다시 받은 몸은 더러운 악취가 나며 남자와 여자는 형태를 달리하
고 구하여 공급하는 바 의식衣食은 갖추기 어려우며 추악하다. 수명은
영구하지 못하며 여러 가지 괴로움이 번갈아 생하며, 저 천궁天宮에 태
어남이 있어도 과보가 다하면 지극한 괴로움에 되돌아간다. 또 사람 가
운데 즐거움이 곧 이 괴로움이고, 친밀한 것이 갖추어 이 원수인지 깨닫
지 못한다.

전도된 반연에서 생사를 뛰어 벗어날 출로를 구하지 못하고 업을 좇아
업에 도달함에 펼쳐 전전展轉하니 휴식하지 못한다. 이와 같은 고통과
번뇌는 가히 갖추어 진술하지 못한다.

故當厭離也。何謂攝門。行人聞說娑婆實苦如是。則於彼土西方極樂生大忻樂。彼極樂
土寶地寶池無三惡道。莊嚴妙勝超過十方。無寒暑晝夜推遷。無生老病死結業。純男無
女。蓮華化生。衣食自然。能成法喜。壽命無量。身光莫窮。聞法音則應念知歸。覩相好而
刹那悟道。如是種種快樂無量。得名極樂。故當忻樂也。

이러한 까닭으로 마땅히 싫어하여 멀리 떠나야 한다. 무엇을 포섭하여 섭취하는 섭문攝門이라 말하는가. 수행인이 사바세계의 실제 괴로움이 이와 같음을 들으면 곧 이에 저 국토(서방극락세계)에 왕생함을 크게 기뻐하고 즐거워해야 한다는 것이다. 저 극락정토 보배의 땅, 보배의 연못에는 삼악도三惡道가 없다. 장엄하고 오묘하며 수승함이 시방을 초과한다. 추위와 더위 여름과 겨울, 낮과 밤에 변천함이 없고 생로병사生老病死로 결박하는 업도 없다.

순전히 남자이고 여자는 없으며, 연꽃에서 태어나며, 의식은 자연스럽게 충족되어 능히 법희선열法喜禪悅을 성취하며, 수명이 무량하며 몸의 광채는 다함이 없다.

한번 아미타불의 법음法音을 들으면 곧 응당히 종지를 깨닫게 되고, 상호를 친견함에 찰나에 도道를 깨닫는다.

이와 같은 가지가지 쾌락이 무량함에 극락세계라는 이름을 성취한 것이다. 이러한 까닭으로 응당 기뻐하고 좋아해야 한다.

> 若能於此一門。精進修習日夜不休。隨順佛教。於此土聲色諸境。作地獄想。作苦海想。作火宅想。於諸寶物作苦具想。飮食衣服如膿血鐵皮想。於諸眷屬作夜叉羅刹噉人鬼想。況復生死不住。長劫奔波。實可厭離。於知識若經卷中。聞彼佛願力國土莊嚴。於念念中。稱彼理趣生安隱想。生寶所想。生家業想解脫處想。彌陀如來菩薩僧眾。如慈父想。如慈母想。生接引想。生津梁想。

이에 능히 만일 이 한 가지 문에서 정진 · 수습하여 밤낮으로 쉬지 아니하고 부처님 가르침을 따른다면, 이에 이 국토(사바세계)의 소리와 색色(색으로 감각 되는 모든 물질)의 모든 경계에 있어서 지옥이라는 생각을 짓게 되며, 고해苦海라는 생각을 짓게 되며, '불타는 집'(火宅)이라는 생각을 짓게 된다.

모든 보물을 괴로움의 도구라고 생각하며 음식과 의복을 피고름(膿血)과 쇠가죽(鐵皮) 같다고 여긴다. 이에 저 모든 권속은 야차夜叉와 나찰羅剎처럼 사람을 뜯어먹는 귀신이라는 생각을 하게 된다. 하물며 육도윤회의 생사를 넘나들며 장도를 달려왔으니 참으로 '싫어하여 멀리 여의'(厭離)어야 하리라.

선지식이나 경권經卷의 법문 가운데서 저 아미타부처님의 원력으로 성취된 국토는 장엄하다는 것을 들으면 생각 생각에 저 염불법문의 뜻(理趣)에 합치하여 안온하다는 생각을 내며, 보물 같은 곳이라는 생각을 내고, 이어가야 할 가업家業이라는 생각, 해탈처解脫處라는 생각을 내어야 한다. 아미타여래와 여러 보살성중에 대해서는 사랑하는 어버이라는 생각, 자애로운 어머니 같은 마음으로 나를 접인接引한다는 생각을 내며, 고해에서 건내주는 나루터라는 생각을 내야 한다.

於怖畏急難之中。稱名即應。功不唐捐。剎那便至。速來救護想。應念出離想。如是功德無量。實可忻樂。若於此折門。不能修行。厭離不深。則娑婆業繫不脫。若於彼攝門。不能修行。忻樂不切。則極樂勝境難躋。是以行人欲生淨土成就念佛三昧。當齊修二門。為發行最初一步也。若不修此二門。雖了觀慧之旨。但成虛解。縱欲生彼。以不忻厭。無因可得。

공포와 두려움이 긴급하고도 어려운 가운데에도 아미타불 명호를 부르면 바로 감응하여 공을 헛되게 버리지 않고 찰나에 문득 안전한 곳에 이르러 신속히 구호한다는 생각, 사념을 따라 생사를 벗어나게 한다는 생각을 내어야 한다. 이같은 공덕은 한량이 없어 실로 기뻐하고 좋아할만 하다.

만일 이 절복折伏하는 문(절문折門)에 있어서 즐겁게 수행하지 못하고 이곳 예토穢土(사바세계 남섬부주南贍部洲)를 싫어하며 떠나려는 생각이 깊지 못하다면 사바세계의 업에서 영원히 얽매여 벗어나지 못하리라.

가령 저 포섭하는 문(섭문攝門)에서 수행하지 못하고 기뻐하며 좋아하는 마음이 간절하지 않다면 극락의 수승하고 훌륭한 경계에 오르기 어렵다. 이 때문에 수행인이 정토에 왕생하여 염불삼매念佛三昧를 성취하고자 한다면 두 가지 문을 일제히 수행하여 출발하는 최초의 첫 걸음으로 삼아야 한다.

만약 이 두 문을 수행하지 않는다면 비록 관혜觀慧(관조지혜觀照智慧)의 종지를 알았다 해도 다만 헛된 이해만을 성취할 뿐, 저 극락국토에 왕생하고자 하나 극락세계를 기뻐하고 사바세계를 싫어하지 않았기 때문에 왕생을 얻을 만한 인이 없게 된다.

> 若能修此二門。不識觀慧之旨。雖可生彼。但事想故。位非上輩。若能熾然忻厭。圓修觀慧。既生而復上品者矣。學者豈可謂此說固執著相而輕棄也。或曰。何不諸緣放下一念萬年。使心與理會境與神融。自然合法。何必忻厭取捨若是之深。答。若謂諸緣放下是道。只起一念放下之心。便不名為放下。却與道反遠。類於斷見外道。故鵝湖云。莫秖忘形與死心。此個難醫病最深。

가령 이 두 가지 문을 수행하여도 관조지혜(觀慧)의 뜻을 알지 못하면, 저 불국토에 왕생함이 가능하지만 사상事想일 뿐이기 때문에 상배上輩의 지위가 아니다. 만일 치연熾然하게 극락을 기뻐하고 사바를 싫어하며 관혜觀慧를 원만하게 닦으면 왕생극락하고 나서 다시 상품上品을 성취하는 자다. 학자는 어찌 가이 이 말이 모양에 굳게 집착한 것이라 말하여 경솔하게 버리겠는가.

어떤 사람이 말하였다. "어째서 온갖 외연外緣을 내려놓고(放下) '일념이 만년이 되도록 함'(一念萬念)으로써 마음과 이치가 만나 결합하고 경계는 심신心神과 융합하여 자연히 법에 합치되게 하지 아니하겠는가. 왜 반드시 기뻐하고 싫어하여 취하고 버리기를 이같이 깊게 하는가?

대답은 이러하다. "만일 모든 외연을 내려놓는 것이 도道라 말한다면, 내려놓는다는 일념一念을 일으키는 마음도 문득 '내려놓음'이라 이름하지 못하리라. 바로 도와는 반대로 떨어져 단견斷見의 외도外道와 같은 유類가 될 것이다. 그 때문에 아호鵝湖스님은 말하기를 '형체를 잊고 마음을 죽이지 말라. 이것이 치료하기 어려운 가장 깊은 병통이다' 하였다."

> 又云。若還默默恣如愚。知君未解做工夫。又佛十八不共法中。有精進無減。又六波羅蜜
> 因精進故方得成滿。且放下者。但放下世間業緣耳。豈是放下精進體道之心哉。古人所
> 謂坐在無事甲裏。正是此輩。若謂放下自在是道。而不勤加精進一心修行。豈得心會境
> 融打成一片與道合耶。若知不放下是放下。熾然忻厭取捨。即是不忻厭取捨。修即無
> 修。念即無念。則名無功用行。亦名無作妙心。

또 말하기를, "만일 묵묵히 어리석은 듯한 자세만 고집한다면 그대는 공부가 무엇인지 모르는 사람이란 것을 알겠다" 하였다

또 부처님의 십팔불공법十八不共法 가운데, 정진은 있어도 물러남은 없다. 또 육바라밀六波羅蜜은 정진을 의지하기 때문에 바야흐로 원만한 성취를 얻는다. 또 놓아버린다는 것은 다만 세간의 업연業緣을 내려놓는 것일 뿐이다. 어떻게 정진하여 도道를 체득하는 마음을 내려놓는 것이겠는가. 옛 사람이 "말하기를, 할 일 없이 껍데기 속에 앉아있다" 하였는데, 바로 이런 무리를 두고 한 말일 것이다.

가령 내려놓아서 자유로운 것이 도道라 말하며, 부지런히 정진을 더하여

일심으로 수행하지 않는다면 어떻게 마음이 회합會合하고 경계가 융합하여 한 덩어리를 이루고 도道와 합하겠는가. 만일 내려놓지 않는 것이 내려놓음인 줄 알고 치연熾然하게 기뻐하고 싫어하여 취하고 버린다면 바로 좋아하거나 싫어하는 취사取捨선택이 아니요, 닦아도 닦음이 없으며 생각하여도 곧 생각이 없이 한다면 '공용功用이 없는 행'이라 이름하며, 또는 '인위적인 조작이 없는 오묘한 마음'이라 이름하리라.

> 奚難速證中道之理。又修故離斷。無修離常。斷常既離。則異乎所問。而直生安樂世界。以二大士為同修。日與彌陀佛相對。彼時知何法而不可問。何行而不可學。何疑而不可除。何求而不可得。既無退轉。則此忻厭豈不是成無上正覺之大因行哉。

어찌 중도中道의 이치를 속히 증득하는 것이 어렵겠는가. 또 수행을 하기 때문에 단견斷見을 떠나며, 수행한다고 여기는 것이 없으므로 상견常見을 떠난다.

단견斷見과 상견常見을 떠났다면 질문한 것과 다르게 곧바로 안락세계安樂世界에 왕생하여 두 명의 대사大士(관세음보살·대세지보살)를 수행의 동반자를 삼고 매일 아미타부처님과 마주하리라. 저 때는 어떤 법을 알아도 질문하지 못하며, 무슨 행인들 배우지 못하며, 어떤 의심인들 제거하지 못하며, 무엇을 구한들 얻지 못하겠는가.

이미 퇴전함이 없다면 이에 기뻐하고 싫어하는 마음이 어찌 무상등정각 無上等正覺을 이루는 큰 인행因行이 아니겠는가.

제9 수행을 권함

勸修第九

夫淨穢同心生佛一理諸法本等。奚假勸修。其奈眾生迷心作境淨穢斯分。對待相成縛脫
迥異。纏縛多劫不覺不知。故須勸娑婆苦海眾生。求生西方極樂世界也。行人既聞如上
所說二種法門。則必深知淨穢苦樂之土真實不謬。便當發行求生。如彼農民得利自趣。
止之不可得也。

대저 청정과 더러움은 동일한 마음이며, 중생과 부처는 한 이치이며, 제
법諸法은 본래 평등함하다. 어찌 수행을 권함을 빌리겠는가마는 이에 중
생이 미혹한 마음으로 경계를 지어 깨끗함과 더러움이 여기에서 나누어
짐을 어찌 하겠는가. '상대적인 대립'(對待)이 서로 성립하고 결박과 해탈
이 아득히 상이하여 다겁多劫동안 번뇌에 얽히어 묶이게 됨에도 깨닫지
도 알지도 못한다. 이러한 까닭에 모름지기 사바세계의 고해중생苦海衆生
에게 서방정토 극락세계 왕생을 구하도록 권해야 한다.

수행인이 이미 위에서 설한 바와 같은 두 가지 종류의 법문을 들음에는
곧 반드시 깊이 깨끗하고 더러우며, 즐겁고 괴로운 국토(사바세계와 극락세
계)는 진실로 오류가 아님을 알고 문득 마땅히 수행을 발하여 왕생을 구
하여야 하리라.

마치 이것은 저 농민이 수확을 얻고자 하여 스스로 취향趣向하여 노력함
에, 이를 제지하여 멈추게 해도 중단할 수 없는 것과 같다.

然彼農民近為一歲饑寒之苦。尚甘日夜不休朝愁暮苦。具經年載而不自倦。況彼三昧行

者若一念精勤超歷劫娑婆之苦。何止一歲饑寒。登九品極樂之安。何止一年溫飽。以彼較之。優劣可知。是尤不必待人勸也。又前示人折攝二門。其旨已明。如云此是金玉此是砂石。雖三尺孺子。亦必棄石而求金。不勸而自取。蓋因識其貴賤。行者亦爾。

그러나 저 농민은 가까이 한 해의 굶주림과 추위의 괴로움을 면하기 위하여 오히려 낮과 밤으로 쉬지 아니하고 아침에는 근심하여 시름겹고 저녁에는 괴로움을 달게 여겨서 온전히 해가 지나도록 몸에 실어서 게으르거나 싫어하지 않는데, 하물며 저 삼매 수행하는 자가 일념一念의 정근精勤으로 역겁歷劫동안의 사바세계의 괴로움을 초월함이겠는가. 어찌하여 한 해의 굶주림과 추위의 괴로움에 그치겠는가.

극락세계 구품九品의 안락함에 오르게 되거늘, 어찌 한 해의 따뜻하고 배불러 만족함에 그칠 뿐이겠는가. 저것에서 이를 비교한다면 우열을 가이 알 수 있을 것이다. 이는 더욱이 반드시 사람의 권장을 필요로 하지는 않는다.

또 앞에서 사람에게 보인 절문折門과 섭문攝門의 두 가지 문호門戶에서 그 종지를 이미 거두어 밝혔다. 가령 이것은 금과 옥이요, 이것은 모래와 돌이라 말한다면 비록 삼척동자三尺童子라도 반드시 돌과 모래를 버리고 금과 옥을 구하여 취하며, 권하지 않아도 스스로 취할 것이다. 대개 이것은 귀중하고 비천함을 인식하기 때문이라, 수행자도 또한 그러하다.

既明識此土是苦。彼土是樂。此是生死沈溺。彼是自在解脫。亦必捨此穢土。而求彼淨土。自然念念不住。心心不息。如救頭然聞教便行。奚待更勸。苦樂二土是佛所說。諦信不疑。修則自得。今人見屎尿。則必搯鼻攢眉。嫌其臭穢。便欲速去。見錦綺。則必舒顏展笑。貪其瑩潔。便欲速得。彼暫時美惡幻境尚不能一忍。而憎愛熾然。

이미 이 국토는 괴로움이 지극하고 저 서방정토 극락세계는 매우 즐거움이 뛰어나다. 여기(사바세계)는 생사에 윤회하여 고해苦海에 빠져 살며, 저기(극락세계)는 자유자재하게 해탈함을 알았다면, 반드시 이 괴롭고 더러운 사바국토娑婆國土를 버리고 저 안락하고 깨끗한 극락정토를 추구해야 하리라.

자연히 생각과 생각에 머무르지 않고 마음과 마음에 휴식하지 아니하여 머리에 타는 불을 끄듯 가르침을 듣는 즉시 시행해야 한다. 어찌하여 다시 재차 권하기를 기다리겠는가. 괴로움과 즐거움의 국토인 예토穢土(사바)와 정토(극락)는 석가모니부처님께서 직접 말씀하신 것이다. 자세히 신뢰하고 의심하지 않고 닦아서 수행한다면 스스로 체득할 수 있다.

요즘 사람들은 똥·오줌을 보면 코를 막고 눈썹을 찡그리면서 그 냄새와 더러움을 싫어하여 얼른 어서 빨리 버리려고 하고, 아름다운 비단을 보면 얼굴을 활짝 펴고 미소 지으면서 빛나고 청결한 것을 탐하면서 신속히 획득하고 싶어한다.

이와 같이 저가 잠시의 아름다움과 추악한 허깨비 같은 경계에도 오히려 한번을 참지 못하고 미움과 애착에 치연熾然한 것이랴.

> 況長劫極樂極苦之處。而不速生忻厭。可謂愚之甚惑之深矣。又此娑婆世界釋迦已滅。彌勒未生。賢聖隱伏。一切衆生奔波苦海。猶失父之兒。若不以極樂願王爲歸。則誰爲救護。又況此界六道雜還。人天雖優。報盡則墜。今且以人處竪修論之。彼神仙之黨未離空地。尚不易至。況彼天乎。

하물며 장겁長劫동안 극히 즐겁고 지극히 괴로운 곳에서 신속히 담박澹泊하게 기쁨과 싫증을 내지 않는다는 것은 어리석음이 매우 심하고 미혹이 깊다 말할 만하다.

또한 이 사바세계에서 석가모니부처님은 이미 적멸寂滅하셨고 미륵부처님은 아직 탄생하지 않았으며, 현인과 성인은 은거하여 잠복 중이다. 일 체 중생은 생사윤회의 고해苦海에 파도와 같이 분주하게 내달린다. 마치 부모를 잃은 어린 아이와 같은 처지다.

만일 서방정토 극락세계에 왕생함을 구하는 원왕願王28)으로 귀의처歸依處 를 희망하지 않는다면 누구라서 이를 구호하겠는가. 더구나 이 사바세계 는 괴로운 '불타는 집'(火宅)의 육도(六道)에 뒤섞여 끝없이 윤회하여 순환 함이랴. 인간과 천상이 비록 우수하긴 하여도 과보가 다하면 추락하여 다시 예전의 윤회계로 돌아가게 된다.

지금 인간의 처소에서 시간적으로 수행하는 것을 의론議論해보자. 저 신 선의 무리들은 공지空地를 떠나 여의지 않았는데도 오히려 도달하기가 용이하지 않은데, 하물며 저 천상이겠는가.

> 彼生天者。以三品十善之因生三界天。自劣至優。各歷多劫。不能如願。成小敗廣。如海 如滴。中間或遇邪惡魔黨。永退永失。敢言得出三界。而望四果四向之地。況歷信住行向 諸地而超此耶。若能修此念佛法門求生淨土。雖在凡地。不出一生。即便橫截三界五道 生死。徑超諸有。蒙佛接引頓生安養。於彼上品蓮臺托質。花開見佛。聞法悟道。不離當 念闊步大方。供養一切三寶。敎化一切眾生。彌勒世尊降生之時。再來此地。同佛弘慈。

저 천상에 태어나는 자는 저 삼품三品과 십선十善의 인연으로 삼계의 하 늘에 태어나는 것이다. 하열한 데서 우수한 데 이르며 각각 다겁多劫을 경유하면서도 능히 원願과 같이 되지 못한다. 작은 것을 성취하고자 광 대한 것을 놓치는 것은 마치 바다와 같고 물방울과도 같은 차이다. 중간

---

28) 『화엄경』「보현행원품」에서 설해진 보현보살의 십대원왕十大願王은 다음과 같다. ① 모든 부처 님을 예경하라. ② 제불여래를 칭찬하라. ③ 널리 공양을 닦아라. ④ 업장을 참회하라. ⑤ 공덕 을 따라 기뻐하라. ⑥ 부처님께서 법륜을 굴릴 것을 청하라. ⑦ 부처님께 세상에 머무시길 청해 라. ⑧ 항상 불학佛學을 따르라. ⑨ 항상 미래의 부처님인 중생을 따르라. ⑩ 두루 모두 회향하 라.

에 혹 사악한 마구니 같은 무리를 만나면 영원히 퇴전하고 영원히 길을 잃게 된다. 감히 삼계를 벗어나서 사과四果·사향四向29)의 지위를 바라볼 수 있다 말하겠는가. 하물며 십신十信·십주十住·십행十行·십회향十回向의 모든 지위를 지나 이곳을 초월하여 뛰어넘겠는가.

이에 능히 이 염불법문을 수행하고 정토 왕생을 구한다면 범부의 위치에 있다 하여도 일생을 벗어나지 않고 즉시에 삼계와 오도五道의 생사를 횡적으로 절단하여 모든 유有를 바로 초월하고 아미타부처님의 접인接引을 받아 서방정토 극락세계 안양국安養國에 홀연히 왕생한다.

저 상품上品의 자금연화대紫金蓮華臺에 형질形質을 의탁하고 연꽃이 피면 아미타부처님을 만나 뵈옵는다. 법을 듣고 도를 깨달아 당념當念을 떠나지 아니하고 시방세계에 활보하며 일체의 삼보에 공양하고 일체 중생을 교화한다. 미륵세존彌勒世尊께서 강생降生하실 때 이 땅에 거듭 와서 부처님과 동일하게 널리 자비의 법문을 홍양한다.

所有歷劫父母妻子兄弟姊妹冤親等境。諭以道品。告以昔因。皆令證果。則其行願豈不廣大耶。此娑婆世界所有三障一切結業。更不能累我。如是功德。若一念失修。便屬後世。豈宜自緩。況又世事千端生緣萬擾。如鎖如鉤。連環不斷。心則念念不住。身則在在無休。役我升沈。障我本性。歷劫至今。曾未休息。無常遷變不可久留。縱壽百年不逾彈指。今日明日難保其存。忽於眼光落地之際。不覺刹那異生。隨其業因受形別類。披毛戴角著地飛空。

---

29) 사향사과四向四果는 초기불교 이래 깨달음을 얻은 성자들의 수행 단계[向] 및 도달 경지[果]를 말한다. 예류預流[수다원須陀洹], 일래一來[사다함斯陀含], 불환不還[아나함阿那含], 응공應供[아라한阿羅漢]의 네 성자가 각각 향(pratipannaka, paṭipannaka)과 과(phala)로 쌍을 이루는데, 여기서 향은 도(道, magga)라고도 한다. 사향사과는 사도사과四道四果, 사향사득四向四得, 사쌍팔배四雙八輩, 사과향四果向, 팔보특가라八補特迦羅, 팔현성八賢聖, 팔성八聖, 팔배八輩라고도 한다.

소유했던 역겁歷劫의 부모, 처자, 형제, 자매, 원친遠親 등의 경계에서 도품道品을 깨우치고 옛날의 인연을 고하여 도과道果를 증득하게 한다. 그렇다면 그 행원行願이 어찌 광대하지 않겠는가. 이 사바세계에 소유한 세 가지 장애의 일체 맺힌 업이 다시는 나를 짐스럽게 하지 못한다. 이와 같은 공덕이라도 만일 일념一念에 수행을 잃는다면 문득 후세에 속하리라. 어떻게 스스로 완만히 느슨하게 하겠는가. 하물며 세상 일은 천 가지 단서며 태어나는 인연이 만 가지로 소요騷擾함이겠는가. 자물쇠 같고 고리처럼 이어지며 끊어지질 않는다.

마음은 염념念念에 머물지 않고 몸은 있는 곳마다 휴식함이 없다. 나를 천상에 오르고 지옥에 빠지도록 지배하였으며, 나의 본성을 장애하여 역겁歷劫을 지나 지금에 이르도록 일찍이 휴식하지 못하게 하였다. 덧없이 흐르고 전변轉變하여 오랫동안 머물지 못하니, 비록 수명이 백년이라 해도 손가락 튕기는 사이를 넘지 못한다. 오늘 내일에 그 생존을 보존하지 못하고 홀연히 눈빛(眼光)이 땅에 떨어질 즈음, 느끼지 못한 찰나 사이에 생이 달라진다.

그 업인業因을 따라 구별되는 종류의 형체를 받으니, 털을 뒤집어 쓰고 뿔을 머리에 이는 축생이 되며, 땅을 의탁하여 기어 다니거나 허공을 나는 새가 되기도 한다.

今日見解都忘。恍忽三途六趣。飄零多劫不知自歸。可謂大苦。縱是彌勒出世。而我生處何知。尚不聞父母三寶名字。何況經教圓談。雖受異身。保惜深重。因業致業。從冥入冥。懼死貪生。不異今日。若非即於目下當念之間。効彼先覺丈夫。猛發大心立決定志。奮揚舉鼎拔山之力。一截截斷跳出稠林。使兩頭撒開中間放下。安能行業昭著光動人天。群有蒙恩。諸佛護念。閉三惡趣。開總持門。即使不待娑婆報滿便得往生者也。

금일의 견해를 모두 잊어버리고 삼도三道·육취六趣(육도윤회)에서 황홀하게 다겁多劫동안 우수수 떨어지면서 스스로 귀의할 곳을 모르니, 어찌 큰 괴로움이라 하지 않겠는가. 비록 미륵부처님이 이 세상에 출현한다 해도 내가 태어날 처소를 어떻게 알며, 오히려 부모나 삼보의 명자名字도 듣지 못하는데, 더구나 경전의 원만한 담론이겠는가. 비록 다른 몸을 받긴 했으나 보호하고 애착하기를 심중深重히 하며, 업을 따라 업에 이르고 어두움으로부터 어두움으로 들어가면서, 죽음을 두려워하고 살기를 탐하는 것이 금일과 다르지 않다.

눈앞의 당념當念을 따라 저 먼저 깨친 대장부를 본받아 큰 마음을 맹렬히 발하고 결정한 뜻을 세워 큰 솥을 들고 태산泰山을 뽑아버릴 듯한 힘을 분발하고 드날려야 한다. 한 번에 절절截截히 결단하여 생사의 빽빽한 숲에서 뛰어나 양쪽을 흩어버리고 중간도 내려놓아야만 한다. 이렇지 않다면 어떻게 행업行業이 밝게 나타나 광채가 인간과 천상을 동요케하고 여러 중생이 은혜를 입게 하겠는가. 모든 부처님이 호념護念하시어 삼악취三惡趣(지옥·아귀·축생계)를 닫고 총지總持문을 열어 보인다면 사바세계의 과보가 원만하기를 기다리지 않고도 문득 왕생을 성취하는 자가 되리라.

若又更待處所穩便。衣食豐饒。充足香華。事事稱意。思前算後。卜彼良時。報盡恩冤。圓成善事。然後發行。假使虛空界窮。亦無此日矣。所謂晴乾不肯去。直待雨淋頭。古云。即今休去便休去。欲覓了時無了時。斯之謂也。寶王三昧念佛直指卷上(終)

만일 처소가 안온하고 편리하며 의식은 풍요하고 향과 꽃이 충족되어 일마다 다 뜻에 맞는다고 앞과 뒤를 생각하고 계산하여 저 좋은 때를 사량思量하여 헤아리며, 은혜와 원한의 과보가 다해 좋은 일이 원만하게 이루어진 연후에 수행을 시작한다고 하자. 허공계虛空界가 다하여도 이러한 날은 없으리라. 이른바 청명한 맑은 날에는 떠나가려 하지 않다가 내내 장마철을 기다린 꼴이 되었다 한 것이다. 옛사람이 말하기를 "바로 지금 쉬어가고 쉬어가라. 마칠 때를 찾으려 하여도 마칠 때는 없으리라" 하였는데, 이것을 두고 한 말이다.

보왕삼매념불직지寶王三昧念佛直指 권상卷上 종終

北京佛教文化研究所　北京广化寺监制　佛历二五四七年七月置

보왕삼매염불직지寶王三昧念佛直指 권하卷下
사명은강四明鄞江 사문沙門 묘협妙協 집集

제10 살해함을 경계할 것을 권함

寶王三昧念佛直指卷下

四明鄞江沙門妙叶集

勸戒殺第十

相國裴公美休嘗著圓覺經疏序。其略曰。夫血氣之屬必有知。凡有知者必同體。所謂真淨明妙。虛徹靈通。卓然而獨存者也。以是觀之。則知蜎飛蠕動至微之物。及彼大身師象巴蛇之類。與十方佛圓覺妙心。虛徹靈通同一真淨。奚可分優劣乎。生佛旣同。人雖至靈。豈不亦與彼等同一體性。共稟四大五行之質。同生天地之間。

상국相國인 배공裴公 미휴美休가 일찍이 「원각경소圓覺經疏」 서문序文을 지었다. 그것을 간략히 말하면 이와 같다.

무릇 혈기血氣가 있는 생명체는 반드시 지각(앎)이 있고 ,무릇 앎이 있는 것은 반드시 동일한 본체라고 말하는 바, 참되고 청정하며 밝고 묘하며 (眞淨明妙) 텅비어 철저히 신령스럽게 통하여(虛徹靈通) 탁월하게 홀로 존재하는 것이, 이것으로 관하건데 곧 꿈틀거리며 기어가고 붕붕 날으는 연비연동蜎飛蠕動의 지극히 미세한 보잘것없는 미물微物과 저 큰 몸집의 코끼리 뱀의 종류가 시방에 계신 부처님의 원각묘심圓覺妙心과 더불어 허철영통虛徹靈通하여, 진실로 청정한 '참된 성품'(眞性)은 한가지로 동일한 것이다. 어떻게 우월하고 열등함을 나누어 구별하겠는가. 중생과 부처님이 이미 동일하다면 사람이 비록 지극히 신령하다 하나 어떻게 또한 저들과 더불어 가지런히 동일한 체성體性이 아니겠는가. 함께 한가지로 사대四大와 오행五行의 바탕을 품수 받아서 동일하게 천지의 사이에 태어난 것이다.

> 如虛鼠危燕之類。上應乾象肖乎日月。反能司人災福。焉得不及人也。此理既明。乃知人與物類性均天倫。彼既無別。豈可逞我一時之強暴。乘彼之微弱而盜行殺戮哉。又彼所以異於人者。但因無始妄想極重惡業所牽。故不覺不知。改頭換面。異類受形耳。非謂心體有異也。體既無異。又與彼類俱在生死。云何析其皮骨。潰其血肉腸胃肝膽。或稱量買賣。煎煮百端。咀嚼其軀。恣取甘美。

저 허공을 나는 박쥐와 높은 곳에 집을 짓고 사는 제비의 종류는 위로 건상乾象에 응하고 일월日月을 닮아 도리어 사람의 복덕과 재앙을 담당한다. 어찌 사람에 미치지 못하겠는가. 이 이치가 이미 밝혀졌다면 사람과 더불어 동물이 성품이 균일한 천륜天倫이라는 것을 알았으리라. 이미 저들을 차별하여 구분함이 없는데, 어찌 가이 나의 일시의 우악스럽고 사나움을 왕성하게 하여 저 미약한 것을 억압하고 나의 마음을 방자하게 하여 도적질을 행하고 살육을 행하겠는가.

또한 저 동물이 사람과 상이한 까닭은 다만 비롯함이 없는 망상으로 인하여 극히 중한 나쁜 악업에 이끌렸기 때문이다. 이러한 까닭으로 깨닫지 못하고 알지 못하여, 머리를 고쳐 짓고 얼굴을 뒤바꾸며 다른 종류에서 형체를 받았을 뿐이라, 마음의 본체에 상이함이 있다 말하지는 못하리라. 본체에 이미 상이함이 없고 또한 저러한 종류와 더불어 생사의 바다에 오르내리고 있는데, 어찌하여 그 가죽과 뼈를 쪼개고 피, 살, 장臟,

위胃, 간肝, 담膽 등을 터뜨리겠는가. 혹 저울에 달아 매매를 하며 볶고 지지기를 백 가지로 하여 그 몸을 씹어서 맛보고 방자하게 달콤한 맛을 자기 마음대로 취하기도 한다.

於一時間。飫我貪饕。適我口腹。曾不顧懼未來惡道長劫之痛。可謂失之甚也。人雖或謂優彼。但業對未至耳。豈真優於彼哉。況彼類中。有報盡當為人者為天者。有聖人諸佛菩薩示同其類者。我障不識。奚可殺彼所極愛重之身命。資我片時之口欲。忽爾人業報盡。反有不及彼者。奚謂彼類是我食啖而定不及我乎。又況我身昔同彼類。彼類同我。

저 한 시간 사이에 나의 탐하는 마음을 넉넉하게 하여 나의 입과 배를 적당히 충족하게 알맞게 하여 일찍이 미래의 악도에서 한량없는 세월동안 고통받는 것을 돌아보거나 생각하지도 아니함이니, 잘못된 오류가 매우 심하다 할만하다.

사람이 혹 저들보다는 우수하다고 말하나 업의 상대적인 면에서 아직 이르지 못했을 뿐이다. 어떻게 저들보다 진실로 우수하겠는가. 더구나 저들 종류 속에서 과보가 소진하면 사람이 되는 자, 천상에 태어날 자도 있으며, 성인인 부처님·보살이 그 종류와 동일함을 보이신(화현한) 경우가 있음에도 우리가 업장에 막혀 식별하지 못하였을 뿐이다.

어찌하여 저들이 극히 아끼고 소중하게 여기는 목숨을 살해하여 나의 잠깐동안 입의 욕심을 돕겠는가. 홀연히 사람의 업보가 다하면 반대로 저들에게도 미치지 못하는 자도 있으리라. 어찌 하여 저들 종류를 내가 살해하여 씹어 먹어도 결정코 나에게 살상한 과보가 미치지 못한다 말하겠는가. 더구나 나의 몸은 옛날에는 저들 종류와 동일하였으며, 저 종류들도 또한 나와 동일하지 않았겠는가.

於類類中。亦曾互為父母兄弟妻子姉妹諸親眷屬。形體變流。心亦迷沒。不復相識。妄謂彼劣。今殺食之。即殺我父母先親眷愛。又我身不離四大。亦殺自己四大故身也。又佛言。一切眾生皆有佛性。以未來必成佛故。尚當供養給侍如父母想。奚忍殺之。若殺之。是亦殺未來佛也。可不懼乎。嗟今傷殺之人不識先因。為親之時。於逆境中多生違逆。從親起冤。從冤結恨。冤恨連縺世世不失。於是相生相殺展轉不已。如彼海潮盈虗往來不能自止。

저 류類와 류 가운데에서 일찍이 서로 부모형제 처자·자매의 모든 친한 권속이 되었으나 형체가 바뀌고 유전流轉하면서 마음이 미혹해지자 다시는 서로를 알아보지 못하고, 허망하게 저들은 하열하다 말하며 지금 그들을 살해하여 잡아먹는다. 그러하다면 나의 부모인 선친先親이 돌아보고 사랑하였던 것을 살해하고 또 나의 몸이 사대四大를 떠나지 않았으니 또한 자기 사대의 옛몸(故身)을 죽이는 것이 된다.

부처님이 말씀 하시기를 "일체 중생이 모두 한가지로 불성이 있다"고 하였거니와, 미래에 반드시 성불할 것이기 때문에 공양하고 베풀기를 부모와 같이 생각해야 할 것인데, 어떻게 차마 살해하겠는가. 만일 그들을 죽인다면 이는 미래의 부처님을 살해하는 것이 되니, 어찌 두려워하지 않겠는가.

슬프다. 요즘 살상하는 자들이 선세의 인을 깨닫지 못한다. 친척이 되었을 때 역경 속에서 거역하는 일이 많아 친한 것에서 원한을 일으키고 원한을 따라 가슴에 매우 깊이 원망스럽게 생각함이 맺혀, 결성되면 원한이 원수로 이어져서 세세생생世世生生 망실하지 않게 된다. 이때에 서로 살리고 죽이기를 그치지 않아 마치 저 바다의 조수가 찼다가 이지러지면 왕래를 스스로 그치지 못하는 것과 같이 한다.

審彼約己。可不痛傷。故梵網經中。既禁自殺。乃至教他方便讚歎誓呪等教。及因緣法業。皆制令永斷。此佛誠教誡也。我若不止相呑食者。則必令彼佃獵漁捕惡求之人展轉滋多。使水陸空行一切眾生藏竄無地。纔入其手。毛羽鱗甲一時傷毀。哀聲未絕。便供食啖。或易他物以養吾體。豈知一切物類怕死貪生之心本與我同。

저들을 성찰하여 자신의 것으로 요약하여 본다면 가히 애통하고 상심할 만하다 하지 않겠는가. 이러한 까닭으로 『범망경梵網經』에서는 이미 자살을 금지하였고 내지 저들에게 방편·찬탄·저주呾呪 등으로 살생하는 인연법因緣法[30]의 업을 가르치는 것을 모두다 제지하여 영원히 끊어 단절하게 하였거니와, 이것은 부처님이 진실로 가르치고 경계하신 것이다.

내가 이에 삼키고 먹는 것을 그치지 아니한다면 반드시 사냥하고 포획하고 주살誅殺하며 고기를 천렵川獵하여 잡으며 악하게 살해함을 구하는 무지막지無知莫知한 지혜롭지 못한 사람들이 더더욱 많아져서 물·바다·내천·들판·육지·허공에서 태어나는 일체의 중생이 자신의 몸을 은폐하고자 하여도 몸을 숨길 곳이 없게 되리라.

이에 그 수중에 들어갔다 하면 털 달린 짐승, 날개를 가진 조류, 비늘 가진 어류, 딱딱한 껍질 가진 갑각류甲殼類 등이 일시에 칼날에 상하여 훼손되며, 애절한 슬픈 비명의 소리가 끊기기도 전에 음식으로 공급되며 혹은 다른 물건과 교환되어 내 몸을 봉양하기도 한다. 온갖 동물이 죽음을 두려워하고 살기를 탐하는 마음은 나와 동일하다는 것을 어찌 알겠는가.

---

30) 인연因緣이라는 말은 인因(직접 원인)과 연緣(간접 원인)의 결합이고, 연기緣起는 직접 원인과 간접 원인에 의해 일어나는 바가 되는 것이다. 따라서 어떤 존재도 혼자서 존재하고 혼자서 사라지는 것은 없으며, 모든 것이 인연으로 결합되었다는 것이 불교의 세계관이다. 연기란 용어는 '인연소기(또는 인연생기)'의 준말로, 이것(인)과 다른 무엇(연)으로, 더불어 일어난다(소기所起, 생기生起)는 뜻이다. 따라서 12인연은 12연기라고도 불려진다. 연기가 총체적, 입체적 개념이라면 인연은 부분적, 평면적 개념이라고 할 수 있다. 또한 연기가 3차원적 개념이라면, 인연은 1차원적 개념이라 할 수 있다. 즉 인연의 얽히고 섞임, 그리고 상호작용을 비로소 연기라 할 수 있다.

若能知是先親。同斷殺業。亦能全乎孝道。經云。孝名為戒。即戒殺為孝也。且彼物類性
具先知。避不擇時。逃不擇處。況復天地寬闊。亦有自養之處。今故不能自生。而兩恰相
值。必入人之手者。蓋以先因不可逃耳。先因既不可逃。今因自當深思痛戒。倘或不戒。
則彼此殺害之業必如前牽入其類。亦安可逃耶。經云。假使百千劫。所作業不亡。因緣會
遇時。果報還自受。豈虛語也。

만약 이것들이 선세에 부모·형제·친척이었음을 깨닫고 살생의 나쁜 행업行業을 동일하게 끊는다면 효도를 온전히 행하는 것이 된다. 경에서 말씀하시기를 "효의 이름을 계戒라 한다" 하였는데, 곧 살생을 경계하는 것이 참된 효도인 것이다.

또 저 여러 생명들의 성품에는 미리 아는 능력들이 갖추어져 있음에 도피하는 것은 시간을 가리지 아니하며 처소를 택하지 아니하고 도주하여 도망간다. 더구나 천지는 관대하고 광활하여 스스로 봉양할 처소가 있음에도 지금은 스스로를 보호하여 살리지 못하고 두 가지 목숨이 서로 만나면 반드시 사람의 수중으로 들어가고 마니, 이는 대체로 선세의 인과는 달아나 피할 수 없기 때문이다.

선세의 인연을 피하여 도망하지 못한다면 지금의 업행業行의 원인도 스스로 깊이 성찰하고 통렬하게 경계해야 하리라. 만일 경계하여 조심하지 않는다면 피차에 살해하는 원한의 업業으로 반드시 이전처럼 그 유사함으로 이끌려 들어가고 말 것이니, 어떻게 도망하여 달아나겠는가.

경에서 설하되 "가사假使 백천 억겁億劫을 지나도 지은 업보는 없어지지 아니하고 인연이 서로 조우함에 과보를 다시 돌이켜서 그 자신이 그것을 돌려받는다" 하였으니, 어찌 헛된 말씀이겠는가.

故我世尊滿淨覺者。現相人中。於諸法會。以此戒殺之訓。叮嚀告誡。非不再三。且以此戒列於諸乘之首。於梵行中非不嚴切。又復示現琉璃大王盡殺釋種。佛亦頭痛。及金鎗之報垂誡於世。欲使人知因果難逃而同止其殺也。可不信乎。或謂佛必無此而為物示此者。則聖人有誑人之過。佛既無過。此奚不實。此既是實。佛自尚爾。何況於人。故知報償之理如影隨形。

이러한 연유로 정각正覺을 원만히 증득하신 우리 세존 부처님 박가범薄伽梵31)께서 사람 가운데에 모습을 나타내시고, 모든 설법의 현장에서 이 살생을 경계하는 자비한 가르침을 금구金口가 쓰리고 아프도록 경계하시며 고하시길 거듭 거듭 하시었다.

또한 이 계율(불살생계不殺生戒)을 모든 승乘(성문승 연각승 보살승 일불승)의 으뜸에 나열하시고 '청정한 행'(梵行) 가운데에서도 가장 준엄하고 간절하게 말씀하셨다. 또 다시 유리대왕琉璃大王이 석가 종족을 모조리 살해하는 것을 시현함에 석가모니부처님께서 또한 두통을 앓으셨다. 또한 금창金鎗의 과보로 세상에 경계함을 드리워서 사람들이 인과의 순환함은 회피하기 어려워서 죽음에 이르러서야 한가지로 그친다는 것을 깨달아 알게 하심이니, 어찌 믿지 않겠는가.

혹 어떤 사람이 부처님께서는 반드시 이럴 이치가 없지만은 중생을 위하여 그렇게 보이셨을 뿐이라고 한다면, 성인이 사람을 기만하여 속인 허물이 있게 된다. 그러나 부처님께서는 허물이 아니 계심으로 이것이 어찌 실제가 아니겠는가.

이미 이것이 실제 상황이라면 부처님께서도 그러하신데 하물며 보통 중생들이야 어떠하겠는가. 이러한 연고로 알지니라. 인과의 보상하는 이치는 그림자가 형체를 따르는 것과도 같다.

---

31) 부처님 십호十號의 하나. 인도에서는 온갖 덕을 성취하였다는 의미로 부처님에게만 한정하지 않고 신神이나 성자聖者를 뜻하는 말로도 사용한다.

又如世人平生友善。但或一言之忤一物之負尚結冤至死。況加以白刃恣食其肉。可忘深
恨乎。且彼世典亦有不合圍不揜群。釣而不網。弋不射宿。及聞其聲不忍食肉之訓。正與
吾佛三藏漸教計食三種淨肉之說。頗同。雖不如大乘方等盡止殺業。亦止殺之漸也。止
殺之漸尚有至德及禽獸之譽。何況口悉素餐。身必麻褐。意專慈忍。不暴一物。使各遂其
生。豈不德化無邊可稱譽也。

또한 세상 사람들이 평생을 친하게 지내다가도 혹 말 한마디가 귀에 거슬린다거나 한 가지 물건을 탐하여도 이 때문에 서로 원한을 맺고 서로 살해하는 경우에 도달하기도 하니, 하물며 시퍼런 칼날을 그 몸에 들이대고 그 고기를 자기 마음이 시키는 대로 씹어먹는데, 어찌 깊은 원한이 망실하여 잊혀지겠는가. 저 세전世典에도 "사방으로 포위하지 않으며, 떼 지어 있는 무리를 덮치지 않는다. 낚시는 해도 투망投網을 하지 않으며, 잠자는 새는 주살誅殺을 쓰지 않는다" 하였고 또 "죽어가는 소리를 듣고 차마 고기를 먹지 못한다"는 가르침이 있다.

바로 이것은 우리 부처님 삼장三藏의 점교漸教에서 "삼종三種의 청정한 고기(淨肉)[32]를 헤아려 먹는다"는 가르침과 상통하는 것이다. 이는 비록 대승의 방등경方等經[33]에서 살생의 업을 모조리 금한 것만은 못하지만, 살생을 금하는 점차漸次적인 방편이다. 살생을 금하는 점차적인 방편도 그에 대한 지극한 덕과 금수禽獸에 대한 칭찬함이 있다. 더구나 입으로는 검소하게 채식만 하며 몸에는 반드시 삼베옷만 입는 것이겠는가.

자비하고 인자한(慈仁) 뜻에 집중(專一)하여 한 물질의 생명에게도 난폭하

---

32) 오종정육五種淨肉: 비구가 병 등으로 먹을 수 있는 고기. (1) 내가 죽이는 것을 보지 않은 고기. (2) 나를 위해서 죽이지 않은 고기. (3) 나를 위하여 죽였다고 의심되지 않는 고기. (4) 수명이 다하여 자연히 죽은 것. (5) 짐승이 먹다 남긴 것. 여기서 (1)~(3)번이 삼종정육三種淨肉이다.
33) 부처님께서 49년 설하신 바르고 평등한 경, 대승의 가르침을 말한다. 대승경전 가운데 화엄경, 법화경, 열반경, 반야경 등 4부의 경을 제외한 다른 모든 경전을 일컫는 말이기도 하다.

게 굴지 않고 각각 그의 삶을 이룰 수 있도록 한다면, 어찌 칭찬할 만한 가없는 덕화德化가 아니겠는가.

且古聖尙不肯暴露枯骨。枯骨無知。心猶不忍而葬之。何況有命血肉同靈之物乃可殺食耶。老子曰。馳騁田獵令人心發狂。又曰。射飛逐走。發蟄驚巢。縱暴殺傷。非理烹宰。乃至行住坐臥擧動施爲所傷殺物。其於天地空中。必有司命。欽承上帝好生之德。隨其輕重。悉筆記之。毫髮無失。使彼生則減紀。招不如意。死則墮獄。備受衆苦。所有刀山劍樹。斬剉煎煮。抽腸拔肺。剝皮啖肉。切骨削髓。緻首挑眼。焚脚燒手。

옛날 성인은 앙상한 고목 같은 뼈만 남았다 할지라도 노출되게 하지 않으셨다. 마른 뼈가 무지하다 해도 마음에 차마하지 못하고 그것을 장례葬禮해 주신 것이다. 하물며 생명과 혈육이 있는 동일하게 신령한 동물을 살육하여 음식으로 먹을 수가 있겠는가. 노자老子가 말하기를 "사냥을 즐겨하면 사람의 마음을 발광하게 한다" 하였고, 또 말하기를 "날아다니는 새를 쏘고 달아나는 짐승을 추격하며 땅 속의 꿈실거리는 벌레를 파뒤집고 둥우리에서 자는 새를 놀라게 하여 방종하고 난폭하게도 동물을 죽이는 것이 삶아서 요리하는 이치와 무엇이 상이함이겠는가" 라고 하였다.

나아가 행주좌와行住坐臥의 거동시위擧動施爲 동안에 상하고 죽임을 당하는 동물도 천지 공중에 반드시 수명을 담당하는 사명司命이 있고, 옥황상제玉皇上帝는 살리기를 좋아하는 덕을 공경히 받들어 그 무게를 따라 모두를 기록하고 털끝만큼이라도 빠뜨림이 없다 하였다. 가령 살생한 사람이 태어나면 살아 있는 동안에는 수명이 단축되고, 여러 가지 불행을 자초하게 하며, 죽을 때는 지옥에 떨어져 갖은 고생을 받게 되는 것이다.

도산지옥刀山地獄 검수지옥劍樹地獄에서 몸이 절단되고 꺽이며 삶고 지저
져 창자와 폐가 뽑히며 가죽이 벗겨지고 고기가 씹힌다. 뼈를 절단하고
골수를 깍으며 머리를 조이고 눈을 뽑아내고 다리와 손을 태운다.

諸大地獄靡不經歷。拂石塵沙無可喻其壽命。縱彼大獄之報有盡。於百千劫復墮餓鬼。
於如是劫又墮畜生。於畜生中必殺一酬一。殺心若重。或殺一報之千萬乃至無盡。方與
相殺之人如前相値。或殺或食。以償宿債錙銖無差。如其先有微善得生人中。尚世世貧
窮孤苦。多病短命。癲癇失志。盲聾瘖瘂。疥癩癰疽。膿血諸衰。百千等苦以自莊嚴。衆
怨境界畢集其身。親族棄捨不可堪忍。此皆殺業既深。故受如是極苦也。

이렇게 모든 지옥의 괴로움을 편력하는데 이는 돌을 스치는 먼지(塵沙)
같은 겁劫으로도 그 수명을 비유할 수 없다. 저가 큰 지옥의 과보가 다
한다 해도 백천 겁 동안이나 다시 아귀에 떨어지며, 이와 같은 겁에 또
한 축생의 세계에 떨어지며, 축생 가운데서도 반드시 하나를 죽이고 하
나를 보상하게 된다.

살생하는 마음이 지극히 무거우면 혹은 한번 보답할 것이라도 천만 내지
는 다함이 없기도 한다. 서로 죽일 사람과는 앞에서처럼 서로 만나 혹은
죽이고, 혹은 서로를 잡아먹으며 묵은 부채를 보상하는데, 가장 작은 저
울 눈금만큼도 어긋나지 않는다.

이러한 연고로 선세에 조그만한 선행이 있어 사람 가운데 태어난다 해도
세세世世토록 빈궁하고 외로우며 고통스럽다. 많은 질병으로 인해 단명하
며 미친 병으로 뜻을 잃는다. 눈멀고 귀먹으며 종기腫氣와 부스럼, 피고
름이 모든 것을 쇠잔하게 한다. 백천 가지 괴로움으로써 장엄하며 뭇 원
한의 경계가 모두 그의 몸에 모여 친족들도 그를 버리고 차마 감당하지
못한다. 이는 모두 살생한 업보가 깊었기 때문에 이와 같은 극한의 괴로

움을 받는 것이다.

是以梓童帝君有化書戒殺之篇。書經亦云。作惡降之百殃。不其然乎。又況異類亦有仁
心。理不可殺。羔羊跪乳。慈烏返哺。有行孝之禮。胡犬護主。獬豸不屈。有忠直之能。蜂
蟻君臣。鴛鴦夫婦。雁行兄弟。嚶鳴友朋。觀彼群生。與人何異。人雖至靈。反不能推同體
之慈以及含識。更殺彼命以養一己。可謂靈乎。可謂仁乎。又如陸亘大夫問南泉云。弟子
食肉是。不食是。泉云。食是大夫祿。不食是大夫福。義亦可了。

이 때문에 재동제군梓童帝君에게 있는 「화서化書」에서도 계살편戒殺篇이
있으며 『서경書經』에서도 말하기를 "악을 지으면 백 가지 재앙이 내린다"
하였으니, 어찌 그렇지 않겠는가. 더구나 이류異類(짐승)에게도 어진 마음
이 있음이랴. 이치가 살해해서는 아니 되는 것이다 고양羔羊은 꿇어앉자
우유를 먹었으며, 자조慈鳥는 되돌아와서 그 어미 새에게 먹이를 먹이는
효행孝行의 예禮가 있었다.

오랑캐 개(胡犬)는 주인을 보호하였고, 해태獬豸는 굴복하지 않는 충직한
능력이 있었다. 벌과 개미는 군신君臣의 의로움이 있고, 원앙鴛鴦새는 부
부의 정이 있으며, 기러기의 항렬行列은 형제의 우애가 있고, 앵무鸚鵡는
지저귀며 친구와 다정하다. 저 군생群生들을 관찰해보라. 사람과 무엇이
상이한가. 사람이 지극히 신령하다 하나 반대로 동체의 자비를 일체 아
뢰야식阿賴耶識(함식含識)[34]을 가진 짐승들에게 베풀지 못하고, 다시 저들

---

34) 불교의 유심론에서 말하는 제8식으로 무의식 또는 가장 근원적인 마음을 가리킨다. 인간은 안·
이·비·설·신·의眼耳鼻舌身意의 여섯 가지 감각적 기관으로 이루어진 존재이다. 앞의 다섯 가지를
전5식前五識이라 하고, 여섯번째의 식識을 제6 의식이라고 한다. 전5식은 자체로서 판단·유추·
비판의 능력이 있을 수 없다. 그것은 다만 '나'라는 주관이 외부의 객관과 교통할 수 있는 통로
일 따름이다. 전5식은 제6 의식에 의하여 통괄되며, 자신이 수집한 갖가지의 정보를 이 제6 의
식에 보고하는 기능을 가졌다. 제6 의식은 흔히 '마음'이라고 부르는 존재인데, 그 단계는 다음
과 같은 셋으로 나누어진다. 첫째가 제6 의식, 둘째가 제7 마나스식(Manas識·말라식), 셋째가
제8 아뢰야식이다. 제6식은 의식의 세계이며, 제7식과 제8식은 무의식의 세계에 비견될 수 있
다. 그 가운데서도 가장 근원적인 마음이 아뢰야식이다. 아뢰야식이라는 무의식의 바다는 모든

의 생명을 죽여 한 몸을 봉양하니 어찌 신령하다 말하며, 어찌 어질다 말하겠는가.

또 육긍대부陸亘大夫 같은 경우 남전南泉스님에게 묻기를, "제자는 고기를 먹어도 옳고 먹지 않아도 옳습니다" 말하자, 남전스님은 말하였다. "먹어도 옳은 것은 대부大夫의 녹봉(祿)이며, 먹지 않아도 옳은 것은 대부의 복福이다" 하였으니, 이에 그 뜻을 또한 이해하여 알 것이다.

> 縱彼世俗延會賓客。及行時祭之禮。豈無蘋藻瓜果。庶羞可薦之儀。得全齋戒之道也。譬如經說。昔有屠殺之子。欲求出家。因不肯殺。其父以刀及羊并子共閉密室。諸若不殺羊。當殺於汝。其子因卽自殺。緣是功德便生天上。於多劫中受天快樂。是知不殺之人旣生善處。必善其身。世世得長壽之報。又能以德遠及子孫世代矣。然今佛法欲滅。如一絲繫於九鼎。多有為佛弟子。不能體佛慈悲。飲噉自若。見素食人。反謗為小乘為魔頭。甚至比為牛羊為鵝豕。

세속에서 빈객賓客을 초청하여 베푸는 연회宴會와 시제時祭의 예禮를 행하는 것이라 해도, 어찌 마른 풀이나 참외 같은 과일을 올리는 의식으로 재계齋戒의 도道를 완전히 할 수 없겠는가.

비유하면, 경에서 말한 것과 같다. 옛날에 소와 양을 잡는 백정白丁의 아들이 있었는데, 출가를 하려 하였다. 이로 인해 살생을 안 하려고 하니, 그의 아버지는 칼과 양, 아들까지 함께 밀실에 가두고 "만일 양을 죽이지 않는다면 너를 죽이리라" 하였다. 이에 그 아들은 이 때문에 자살을 하였는데, 이 인연공덕으로 바로 천상에 태어나 다겁多劫동안 천상의 복

종자種子를 갖춘 가능성의 바다이다. 중생의 8가지 식識은 지혜로 전환될 때 궁극의 깨달음이 일어난다. 이를 전식득지轉識得智라 한다. 유루有漏의 제8식과 제7식과 제6식과 전5식을 바꿔, 순차적으로 각각의 식에 따라 번뇌가 없는 지혜인 대원경지大圓鏡智·평등성지平等性智·묘관찰지妙觀察智·성소작지成所作智를 얻는 것이 불교수행의 지향점이다.

락을 받았다.

이러한 까닭으로 알아야 한다. 살생하지 않는 사람은 착한 처소에 태어나서 그의 몸을 반드시 착하게 하여 세세생생世世生生 장수의 과보를 받는다는 것을. 또 덕으로써 멀리는 자손의 세대까지도 그 영향을 미친다.

그러나 요즘은 부처님 법이 소멸하는 것이 마치 아홉 개의 솥을 '한가닥 실'(一絲)로 매달은 것과도 같다.

많은 사람이 부처님 제자가 되기는 하나 부처님의 자비심을 체득하지 못하고 마시고 먹는 것을 자유자재하게 한다. 채식하는 사람을 보면 반대로 소승小乘이라거나 마구니 두목頭目 등이라고 비방한다. 심지어는 소, 양이나 거위, 돼지에 비유하기도 한다.

> 或謂其心太毒。及百般綺語訐露其過。此等惡人雖天神見而怒之謂若咬人羅刹。其如世
> 人得彼類已反謂之條直也。嗚呼此佛法將滅之兆。不可不知。夫子産於魚。尚發得其所
> 哉之歎。齊王不忍。乃稱無傷仁術之言。戴記殺獸有不孝之談。書生救蟻中甲科之選。當
> 知殺與不殺損益昭然。況我釋氏四眾乃可行此殺業乎。

혹은 이르기를, 그 마음이 지나치게 독살스러워 백방百方의 꾸민 말로 그 허물을 고자질하고 들추어내기도 하는데, 이들 악한 사람들은 천신天神이 보고 노엽게 여긴다 해도 태연자약泰然自若하게 사람을 뜯어 먹는 나찰羅刹처럼 말을 한다. 그가 가령 세상 사람들에게서 자기와 같은 유형을 만나면 반대로 그는 조리있고 정직하다 말한다. 슬프다! 이는 부처님 법이 장차 멸망할 조짐이다. 불가불 알아야 하는 것이다. 자산子産이라는 정鄭나라 대부大夫는 물고기에 있어서도 "그가 살 처소를 얻었구나!" 하고 찬탄하였으며, 제齊 나라의 왕은 양 한 마리를 차마 죽이지 않음으로 해서 "해로움이 없으니, 인을 베푸는 방법입니다" 하는 칭찬을

맹자孟子에게 들었다.

『대기戴記』에는 짐승을 죽이면 효성스럽지 못하다는 말이 있고, 서생書生이 개미를 구해주고 그 공덕으로 갑과甲科의 선발에 합격하였다 한다. 마땅히 알라. 살생을 하고 하지 않는 것이 손해되고 이익됨이 이처럼 명확한데, 하물며 우리 부처님 제자들이 살생의 업을 행해서야 되겠는가.

楞嚴云。以人食羊。羊死為人。人死為羊。汝償我命。我償汝債。以是因緣。經百千劫常在生死。又云。生生死死。互來相啖。惡業俱生。窮未來際。法華云。佃獵漁捕。為利殺害。販肉自活之人。皆勿親近。又有偈云。若欲殺生者。應作自身觀。自身不可殺。物命無兩般。此等誠訓寧不昭然。或有邪見之人。謂彼眾生俱妄生妄死。罪福本空。殺之無報者。則何不道我等亦妄求妄食。舌味本空。食之無益也。是以既有貪心。豈無報境。若云此類不食何用。則蜈公蛇虺皆無用者。可食之乎。

『능엄경楞嚴經』에서 말하기를 "사람이 양을 잡아먹으면 양이 죽어서 사람이 되고 사람이 죽어서 양이 된다. 너는 나의 목숨을 보상하고 나는 너의 부채를 갚아 이 인연 때문에 백천 겁을 지나도록 항상 생사에 있게 된다"고 하였다. 또 말하기를 "거듭 나고 거듭 죽음에 서로 와서 서로를 뜯어먹으며 악업이 함께 발생하여 무한한 미래까지 이어질 것이다"고 하였다. 『법화경法華經』에서는 "사냥을 하고 물고기를 잡으며 이익을 위해 살생하고 고기를 판매하여 스스로의 생활을 영위하는 사람들과는 모두 친근히 하지 말라" 하였고, 또 게송에서 말하기를 "만일 살생을 하고자 하는 사람은 응당 자기 몸을 관찰하라. 자신을 죽여서는 안 되듯이 동물의 목숨을 끊어 두 쪽을 내지 말라" 하였다.

이같은 등의 진실한 훈계訓戒가 어찌 분명하지 않겠는가. 혹은 삿된 견해를 지녀 "저 중생은 모두 허망하게 태어나고 허망하게 죽는다. 죄와 복은 본래로 공하여 죽인다 해도 과보가 없다"고 말하는 사람이 있으리라.

그렇다면 무엇 때문에 우리들도 허망하게 구하고 허망하게 먹는가? 혀로 맛보는 것은 본래 공하여 고기를 먹는다 해도 이익이 없다고 말하지 않는가?

이 때문에 이미 음식을 탐하는 마음이 있는데 어찌 과보의 경계가 없겠는가. "만일 이런 축생들을 먹지 않는다면 무엇에 쓰겠는가?" 한다면 땅거미, 뱀, 독사는 모두 쓸모없는 것들이니, 그것들도 먹겠는가.

> 以上所述乃是審己例彼。平等不殺。仁人各行之道。若我出家之子欲修念佛三昧。正欲淸淨三業解冤釋結生於淨土。豈可不斷殺食。於臨終時而自障乎。大藏經中廣有教旨。諸佛一音始終不二。三教聖訓莫不皆然。片紙之中豈能備引。但願法界眾生聞斯義趣。體道好生。同躋仁壽。俱盡天年。免諸冤結。更能如法化人。充聖人慈濟之道。使彼已悉證慈心。必同造於蓮華之域。成正覺矣。

이상에서 기술한 것으로 자기를 살피고 다른 중생을 대비하여 평등하게 죽이지 않는 것이 어진 사람이 각각 행할 도道인 것이다. 이와 같이 우리 출가한 제자들이 염불삼매念佛三昧를 닦아 삼업三業을 청정히 하며 맺힌 원한을 풀고 정토에 왕생하고자 하면서 어찌 살생한 음식을 끊지 못하여 임종할 때에 스스로 장애를 만들겠는가.

대장경大藏經 가운데 광대하게 있는 가르침은 모든 부처님의 동일한 진리의 소리(法音)이며 시작부터 끝까지 둘이 아니다. 불교 도교 유교, 삼교 성인의 가르침도 모두 그렇지 않음이 없어 작은 지면에 어떻게 갖추어 인용할 수 있겠는가. 다만 법계의 일체 중생이 이 뜻을 듣고 살리기를 좋아하는 불도를 체득하여 인자하고 장수하는 대열에 함께 오르기를 바랄 뿐이다.

함께 타고난 수명을 다하고 모든 원결怨結을 면하며 다시 법답게 사람을 교화하여 성인이 자비로 구제하신 도道로 충만케 해야 한다. 저들과 내가 자비로운 마음을 모두 증득하여 반드시 연화蓮華(극락)세계에 함께 나아가서 등정각等正覺을 이루리라.

제11 여러 가지 계율 지니기를 권함

勸持眾戒第十一

惑者問曰。今聞念佛直指戒殺之說。可謂指體投機事理悉備。實善世利物之訓也。敢問。

為只此殺業當極戒之。為兼盜婬妄等諸惡悉宜深戒之耶。若當悉戒。何以語之略也。答。

噫是何言也。子豈不聞經有具足眾戒之說。奚獨戒殺。但殺業最重。通於貴賤。人所難

除。故於正行之首。先令斷殺。庶可具乎眾戒。

미혹한 자가 질문하여 말하되, "이제 『염불직지念佛直指』의 살생을 경계하는 말씀을 가르침 받음에 가이 본체를 직지하고 근기에 투합하여 이理와 사事를 모두 구비하였습니다. 진실로 세상을 착하게 하고 군생群生을 이익되게 하는 가르침이라 감히 질문합니다. 다만 이 살해의 업만 응당 극렬하게 경계해야 합니까. 겸하여 도적질, 음행淫行, 망어妄語 등 모든 악도 마땅히 심도 있게 경계해야 합니까. 마땅히 모두 다 경계해야 한다면 어찌하여 말씀을 간략히 한 것입니까?"

대답하노니, 슬프다! 이것이 무슨 말인가. 그대는 어찌하여 경전에서 여러 가지 계율을 구족具足해야 한다는 설을 듣지 못하였는가. 왜 어찌하여 유독 살생만 경계 하였겠는가. 다만 살해의 업이 가장 제일로 무거워져 귀함과 천함에 통하며 사람이 가장 제거하기 어렵게 여기기 때문이다. 이러한 까닭으로 저 올바른 수행의 으뜸으로 먼저 살생의 업을 단절하고 여러 가지 계율을 갖춤이 옳지 않겠는가.

故語之詳耳。戒體豈有取捨哉。又若戒德不修。憑何立行。如器欲貯醍醐先滌不淨。修三

昧者亦復如是。必眾戒清淨乃可得成。縱其宿業深厚。不能頓斷。當亦方便制抑自勸自
心。省身悔過修四念處。了知世間樂少苦多。無常敗壞不久磨滅。一切諸法皆不清淨。如
夢幻無我。設諸方便而使必斷。豈可隨妄念而失其宰。

이러한 까닭으로 특별히 살생에 관한 말을 자세히 했을 뿐이라, 계의 본체(戒體)에 어찌하여 취하고 버림이 있겠는가. 또 계戒의 덕을 수행하지 않는다면 무엇을 의지하여 수행이 성립하겠는가. 그릇에 제호醍醐를 담고자 한다면 먼저 부정不淨한 것을 세척해야 하는 것과 같이 삼매를 수행하는 자도 또한 다시 이와 같다.

반드시 여러 가지 계율을 청정히 해야만 가히 성취를 얻으리라. 숙업宿業이 깊고 두터움을 좇아 능히 갑자기 끊지 못함이나, 마땅히 방편으로 억제하여 스스로 자심自心을 권장해야 한다. 몸을 성찰하고 허물과 과실을 뉘우치며 사념처四念處를 수행해야 한다.

세간은 즐거움이 약하고 작아서 조금 뿐이며 고통과 괴로움이 많아서 가득히 충만하고 무상無常하여 뜻뜻함이 없고 피폐하여 괴멸壞滅함에 장구長久하지 못하며 닳아서 없어짐을 깨달아 요지了知해야 한다. 일체의 모든 법이 모두 청정하지 못하며 꿈과 허깨비(夢幻) 같아 나(我)라고 할 것이 없다.

모든 방편을 시설施設하여 반드시 단절해야 한다. 어찌하여 가이 망념을 따라 주재主宰함을 잃겠는가.

又戒德雖具。若不使身心澄定息諸世間伎能雜術。乃至一切若善若惡能分念者。設不屏
去。何能一心修此三昧。三昧不一。往生何由。然今一切眾生無明業識遍周法界。苟起一
念世心。便被如是等塵勞魔黨牽拽將去。全身陷沒。求出無期。譬如遊魚雖逸一絲可繫。
其害非不大也。心念尚爾。況身行哉。今既修此三昧。正欲如箭一心取的。不待此身報盡

跳出稠林。決生淨土。豈可失戒攀緣志行因循。使三昧不成。更入惡道可不痛傷。若果聞之不戒。則臨終無驗。莫謂佛力無感應也。

또한 계행의 덕은 충분히 갖추고 있으나 심신을 맑게 하여 세간의 공예기능, 잡술을 멈추게 할 수 없다. 내지 일체 선과 악의 사념을 분리하되 가령 물리쳐 버리지 못한다면, 어떻게 능히 한마음으로 이 (염불)삼매를 닦을 수 있겠는가.

삼매가 한결같지 못하다면 무엇을 말미암아 왕생하겠는가. 그러나 요즘의 일체 중생은 무명無明의 업식業識이 법계에 두루한지라, 진실로 한 생각이라도 세간의 마음을 일으킴에 문득 이같은 진로塵勞인 마구니 무리에게 장차 질질 끌려가 전신全身이 함몰됨에 구출될 기약이 없다. 비유하자면, 한가하게 노니는 물고기가 편안하기는 하지만, 한 낚시줄로 달아맬 수 있는 것과 같아 그 해로움이 크지 않다 하지 못하리라. 마음으로 생각만 해도 오히려 그러한데, 더구나 몸소 실행함이겠는가.

지금 이 삼매를 닦으매 마치 화살을 쏠 때 한결같은 마음으로 과녁을 취하는 것처럼 해야 한다. 이 몸의 과보가 다하기를 기다리지 않고 생사의 빽빽한 숲에서 벗어나 정토에 결정코 왕생하려면 어찌 계율을 분실함을 반연攀緣(원인을 도와서 결과를 맺게 하는 일)하여 뜻에 낡은 습관을 버리지 못하고 엄벙덤벙 행동하겠는가.

하여금 삼매를 성취하지 못하고 문득 삼악도三惡道(지옥·축생·아귀도)에 휩쓸려 빠져 들어감에 가히 매우 마음 아파 괴로워하고 이지러짐이 아니겠는가. 이에 가르침 받음을 성취하고도 이를 경계하지 아니함에 곧 임종에 증험이 없으리니, 불력佛力에 신이神異한 감응이 없다 말하지 말라.

一大事
당신 눈앞의
가장 큰일

당신 눈앞에 제일 큰일이자 동시에
유일한 한 가지 큰일은 바로 한마디
"아미타불"을 끝까지 염하는 것이다.
일체 상관 말고 일체 묻지 말며
마음에 홀로 덩그렇게 한마디
명호를 그대로 들어라.
한마디 염하면 또 한마디
착실히 면밀하게 줄곧 염하여
아미타부처님께서 와서 접인하시고
한숨 염하여 연꽃이 피고
아미타부처님을 친견할 것이다.
_정토자량곡향집

파주 보광사 목조 아미타여래

제12 부지런히 정진하는 힘을 일으킴

勉起精進力第十二

精進者。不為世間八風所退。又不為身心異見一切大小病緣而怠其行。故名精進也。行人旣依勸發。永斷殺業。漸具衆戒。欲入三昧。於三昧中。或被一切強軟二魔內外惑亂。行有退轉者。則當堅強其志。重加精進。如金剛幢不可摧毀。如須彌盧不可搖動。如彼大海衆毒莫壞。

정진이란 것은 세간의 팔풍八風에 물러나지 아니하는 것이며 또한 신심身心의 부조화로 인한 일체의 크고 작은 병연病緣에도 그 행이 게으르지 않는 것이다. 이러한 까닭에 정진이라 이름하였다.

수행인이 이미 권유와 발심을 의지하여 영원히 살업殺業을 단절함이라, 점차 여러 가지 계율을 구비하여 삼매에 들어가고자 하나 저 삼매 가운데 혹 일체의 강하고 유연한 두 가지 마구니와 내외의 미혹과 어지러움을 입어 행함에 물러나 퇴전하는 자도 있으리라. 곧 마땅히 그 의지를 견고하게 하고 강직하게 하여 거듭 정진을 더해야 한다. 금강의 당幢을 가이 꺽어버리고 훼손하지 못함과 같이, 수미로산須彌盧山을 가이 흔들지 못함과 같이 저 큰 바다를 여러 가지 독毒으로 파괴할 수 없음과 같이 해야 한다.

假使行人聞佛記云。汝今雖修此行。彼安養土必不得生。即當答言。善哉世尊。我先受佛記。求生極樂。釋迦佛言。一切衆生皆當發願願生彼國。尚不間於女人根闕十惡五逆阿鼻之輩。何況於我。我今道行雖微。不造五逆。數過十念。必當得生。佛豈自誑肯違本願。

況十方諸佛示廣長舌相證明斯事。是故我今必定求生。不敢退轉也。如是名為行人金剛
延幢勇健之力。佛記尙不能退其初志。何況天魔惡黨。人中水火盜賊強邪境界。及妻妾
情愛而能動我行願哉。

만일 수행자가 부처님이 수기하시어 "너가 이제 비록 이 행을 닦더라도 저곳 안양安養(극락)정토에 반드시 왕생함을 성취하지 못한다"는 말씀을 듣더라도, 곧 마땅히 이렇게 대답해야 한다.

"훌륭하십니다, 세존이시여! 저가 먼저 부처님의 기별記莂을 받고 극락정토 왕생을 추구하였습니다. 석가모니부처님이 「일체 중생은 모두다 응당 저 나라 서방정토 극락세계에 왕생함을 발원해야 한다」말씀하셨습니다. 오히려 저 여인의 근根과 십악十惡과 오역五逆을 지은 아비阿鼻지옥의 무리라도 차별하여 제외하지 않는데, 어찌하여 하물며 저이겠습니까? 저가 이제 도道를 행함이 비록 미천하나 오역五逆을 짓지 않았으며, 염불이 십념十念을 초과했으니, 반드시 왕생극락을 성취할 것입니다. 부처님께서 어찌하여 스스로를 기만하고 본원本願을 위반하심을 긍정하시겠습니까? 하물며 어찌하여 시방의 모든 부처님이 넓고 긴 혀(舌相)를 보이시어 이 일을 증명하셨겠습니까? 이러한 까닭으로 저는 지금 이제 반드시 결정코 왕생을 구하여, 감히 퇴전하지 않을 것입니다."

이와 같이 행함에는 수행인의 「금강연당金剛延幢의 용맹하고 강건한 힘」이라 지칭할 만하다. 부처님의 수기도 오히려 능히 그 처음의 의지를 퇴전 시키지 못하는데, 어찌 하물며 천마天魔와 악당, 물과 불, 도적이나 강경하고 사악한 경계와 처첩妻妾의 정과 사랑이 능히 나의 행원行願을 요동치게 할 수 있겠는가.

或日。我見世人。雖修而不得生者何耶。答。蓋其見異而行不莊故也。問。如是則虛喪其

功耶。答。豈虛其功。彼亦必承彌陀願力。今世不生。二世必生。二世不生。三世必生。若
但一念一動歸向彼佛。必在當來多世定得往生。是名皆得不退轉者。豈有不生者乎。故
知生彼國者得不退轉。修此行者亦得不退轉也。但彼後世生者枉受多劫輪迴之苦。故須
一生取決。豈可自二其志墮在他世往生者乎。

혹 질문하되, "제가 세상 사람을 보니 비록 수행했음에도 왕생을 성취 못 하는 자는 어찌하여 그러할까요?"

대답이다. "대개 그 견해가 상이하고 행이 장대壯大하지 못한 까닭이다."

질문이다. "이와 같은 즉 그 공력功力을 헛되게 상실함인가요?"

대답이다. "어찌 그 공이 헛되겠는가. 저 또한 반드시 아미타부처님의 원력을 계승하여 금세今世에 왕생하지 못하면 다음 세상에 반드시 왕생하며, 다음 세상에 왕생하지 못하면 삼세三世에 반드시 왕생한다. 이에 다만 한 생각 한 가지 거동으로 저 아미타부처님께 귀의하여 향(歸向)한다 해도 반드시 당래의 많은 세상에 있어 결정코 왕생을 성취하게 된다. 이것을 모두다 불퇴전不退轉을 얻었다 지칭하는 것이다. 어찌하여 왕생하지 못하는 자가 있다 하는가. 이러한 까닭으로 알지라. 저 나라 서방정토 극락세계에 왕생하는 자는 불퇴전不退轉을 성취하며, 이것을 수행하는 행자行者도 또한 불퇴전을 얻는 것이다.

다만 저 후세에 가서야 왕생을 성취하는 사람은 다겁동안 윤회의 괴로움을 잘못 받고 있을 뿐이니, 그러므로 모름지기 일생에 결정코 결판을 내야 한다. 무엇 때문에 스스로 그 뜻을 둘로 하여 다른 세상에 떨어져 있다가 왕생해서야 되겠는가."

其中若有宿業所使願行有虧。常當一心誦此拔一切輕重業障得生淨土陀羅尼。若持一
遍。即滅身中所有一切五逆十惡等罪。若持一十萬遍。即得不廢忘菩提心。若持二十萬

遍。即感菩提芽生。若持三十萬遍。阿彌陀佛常住其頂。決生淨土。此呪世所誦者。雖此

藏本。其音聲句讀多訛謬。今所傳者乃是近代三藏法師沙羅巴所譯。比他本。最為詳要。

修是行者。故宜誦之為正行之直指。今附錄於此。

그 가운데 있으면서 숙세宿世의 업에 지배되어 원행願行이 이지러지거든
항상 일심으로 이 「일체의 가볍고 무거운 업장業障을 모두 빼어내고 서
방정토 극락세계에 왕생함을 성취하는 진언眞言(다라니) 발일체업장근본왕
생정토진언拔一切業障根本往生淨土眞言」을 지송하라.

**나무 아미다바야 다타가다야 다지야타 아미리 도바비 아미리다 싣담바비 아
미리다 비가란제 아미리다 비가란다 가미니 가가나 기다가례 사바하**

한번 지송하면 몸 안의 일체 오역五逆 십악十惡 등의 죄업을 즉시에 소멸
한다. 십만 번을 지송하면 보리菩提의 마음이 폐망廢亡하지 아니하게 되
고, 이십만 번을 지송하면 보리의 싹이 트는 것을 감득하게 되며, 삼십
만 번을 지송하면 아미타부처님이 그 정수리에 항상 머물러 계시면서 서
방정토 극락세계에 결정코 왕생을 성취하게 하신다.
세상 사람들이 지송하는 주문呪文이 이 티베트본(藏本)이기는 하나 발음
과 구두句讀점이 잘못된 것이 많다. 지금 전하는 것은 근대의 삼장법사三
藏法師인 사라파沙羅巴가 번역한 것으로 다른 판본과 비교하여 가장 상세
하니, 직지直指를 삼아야 하리라. 지금 여기에 붙여 기록한다.

呪曰。
奈麻辣怛納．特囉耶也．奈麻阿哩也．阿彌打跋也．怛達哿怛也．阿囉喝帝．三
迷三不達也．怛的也撻．唵．阿彌哩帝．阿彌哩打．嗢巴偉．阿彌哩打．三巴偉

阿彌哩打 · 葛哩比 · 阿彌哩打 · 薛帝 · 阿彌哩打 · 帝際 · 阿彌哩打 · 韋羯蘭帝

阿彌哩打 · 韋羯蘭帝 · 哿彌爾 · 阿彌哩打 · 哿哿奈 · 羯哩帝葛哩 · 阿彌哩打 · 頓

度比 · 蘇哇哩 · 薩哩哇 · 阿勒撻 · 薩怛爾 · 薩哩哇 · 哿哩麻 · 吉哩舍 · 吉哩也

葛哩 · 莎喝(與奈同音)

亦名無量壽如來根本眞言。誦此得大精進。速生淨土。

주문呪文은 이러하다.

나마라다나 트라얏 나마아리아 아미타바야 다타가타야 아라하제 삼미삼부다야 다저야다 옴 아미리제 아미리타 온파위 아미리타 삼파위 아미리타 갈리비 아미리타 설제 아미리타 제제 아미리타 위갈난제 아미리타 위갈난제 가미이 아미리타 가가나 갈리제갈리 아미리타 돈도비소와리 살리와 아륵다 살다이 살리와 가리마 길리사 길리야 갈리 사나

이를 또한 무량수여래근본진언無量壽如來根本眞言이라 이름하기도 하니, 이를 지송持誦하고 대정진大精進을 얻고 신속히 정토에 왕생하도록 하라.

南無蓮池海會衆菩薩

即凡心成佛心

범부의 마음 그대로

부처님 마음을 이룬다

당신이 염할 때 세간사에 모두 다 미련을 갖지 않고, 바깥의 온갖 인연(萬緣)을 놓아버려야 합니다. 마음에 오로지 한마디 아미타불을 염하면 바로 일념으로 아미타불 명호를 드는 것(一念單提)입니다. 사事의 집지로 이렇게 일체를 놓아버릴 수 있으면 머무는 바가 없습니다. 금강경의 종요는 "마땅히 머무는 바 없이 그 마음을 내어라(應無所住而生其心)"입니다. 이 머무는 바 없는 마음은 본래 등지보살登地菩薩이라야 이룰 수 있는 사事이지만, 범부가 착실히 염불하면 자기도 모르는 사이에 은연중 도의 미묘함에 합치하여 온갖 인연에 머무르지 않고 쉬지 않고 마음을 내니, 지상地上보살과 같습니다. 사事의 집지로부터 이理의 집지에 이르기에 이러한 사의 집지를 행하는 범부의 마음은 당하에 부처님의 마음을 성취합니다. 곧 범부의 마음 그대로 부처님의 마음을 이루고, 마음 그대로 부처를 이루며(即心成佛), 바로 깨칩니다(直接了當). 염불공덕은 불가사의합니다.
– 《정토삼부경과 염불감응록》

제13 정행正行

正行 第十三

如上所述依正二境乃至精進。雖皆圓妙。悉是求生之方。未為正行。此下所陳乃是正行之旨。何謂正行。行者既發此志。必使身心清淨入於道場。先當觀察。我及盡虛空界微塵剎海一切眾生。常在生死大海。歷劫不休。飄零沈溺。於六道中。無歸無救。若不令其普得解脫。何名正行。於是等觀冤親之境。卽此境上起大悲心。如虛空量廣大普覆。又作是念。我今此身如彼瘡疣冤業苦聚。

위에서 기술한 바와 같이 의보와 정보의 두 가지 경계와 정진이 비록 모두다 원만하고 오묘하기는 하나 이는 왕생을 구하는 방편일 뿐, 아직 정행正行을 성취한 것은 아니다.

이 아래에서는 정행正行의 의미를 진술하겠다.

무엇을 정행正行이라 말하는가. 수행자가 이 뜻을 발했다면 반드시 몸과 마음을 청정하게 하여 도량(혜능대사는 직심直心이 도량이라 했다)으로 들어가야 한다. 우선 나와 모든 허공계虛空界 미진찰해微塵剎海의 일체 중생이 항상 생사의 대해大海에 떠있다는 것을 관찰해야 한다. 역겁歷劫토록 휴식하지 못하고 우수수 떨어지며, 육도六道 가운데 귀의할 곳도 없고 구제해 주는 사람도 없다. 그들을 두루 해탈케하지 못한다면 어떻게 정행正行이라 이름하겠는가.

이때 멀고 친한 경계를 평등하게 관찰하고 이 경계 위에 나아가서 허공이 광대하여 두루 덮는 것처럼 대비심을 일으켜야 하며, 또 이렇게 사념해야 한다. 나의 지금의 이 몸은 저 종기나 암덩이처럼 원한으로 이루어진 업이며 괴로움의 무더기이다.

若不以此布施眾生。等修三昧令彼解脫。則違佛教誡。違我本願。眾生受苦甚可畏愍。我今發心。如師子王出窟。不求伴侶。不求護助。嚬呻哮吼。摧伏一切。定不為彼弊魔惡黨之所退轉。如是大心既立。然後審彼古賢念佛正行。當擇自然寂靜之方。及非先曾穢染之地。所費先當盡己所有。乃可匃人。如法建立道場。下以香泥。上懸寶蓋。中奉三身及九品像。極令嚴淨。布諸幡華。供事畢備。皆令瑩淨微妙。次則著新淨衣。燒香然燈。安設坐具。無始所有一切善根。普為眾生回向淨土。

이로써 중생에게 보시하고 삼매를 평등하게 수행하여 저들을 해탈케 하지 않는다면 부처님의 가르침을 위배하는 것이며 나의 본원本願에도 위배됨이라. 중생이 받는 고통과 괴로움이 매우 두렵고 불쌍하다. 내가 지금 발심하여 마치 사자왕師子王이 굴에서 나와 반려의 보호나 도움을 구하지 않고 힘차게 포효하며 일체를 굴복시키듯 결정코 마구니 악당들에게 가리워 퇴전하지 않으리라. 이같은 큰마음이 확고히 서고 난 후에 저 옛날 훌륭한 분들이 염불정행念佛正行했던 것을 살펴야 한다. 마땅히 자연상태로 적당한 방소方所와 선세에 일찍이 더러움으로 오염되지 않았던 위치를 결정해서 선택해야 하며, 소요되는 경비는 먼저 자기의 소유를 다하고 나서 다른 사람의 보시를 구할 것이다.

법과 같이 도량을 건립하고 아래로는 향기로운 진흙을 깔고 위에는 보배일산日傘을 매달고 중간에는 삼신불三身佛과 구품상九品像을 봉안하여 극히 엄정하게 하며, 모든 번화幡華를 펴고 공사를 모두 준비하며, 모두가 형정瑩淨하고 미묘하게 해야 한다. 다음으로 새로 만든 청정한 의복을 입고 향을 사루며 등불을 밝히고 좌구坐具를 설치하고 시작 없이 소유한 일체의 선근을 널리 중생을 위하여 정토로 회향해야 한다.

莊嚴行願。若不如是回向。生因奚得。於是三心圓發。五體投誠。觀佛相好。胡跪合掌。乃
至運心普緣無邊剎海一切眾生及我此身。自昔至今流浪不返。深為可痛。涕淚悲泣求佛
垂慈。不覺此身如大山崩。歸命三寶。手擎香華。想遍法界。請佛歎德。敬禮投誠。剖腹洗
腸發露過罪。修行五悔。旋繞歸依。於是端坐面西。觀佛相好。誦經念佛。出入經行。晝夜
六時克期練行。如或障深未感。至死為期。於中不得剎那念世五欲。如是一心。若不往
生。則我佛是大妄語者。故此三昧其神若是。此三昧者諸佛所讚。諸聖同遵。

장엄한 행원行願을 이와 같이 회향하지 않는다면 왕생할 인을 어떻게 얻겠는가. 이때 삼심三心(지성심至誠心·심심深心·회향발원심迴向發願心)을 원만하게 발하고 오체五體를 성실하게 하여 몸을 던져 부처님의 상호를 관찰하고 호궤胡跪하여 합장할 것이며, 내지 마음을 운행하여 가없는 찰해刹海의 일체 중생과 나의 몸을 널리 반연해야 한다. 예로부터 지금까지 유랑하며 되돌아오지 못하는 것을 깊이 애통해 하며 슬피 울고 부처님의 자비를 구하면 느끼지 못하는 사이에 이 몸이 큰 산이 붕괴하는 듯 하리라.

삼보에 귀명歸命하며 손으로 향화香華를 들고 부처님을 청하여 덕을 찬탄해야 한다. 공경히 예배하고 정성을 들이며 속마음을 씻어내고 죄과를 드러내어 다섯 번의 참회를 닦으며 부처님을 빙 돌며 정성껏 귀의해야 한다. 이때 단정히 앉아 서쪽을 향하여 부처님의 상호를 관하고 독경하고 염불해야 한다. 출입에 경행經行하며 낮과 밤 12시간으로 기한을 극복하도록 연마하며, 만약 업장이 깊어 감응이 생각대로 되지 못하면 죽음에 이르도록 기한을 삼아야 한다.

이 가운데서는 찰나간이라도 세간의 오욕락五欲樂을 사념해서는 안 된다. 이같은 한결같은 마음으로도 왕생을 성취하지 못한다면 우리 부처님께서 크게 허망한 말씀을 하신 분이다. 이러한 까닭으로 이 삼매는 신령함이 이와 같다. 이 염불삼매는 모든 부처님이 찬탄하셨으며, 모든 성현들이 한결같이 한가지로 동일하게 준수하신 삼매인 것이다.

始則唱於廬山。終則流於天下。歷代傳弘皆以此為歸趣。但三昧儀軌雖多。惟慈雲所撰 詳略得中。宜熟味之。此是第一上行境界甚深。學者於中當竭其力。慎不可捨此而趨彼 也。若或根機不等勝行難全。亦必處於淨室。使內外肅清。隨意立行。禮佛懺悔。日定幾 陳。精進一心誓不中悔。或專誦經。或專持呪。或但執持名號直求往生。或能深達法義觀 佛依正。若至得見好相。即知罪滅緣深亦生彼國。

처음에는 혜원대사慧遠大師가 여산廬山에서 창도唱導하셨고, 마침내 천하에 널리 전해져 역대에 전해져 이어진 것이 모두 이것을 종지로 하였다. 염불삼매의 의식문(儀軌)이 다양하기는 하나 자운慈雲스님의 찬술撰述이 상세하거나 간략함의 중도를 성취하였음으로 자세히 음미해 보아야 한다. 이는 제일로 고상한 수행이며 경계도 매우 심오하다. 배우는 자는 그 가운데에서 힘을 다해야 하고 삼가 이것을 버리고 저쪽으로 나아가서는 안 된다. 혹 근기가 평등하지 못하여 수승한 행을 완전히 행하기가 어렵다면 반드시 청정한 방사房舍에 거처하며 내외가 엄숙 청결하게 해야 한다.

뜻을 따라 수행하고 예불 · 참회하며 매일 몇 번씩 할 것인가를 결정해 놓고 일심으로 정진하며 맹서코 중도에 후회하지 않도록 할 것이다. 혹은 오로지 경을 지송하며, 혹은 주문呪文만을 오로지 지송하며, 혹은 명호만을 집지執持하여 왕생을 구해야 한다. 법의 의미를 깊이 통달하면 부처님의 의보와 정보를 보게 되는데, 이에 상호를 뵈옵는 경지에 도달하면 죄업이 소멸하고 인연이 깊어져서 저 서방정토 극락세계에 왕생하게 됨을 곧 깨달아 알 수 있을 것이다.

如經有云。不可以少善根福德因緣得生彼國。若有聞說阿彌陀佛。執持名號。一日二日乃至七日。一心不亂。其人命終。佛與衆聖現前接引即得往生。故知執持名號即是多善根多福德因緣也。又有未能盡斷世緣。亦修世善。於極樂國諦信不疑。念念戀慕不忘。於前行門隨意修習。四威儀內以此為歸。觸境則達彼淵源。臨事則力行方便。臨命終時必生彼也。然此諸行詳略雖有不同。而其法力本等。但存心或有緩速。故佛應亦有遲疾。學者不可不知。

경전(아미타경阿彌陀經)에서 말한 "작은 선근과 복덕의 인연으로는 저 서방정토 극락세계에 왕생하지 못하나니, 아미타부처님의 말씀을 듣고 명호(아미타불)를 집지執持(칭명)하기를 하루 이틀 내지는 칠일까지 일심으로 혼란하지 않는다면 그 사람의 수명이 끝나 마치려 하면 부처님과 여러 성현들이 나타나 접인接引하여 왕생을 성취하게 되는 것이다"라고 함과 같다.

그러므로 **아미타부처님의 명호를 집지執持하는 것이 많은 선근과 복덕인연福德因緣이라는 것을 알라.** 또 세간의 인연을 다 끊어 절단하지 못하였거든 세간의 선행이라도 닦아 극락국을 진실하게 믿고 의혹심을 내지 않도록 해야 한다. 생각 생각에 연모戀慕하고 망실하지 않도록 해야 하며, 앞의 행문行門에서 뜻을 따라 수습하고 '걷고 정지하고 앉고 눕는 4가지 동작'(사위의四威儀) 내에서 늘 귀의해야 하는 것이다. 경계에 부딪치면 저 생사의 연원에 통달할 것이며, 일에 임하여 방편을 힘써 실천하면 임종할 때에 도달하여 반드시 저 서방정토 극락세계에 왕생하리라. 그러나 모든 수행의 상세함과 간략함이 동일하지 않다 해도, 그 법력法力은 본래 평등하다. 다만 간직한 마음이 혹 느리고 신속하기 때문에 부처님의 감응 또한 더디고 신속함이 있으니, 학자는 불가불 알아야 한다.

又有慈雲十念法門。每於晨朝。盥漱已畢。靜處面西。宜亦修行。此實往生極樂之初因。
願必不可失也。如上行相。義具委明。可謂義無餘蘊矣。或曰。某於念佛之際。雖運身口。
而心念紛飛不能自制。且如何用心得不散亂。答。能運身口之念。毋論其散。但不間不
斷。自能一心。亦可即名一心。惟行之不休爲度。固不必憂散亂矣。譬如父母喪愛子龍失
命珠。不期心一而心自一。豈制之令一也。此心本不可制。實在行人勤怠耳。

또 자운慈雲스님의 「십념법문十念法門」이 있는데, "이른 새벽마다 세수·
양치질을 하고 나서 고요히 서쪽을 향하여 염불하라. 이는 실로 극락에
왕생하는 처음의 인이라, 반드시 잃어버리지를 않기를 바라노라"고 하였
다. 이와 같이 수행의 모습과 의미가 실체적으로 밝혀져 숨겨 놓은 것이
없다고 할 만하다.

어떤 사람이 말하기를, "저는 염불할 때 몸과 입을 운행하나 심념心念이
어지럽게 흩어져 자제하질 못합니다. 어떻게 마음을 써야 산란하지 않을
까요?" 하였다.

대답하겠다. "몸과 입의 사념을 운행한다면 그 산란은 의론하지 말라.
다만 사이가 뜨거나 단절되지 않게만 하면 자연히 일심一心이 되리라.
또한 일심一心이 되었다 이름해도 가능할 정도가 되거든, 오직 수행을
쉬지 않아야만 제도가 된다. 실로 산란을 반드시 근심할 것은 아니다.
비유하면 부모가 사랑하는 자식을 잃고 용龍이 생명의 여의주如意珠를 잃
은 것과도 같이 간절하게 한다면, 마음이 한결같기를 기약하지 않아도
마음이 스스로 전일專一해진다. 왜 제압하여 억지로 한결같게 하겠는가.
이 마음은 본래 제어하지 못하나니, 실로 수행인의 부지런함과 게으름에
달려 있을 뿐이다."

제14 객客으로 만행萬行하여 다니는 도정道程에서
닦아야 할 삼매를 별도로 규명함

別明客途所修三昧第十四

道場旣備。供事已陳。一一無不如儀。豈可隨時空過。則當依敎運之以觀慧。解之以妙境。承此勝心立無作行。則生死海必枯。淨土必生矣。時有客在坐。雍容自如端莊雅重。內蘊不怯之貌。

도량을 이미 갖추어 구비하고 진열하기를 마쳐 낱낱이 의식답지 않은 것이 없다면 어찌하여 시절을 부질없이 지내겠는가. 당연히 가르침을 의지하여 '관조觀照의 지혜'(觀慧)로써 운행하고 오묘한 경계로써 이해하여 이 뛰어난 마음을 계승하고 조작이 없는 행을 수립하여 나가면 생사의 바다가 반드시 마르고 정토에 반드시 왕생하리라. 때에 어떤 객客이 앉아 있었는데 화기和氣로운 용모는 자재하고 단아하며 장중하여 안으로는 두려워하지 않는 모습이 온축蘊蓄한 듯 하였다.

忽作禮而問曰。今觀師誨。則知運心廣大深淺咸該。然皆建立道場。使供事畢備。乃安心處靜。方可起修之說也。若余生於晚輩。機鈍寡聞。自昔至今。玲嶸湖海。周旋境邑。或去或來。雖欲處靜進功。量力未得。若能卽於旅次不假道場。亦可六時行道。三業無虧。誦呪持經。稱名禮懺。一一如儀期生安養。一同道場功行。庶我輩可以奉行。伏願弘慈啟迪未聞之旨。曲垂始終方便。

홀연히 일어나서 예배하더니 질문하였다

"지금의 스님 모습을 관찰하니 마음을 운전運轉함이 광대하며 깊고 옅음을 모두 해탈했음을 곧 알겠습니다. 그러나 모두가 도량을 건립하고 공사를 구비하여 편안한 마음으로 적멸寂滅에 처해야만 바야흐로 수행을 일으킨다 말씀하셨습니다. 저 같은 경우 후배로 태어나서 근기가 우둔하고 견문見聞이 천박합니다. 예로부터 지금까지 강호江湖와 바닷가를 비틀거리고 유랑하면서 국경이나 성읍城邑을 두루 유력遊歷하였습니다. 혹은 떠나고 혹은 오면서 고요함에 처하여 공부에 진력하고자 했으나 노력하고 힘써도 성취하지 못한다는 것을 인지하였습니다. 가령 여행하는 도중에 도량을 빌리지 아니하고 여섯 때(六時)로 도道를 행하며 삼업三業이 이지러져 괴리함이 없게 할 수 있겠습니까? 주문呪文과 경전을 지송하고 명호를 칭송하고 예참禮懺을 낱낱이 의식답게 행하여 안양安養국 서방정토 극락세계에 왕생을 기약하는 것이 도량의 공덕행과 동일하다면 저희들은 받들어 시행하겠습니다. 크신 자비로 아직 듣지 못한 것을 깨우쳐 주시어, 시작하고 마침의 방편을 자세하게 드리워 주십시오."

答。大哉問也。世人欲修三昧。謂必所需百事具足然後發行。今子之志可謂拔乎其類矣。非此問。不發吾之所蘊。使悉被餘機也。蓋聖人垂敎。如一味雨。三草二木各得敷榮。況念佛三昧普攝群機。子若求決生淨土。當知四威儀中皆為道用。豈特妨於客途哉。子若欲就斯立行者。最初當先立不欺心。藏德露[土*此]。慎毋矜耀。始從脚根下。便要內外穩當。次則必放下諸緣。休息萬事。預宜熟讀淨土經呪五悔懺法。極令通利。又應修習所行威儀。必使端莊雅重。乃如前說。起真正信心。運大悲智。普為眾生。如理觀察二土淨穢苦樂兩報。實可厭忻。於此發行。既在客途。居處不一。如雲如水。故不必莊嚴道場。但一清淨身心。服隨分淨勝之服。於六齋日。或客何處。即具蕞爾香華之供。供養三寶。表有所施。正當於三寶前。拜跪稽顙。立廣大願。誓不退轉。在處生世以此為歸。更不生中悔心。雖無道場莊嚴。即於是日為始。至形壽盡每日六時修行此法。香燈有無毋固必矣。

대답하노니, "위대하다 질문이여. 세상 사람들이 염불삼매를 닦고자 한다면 반드시 필요한 백 가지 일을 구족한 연후에 수행을 시작해야 한다 말한다. 지금 그대의 뜻은 그 사람들의 견해에서 벗어났다 말할 만하다. 이 질문이 아니었다면 내가 쌓아둔 것을 밝혀서 나머지 근기를 두루 모두 덮게 하지는 못하였으리라.

대체로 성인이 드리우신 가르침은 한맛(一味)의 비에 3종의 약초와 2종의 수목이 각각 영화롭게 피어나는 것과도 같다. 하물며 염불삼매는 여러 근기(群機)를 널리 섭취하여 포섭하였다. 그대가 결정코 정토왕생을 추구한다면 행주좌와가 모두 도道의 오묘한 작용이라는 것을 알아야 한다. 어찌하여 특별하게 객客으로 다니는 길이 방해롭겠는가. 그대가 여기에 나아가 수행을 수립하고자 하는 사람이라면 최초에 속이지 않는 깨끗한 마음을 먼저 세워야 한다.

덕을 간직하면 아름다움이 밖으로 노출되는데, 광채를 뽐내어 자랑하지 말 것이다. 처음 시작으로부터 문득 내외가 안온하고 마땅하게 행하며, 다음으로는 모든 외연外緣을 놓아버리고 만 가지 일을 방하착放下着(내려놓음)해야 한다.

미리 정토의 경전, 주문呪文, 오회참법五悔懺法을 익숙하게 독송하고 극히 날카롭게 달통해야 한다. 또한 실천할 위의威儀를 닦아서 반드시 단아하고 장중하기를 앞에서 말한 것과 같이하며, 진정한 신심信心을 일으키며 대비大悲의 지혜를 운행하여 두루 중생을 이익되게 하고, 예토穢土와 정토의 청정함과 더러움, 괴로움과 즐거움의 두 가지 과보를 이치와 같이 관찰하고 성찰하여 진실하게 싫어하고 기뻐해야 한다. 여기에서 수행을 시작하면 이미 객客으로 다니는 길에 거처가 한결같지 않다 해도 구름과 같고 물과 같이 자유자재하리라. 그러므로 장엄한 도량이 반드시 필요한 것이 아니다.

다만, 한결같이 청정한 몸과 마음으로 분수를 따라 깨끗하고 훌륭한 의복을 입고 6재일齋日에, 혹 어느 처소에 객客으로 있든지 조그만한 향화香花의 공양이라도 갖추어서 삼보에 공양하고 보시하는 것이 있다는 것을 표시表示하도록 하라.

삼보의 앞에서 크게 무릎을 꿇고 이마를 조아리며 광대한 원력을 세우고 불퇴전不退轉을 맹서할 것이며, 현재의 처소나 다시 태어나는 세상에서도 이것으로 귀의하고 다시는 중도에서 후회하는 마음을 내지 않아야 한다. 비록 도량의 장엄함은 없다 할지라도 이날로써 시초를 삼고 형체와 수명이 다하도록 매일같이 여섯 때(六時)에 이 법으로 수행하며 향·등불의 유무는 굳이 필요로 하지 말라."

> 問。三昧既須一心。人事則有萬緒。且如何修行佛事世事不相妨礙。答。譬如捕鳥入籠。身雖在籠。心憶園林。兩不妨礙。籠但繫身。不能繫彼求出之心。事但拘身。有能拘我願往之志。所謂三界如籠。此身如鳥。求出即願往。園林乃淨土也。故知妄緣萬緒不礙真心。何況客中他事少惱。自不涉他。身心坦如正好進修。

질문하기를, "삼매는 꼭 일심으로 해야 합니다만 인사人事는 만 가지 단서가 있습니다. 어떻게 수행해야만 불사佛事와 세사世事가 서로 방해하지 아니 할까요?"

대답하기를, "비유하자면, 새를 포획하여 새장에 넣는 것과 같다. 몸은 새장에 있으나 마음은 숲이 우거진 동산東山을 그리워해도 둘 다 방해하지 않는다. 새장은 그 몸만 묶을 뿐 저가 벗어나고자 하는 마음은 매달아 두지 못한다. 일(事)은 몸을 구속할 뿐 내가 왕생을 원願하는 굳은 뜻마저 구속할 수 없는 것이다. 소위 삼계 界는 새장과 같고 이 몸뚱이는 새와 같다. 벗어나기를 추구함에 원왕願王이 되며 원림園林은 정토가 되는 것이다.

이러한 까닭으로, 허망함으로 반연하는 만 가지 단서가 진실한 마음을 방해하지 못함을 깨달아야 한다. 어찌 하물며 만행 중에서 겪는 다른 일로 인한 약간의 번뇌로움이겠는가. 자신이 저것을 간섭하지 않는다면 몸과 마음이 평탄하여 수행하기에 좋으리라."

問。法門次第願更委曲。使進修之人臨事不惑。答。日三夜三時分不差。是其次第。今在客中。或日初時至。若有像處。或自有像隨身。則當口誦身禮。或默誦身禮。對像而修。如無佛像。或對經卷。或但面西遙禮。或但除東向隨方修禮。當具如道場儀式。若有時在道登舟。及不得已一切治身動用之事不可撥置。則佛事世事同運也。又當念此世務本爲養身。我身行道功亦不棄。即與三昧同體也。

질문하기를, "법문의 순서를 다시 자세하게 하여 정진·수행하는 사람이 일에 임하여 의혹함이 없도록 해주시기를 원합니다."

대답하기를, "낮으로 세 때(三時)에, 밤으로 세 때에 시간을 어기지 않도록 하라. 이것이 순서(次第)이다. 이제 만행 중에 있으면서 그날의 첫 때(初時)에 도달하여 가령 불상이 계시는 처소거나 혹은 스스로 불상을 몸에 모시고 다닌다면 의당 입으로 염송하고 몸으로 예배해야 한다. 혹은 마음속으로 묵묵히 염송하고 몸으로는 예배하며 불상을 마주하고 수행해도 된다. 가령 불상은 없고 혹은 경전만 대하며 서쪽을 향하여 멀리 예배하거나 혹은 동쪽만 제외하고 방향을 따라 예배하여 닦을 경우라도 당연히 도량의 의식처럼 구비하게 해야 한다.

이에 길을 가는 도중이거나 배를 탔거나 부득이 일체 몸 동작의 일을 다스리며 제쳐두지 못할 경우에 해당하면 불사佛事와 세사世事를 함께 운행해도 무방하리라. 또 이렇게 생각하라. '이 세상의 일은 본래 몸을 봉양하는 것이며, 나의 몸이 도道를 실천한 공덕 또한 버려지지 않는 것이다.' 이렇게 한다면 곧 삼매와 더불어 동체가 되리라."

問。我聞心無二用。得一失一。如何二事同運。答。子豈不聞籠鳥之喻。已自委明。又如一心不妨眼見耳聞身作心憶。應用無盡。何止二事。用既無盡。則當就彼一切動用之中。一心持誦小阿彌陀經一卷。或上品。或楞嚴勢至章。及誦淨土呪。或三或七至百多遍。又稱佛號。或三百五百至千及不計數。爲入懺佛事。回向已方入懺。其禮懺儀式具出慈雲懺儀。從一切恭敬。次禮三寶。運香歎佛。

질문하기를, "저의 마음은 두 가지 작용이 없다고 들었습니다. 그 때문에 하나를 얻으면 하나를 잃습니다. 어떻게 두 가지 일을 동시에 운행할까요?"

대답하기를, "그대는 어찌하여 새장 속의 새에 대한 비유를 듣지 못하였든가? 이미 자세히 밝혀졌으리라. 또 한마음인데도 눈으로는 보고, 귀로는 듣고, 몸으로는 동작하고, 마음으로는 기억하는 것이 서로 방해롭지 않아 응용이 다함이 없다. 어찌 두 가지 일에만 그치겠는가. 응용이 다함이 없음으로 일체 움직이는 데 나아가서 일심으로 소아미타경小阿彌陀經 한 권이나 상품上品, 혹은 『능엄경楞嚴經』의 「대세지보살염불원통장念佛圓通章」을 지송하며, 정토주淨土呪를 염송하되 세 번 혹은 일곱 번 백여 번에 이르도록 하라.

또 아미타부처님 명호를 칭양稱揚하기를 혹은 삼백 번, 오백 번, 천 번 내지는 숫자를 헤아리지 못할 정도로 하면서 참회에 들어가서 불사佛事를 행하라. 부처님의 명호를 칭념稱念하기를 회향하고 나서 참회에 들어가는데, 이에 그 예참禮懺의 의식은 자운慈雲스님의 참의懺儀에 모두 나와 있다. 일체를 공경하는 마음으로 차례로 삼보에 예배하고 향을 사르며 부처님을 찬탄하는 것이다."

至於旋繞歸依。皆當隨其文義節段。一一想我此身恭對淨土佛前。或以道場形像佛前跪拜瞻繞。一一明了不使昏亂禮畢。觀佛及白毫相等。量時而止。於是如前念誦經呪佛號回向畢。方為初日分佛事。以此想禮與道場行法一同。但加身禮為異耳。又其所誦之音雖隨人境好惡而輕重之。當令聲默相半。沈大雅重。俾兩肩之人隱聞。切不可與人多語。又當於未作務前。或先於佛前燒香一炷。或更不能。但隨手拈物為香。就先散之。至時但運想耳。

예불 및 참회 중에 불상을 돌며 귀의하는데 이르기까지 모두 그 의식문의 뜻이 단락을 따라 하나 하나 나의 이 몸이 실제로 극락정토의 부처님 앞을 공경히 마주하고 있다고 상상하라.

혹은 도량의 형상불 앞에서 무릎을 꿇고 절하며 우러러 예배하고 도는 것을 낱낱이 명료하게 하여 혼란하지 않도록 할 것이다. 예배가 끝나면 부처님의 백호상白毫相 등을 관하며 시간을 헤아렸다가 중지한다. 이때에 앞에서처럼 경과 주문, 부처님명호(아미타불)를 염송하며 회향을 마쳐야 첫날의 불사佛事가 되는 것이다.

이 관상觀想으로 예배하는 것이 도량의 수행법과 동일하나 다만 몸소 예배를 더 하는 것이 상이할 뿐이다. 또 그 염송하는 음성도 사람 사는 경계의 좋아하고 싫어함을 따라서 조성해야 하나니, 음성과 침묵이 서로 나뉘어야 할 경우는 가라앉음이 크고 넓으며, 우아함이 묵직하여 두 어깨너머 사람들이 은은히 들을 수 있도록 해야 하며, 절대로 다른 사람과 많은 말을 하지 않도록 하라.

또 불사를 시작하기 전, 먼저 부처님 앞에 향을 사루어야 하지만, 혹 향이 없을 경우에는 손에 잡히는 물건을 향으로 여기며 우선 흩뜨리고 시간이 이르기까지 상상으로 운행해도 된다.

於餘時。惟宜獨坐獨行。遠離喧雜及聚眾間談。戲謔侮弄哂笑歌歎吟詠筆硯。使人忘失正念等事。是為日初分佛事。其日中分後分與夜三分亦然。是為六時行法。念彼夜中人定境寂。用功正宜與日不同。行者既為生死事大。豈可隨於懈怠而恣睡眠。縱歷寒暑之極。慎勿脫衣。法服數珠宜置近處。手巾淨水不離坐隅。或有所需。皆應預備。又應觀彼信根厚薄不惱他人不使人厭。於此無礙。則當微出其聲。如琴如瑟。細而沈重。大而不雌。使天神歡喜降護鬼畜聞聲解脫。則其功彌深。

나머지 시간에는 홀로 앉고 홀로 경행經行할 것이며, 사람들 사이의 시끄러움과 담론·희롱·비웃음·찬탄·노래·글씨를 쓰는 등 정념正念을 잃게 하는 온갖 일을 멀리 하도록 한다. 이것이 하루 첫 부분(初分)의 불사佛事이다. 그날의 중분中分·후분後分과 밤의 삼분三分도 또한 그렇게 하는데, 이것이 육시六時의 행법行法이다.

야반夜半에 사람들이 쉬고 경계가 고요하면 공부가 낮과 같지 않다는 것을 생각해야 한다. 수행자가 생사의 큰일을 위한다면 어떻게 게으름을 따라 제 마음대로 수면을 취하겠는가. 비록 극한 추위와 더위를 체험한다 할지라도 삼가 옷을 벗지 말라.

법복法服과 헤아리는 염주는 가까운 처소에 두며 수건과 정수淨水는 앉아 있는 자리를 떠나지 않도록 할 것이며, 필요한 물건이 있으면 모두 미리 준비하도록 한다. 또한 신근信根의 두텁고 박함을 관찰하여 다른 사람을 어지럽게 하지 말고 사람들이 싫어하게 해서도 안 된다.

여기에 걸림이 없다면 그 음성은 금슬琴瑟처럼 화기和氣로워짐이니, 미세하면서 깊고 무거우며, 크면서 유순하여 천신이 기쁜 마음으로 내려와서 보호하고, 귀신과 축생들이 이같은 음성만을 듣고도 해탈을 얻음이니, 이에 그 공부가 더욱 깊어짐이라.

或在船中及在他家卑隈之處。皆當察境察人一心精進。方便宛轉以竭其行。切不可於中起人之過彰人之惡。又不可盡人之歡傾人之美。縱遇時間處便。或有他事異人為礙者。亦當擇於僻處端坐面西。合掌至膺聲默隨宜。如前想禮。與作務不異。又若於作務之時。事訖身閒。不拘其懺多少乃至一句一拜未圓。即當連音隨誦。至彼佛前身禮圓滿。若於佛前端禮之時。忽有他事急為。亦不拘懺多少。乃至一句一拜未圓。即當隨所作處想禮圓滿。切不可入懺未多而重起懺。又此客中想禮蓋出乎不得已者。不可暇時亦以想禮而怠其身。

혹은 선박이나 다른 집의 비천卑賤한 처소에 있거든 경계를 두루 살피고 사람을 살피며 일심으로 정진해야 한다. 방편을 완곡하게 굴리며 그 수행을 극진히 하고 절대로 그 가운데서 타인의 허물을 일으키거나 타인의 죄악을 드러내지 않도록 할 것이다. 또 사람의 기쁨을 극진히 하거나 사람들의 찬미讚美가 집중되도록 해서도 안 된다. 시간과 처소를 편리하게 만났다 해도 혹 다른 일이나 특이한 사람이 방해하거든 궁벽한 처소를 택하여 단정히 서쪽을 향해 앉도록 하라.

합장에서부터 소리와 침묵을 마음에 새기는 것까지 마땅함을 따라 앞에서 상상으로 예배하는 것처럼 하며, 일할 때와 다르지 않게 할 것이다. 가령 일을 하다가 일이 끝나고 몸이 한가하거든 그 참회의 다소에 구애됨이 없이, 내지는 한 구절 한 번의 예배라도 원만하게 하지 못한 것이 있었다면 곧 연음連音으로 염송하며, 저 아미타부처님 앞에서 몸소 예배를 원만히 하라. 또 부처님 앞에서 단정히 예배할 때 갑자기 다른 황급한 일이 생겨남에 참회의 다소에 구애됨이 없이, 내지는 한 글귀 한 번의 예배라도 원만하게 할 것이며, 절대 참회법에 들어간 지 얼마 되지 않았기 때문에 다시 참회법을 해서는 안 된다.

만행 중에 관상觀想으로 하는 예배는 부득이 하는 경우이지만 한가한 시간에 관상으로 하는 예배라고 하여, 그 몸을 게을리 해서는 안 된다.

> 又不可以此想禮加於作務之時。而於間時反虛擲也。於淺信人不可遽然勸修。於深信人
> 又不可不密啓之使其自肯。又不可使化功歸己。如春育物。不見其功。彼依道場所修者。
> 名順中易行。從客中而修者。名逆中易行。若以逆中易行。比之於順中易行。不啻若天地
> 之懸遠矣。逆中易行其功蓋著。

또 이 관상觀想의 예배를 일하는 시간에 덧붙여하고 한가하게 남은 시간을 헛되게 버려서도 안 된다. 믿음이 얕은 사람에게 갑자기 수행을 권해서도 안 되며 깊이 믿는 사람이라 해도 가만히 인도하여 그가 스스로 뽐내게 하지 않도록 할 것이다.

또 교화한 공덕을 자기에게 돌리지 말 것이니 마치 봄이 만물을 생육하나 그것을 공空으로 여기지 않음과 같이 할 것이다. 도량을 의지하여 수행함을 순일純一한 가운데서 용이하게 하는 수행이라 하며, 만행 중에 닦는 것을 역경 속에서 용이하게 하는 수행이라 한다. 역경 속에서 쉽게 하는 수행을 도량에서 순일純一한 가운데서 쉽게 하는 수행에 비교한다면 그 차이가 천지가 아득히 먼 정도일 뿐만이 아니다. 역경 속에서도 용이하게 하는 수행이야말로 그 공덕이 현저하게 나타나는 것이다.

> 問。此想禮與身禮同否。答。同。子豈不聞。三業者意爲身口之主。主旣注想。焉得不及乎
> 身口也。又如懺中運念香華及此身心遍至之旨。豈不亦但念想也。例此可知。問。若爾。
> 但心想禮可不運身口耶。答。意業雖勝。若全身口。名三業圓修也。其默誦之義例此可知

。又能以此想禮之數。於空時塡禮。其行尤壯。

질문하기를, "이 관상觀想으로 하는 예배와 몸소 하는 예배는 동일할까요?"

답변하기를, "그대는 삼업三業에서 의업意業이 신업身業과 구업口業의 주체가 된다는 것을 듣지도 못하였는가. 주체가 이미 주의를 기울여 관상을 하는데 신업, 구업에 어찌 미치지 못하겠는가. 또 참회하는 가운데 사념으로 운행하는 향화香華에 이 몸과 마음이 두루 이른다는 종지가 왜 사념의 관상일 뿐이겠는가. 여기에 비례하면 알리라."

묻기를, "그렇다면 마음의 관상으로만 예배하고 몸과 입은 운행하지 않아도 되는 것인지요?"

대답하기를, "의업意業이 승묘勝妙하긴 하나 만일 신업과 구업까지도 완전히 할 수 있다면 삼업三業을 원만하게 수행하여 닦는 것이다. 그 묵묵히 염송하는 의미도 여기에 비례하면 알리라. 또 이 관상으로 하는 예배의 숫자를 남은 시간의 예배로 메운다면 그 수행이 더욱 장張하리라."

問。六時行法之外如何用心。答。或觀佛相好。持呪誦經。稱名頂禮等行。念念不捨克期往生。如行路人。步緊到速。步緩到遲。當如是用心也。若人身心力弱。不能具修六時行法。但克定經懺之目。每日或三五時。雖不厭乎加多。亦不可一時增減而改其所立之行也

질문하기를, "육시행법六時行法을 하는 외에는 어떻게 마음을 쓸까요?"

대답하기를, "혹은 부처님의 상호를 관하며 주문과 경전을 지송하고 명호(아미타불 또는 나무아미타불)를 칭양稱揚하며 정례頂禮하는 등의 행을 염념念念에 잃어버리지 않고 기한을 극복하여 왕생하도록 해야 한다. 이는 마치 길 가는 사람이 빨리 걸으면 신속히 도착하고 느리게 걸으면 더디게 도착하는 것과도 같으니, 마땅히 이와 같이 용심用心해야 한다. 만일 수행인의 심력心力이 나약하여 육시六時의 행법行法을 구비하여 닦아 수행하지 못할 경우에는 경전과 제목만을 정하여 매일같이 혹 삼·오시三五時(세 번 또는 다섯 번)를 행하라. 많이 더 하는 것을 싫어할 것이 아니나, 일시에 증감하여 그 수립한 행을 변경해서도 안 된다.”

問。客中三昧之說圓融次第於世罕聞。若爾。則依道場所修者為不必耶。答。如人墮海。求船未得。忽遇橫木。且執之得達岸也。豈可無船又棄其木而自喪哉。況又客中去住隨主厭忻。得無罣礙。可不進功。如上是為客途所修三昧。此三昧者境界甚深功能廣大。合佛妙心稱揚莫盡。四三昧中名非行非坐三昧。亦名隨順四威儀三昧。正被大機。小智小根隨分受益。

질문하기를, “만행수행 중 닦는 삼매(客中三昧)의 법문은 원융하고 차례가 있어 세간에서 드물게 들어본 것이었습니다. 그렇다면 도량에 의지하여 수행하는 것은 필요로 하지 않을까요.”

답변하기를, “가령 사람이 바다에 빠졌다 하자. 배를 구하다가 얻지 못하고 홀연히 횡목橫木을 만나 우선 그것을 붙잡고 언덕에 도달하는 것과 같다. 어찌하여 배가 없다 하여 그 나무마저 버리고 스스로 죽음을 자초하겠는가. 하물며 객지에서 떠나든 안거하든 주인의 기쁨과 미움을 따라야 하는데, 도량 안에서 아무런 지장이 없는데 어떻게 열심히 공부하지 않을 수 있겠는가?

위와 같이 하는 것이 만행 길에서 수행하여 닦는 객중삼매客中三昧이다. 이 삼매는 경계도 매우 심오하고 공능功能도 광대하다. 부처님의 오묘한 마음에 계합契合하여 칭양稱揚함이 다함이 없다. 네 가지 삼매 가운데서 비행비좌삼매非行非坐三昧라 명칭하며, 또는 수순사위의삼매隨順四威儀三昧

라 이름하기도 한다. 바로 대근기大根機를 덮는 것이며, 작은 지혜, 작은 근기라 해도 분수를 따라 이익을 받을 수 있다.

以此三昧比於道場。或缺身禮。餘儀亦同。子當以此三昧精進受持一志西馳。切不可因循而更滯於生死也。如上自爲正行。余又觀今世之人。或有志於斯道者。纔聞其易。即作易想便妄謂得證。纔聞其難。即生退屈。便盡失其志。縱有信心頗切者。又流入邪見叢裏。密相傳授以誤多人。其傳授之法千形萬狀。至有不可聞者。皆能羅罿人心。使其自肯。非行漸張。師徒俱陷。豈能若爾正心下問之切也。

이 삼매로 도량에 비교한다면 혹 몸소 예배하는 것은 부족하나마 나머지 의식은 동일하다. 그대는 마땅히 삼매로 정진수지精進受持하여 한결같은 뜻으로 서방정토 극락세계를 향하여 절대로 어정어정 하면서 다시는 생사에 침체하여 막혀서는 안 된다.

위와 같은 것으로 스스로의 정행正行을 삼아야 한다. 내가 요즈음 사람들을 관찰해보니, 이 도道에 뜻이 있는 사람도 있으나 그 쉬운 것을 겨우 듣자마자 바로 쉽다는 생각을 하며 문득 증득하였다고 허망하게 말하는가 하면, 그것이 어렵다는 것을 듣자말자 바로 물러서며 굴복하는 마음(퇴굴심退屈心)을 내어 대번에 그 뜻을 다 잃어버린다. 믿는 마음이 간절한 사람이 있다 해도 사견邪見의 무더기를 받아들여 가만히 서로 전수하며 사람을 그르치는 경우가 많다.

그 전수하는 법은 천태만상千態萬象으로, 심지어는 차마 들어주지 못할 정도의 것도 있다. 모두가 인심人心을 그물질하여 스스로 인정하는 것들로서 옳지 않은 행이 점점 커지면 스승과 제자가 함께 그릇쳐 잘못됨에 함몰陷沒하게 된다. 어떻게 그대가 올바른 마음으로 하심下心하여 질문하는 간절함만 하겠는가."

客作禮曰。某崎嶇於客中久矣。每想生死無常。欲修未得。但慮口體之養。於法行道場不得起修為恨。今宿生緣幸得聞此說。可謂如甘露灌頂徹骨清涼。敢謂決志受持。如從今日如冤為親更無餘恨。從是身心放下。如息重擔自在坦然。願世世生生頂戴受持。寧斷命根誓不退失。普使一切法門皆悉了知。在處在客。於逆順中。不礙道用。同成三昧。可謂群生之大幸。可謂學佛者之大幸也。

객客이 일어나서 예배하며 말하였다.

"저는 평생 여행길에서 울퉁불퉁함을 느낀지 이미 상당히 오래 되었습니다. 생사가 덧없고 무상無常하다는 생각을 할 때마다 부지런히 수행하려 했으나 체득하지 못하였습니다. 입과 몸만 봉양하는 것을 염려했을 뿐 법이 행해지는 도량에서 수행을 일으키지 못한 것을 한스럽게 생각하였습니다.

지금 전생의 인연으로 다행하게도 이 말씀을 듣게 되었습니다. 감로수甘露水로 머리를 씻음에 청량한 기운氣運이 골수까지 사무쳤다 말할 만합니다. 감히 뜻을 결단하여 수지하겠습니다. 오늘부터 원한이 있다 해도 친하게 여기며 다시는 남은 한이 없게 하겠습니다.

이 몸과 마음을 놓아버리자 무거운 짐을 쉬어 버린 듯 평탄하고 자유롭습니다. 원願컨대 세세생생世世生生 정수리에 이고 받아지녀(頂戴受持) 차라리 목숨을 끊을지언정 맹세코 물러나거나 망실하지 않겠습니다. 두루 일체의 법문을 모두 요지了知하여 한곳에 머물거나 객客으로 있는 역순逆順 가운데서도 도道의 작용이 장애를 받지 않고 동일한 삼매를 이루겠습니다. 중생의 큰 다행이라 할 만하며 불교를 배우는 사람의 크나큰 행복이라 말할 만합니다.

此既可修。則知一切奔馳世務。流蕩四方勞生販賣。邸店市廛商賈負道。百工伎藝男女老幼奴婢黃門。受人驅役不自在者。於彼一切行住坐臥著衣喫飯語默動靜及被牢獄者。於喜怒哀樂之間。未有不可修時。況出家四眾在家四民。有居可處有暇可修。所欲皆具得自在者。寧不進其行也。客又曰。今有聞極樂過十萬億佛土之遙。而望途怯遠。聞生者多是一生補處。而恥躬弗逮者云何。答曰。彼等豈知如上所說十方空界悉是我心。心淨則十萬非遙。心垢則目睫猶遠。但期心淨。何算程途。如少頃睡眠夢行千里。豈以常時為比較哉。理既有土可生。切不可謂但能心淨即是更不須生於彼土也。

이 객지에 머물 때도 수행할 수 있다면, 쉬지 않고 달리는 모든 세속적인 일들을 알 수 있을 뿐만 아니라, 사방으로 정처 없이 떠돌아다니고 있을 때도 알 수 있습니다. 피로한 삶인 물건 파는 가게나 시장 또는 길가에서 하는 장사, 여러 공예가들, 남녀노소, 노비奴婢, 황문黃門의 내시內侍, 다른 사람의 지배를 받으며 자유롭지 못한 자나 일체의 행주좌와行住坐臥와 옷을 입고 밥 먹는 어묵동정語默動靜 속의 사람과 감옥에 갇힌 자라도 희로애락喜怒哀樂의 사이에서 수행하지 못할 때가 없음을 알겠습니다. 더구나 출가한 사부대중과 재가在家의 사·농·공·상으로서 살 곳이 있어 거처할 만하며 한가로이 수행하여 닦을 만함이겠습니까. 하고 싶은 것이 모두 갖추어지고 자유로운 사람이라면 왜 그 수행에 나아가지 못하겠습니까.”

객客은 또 말하였다. “극락은 십만억十萬億 불국토를 지나야 할 만큼 멀다고 들었습니다. 먼 길만 바라보아도 겁怯이 나는 데다, 왕생하는 사람들은 일생보처一生補處가 많다고 들었습니다. 부끄럽게도 몸이 미치지 못하는 것을 어찌하겠습니까?”

대답하여 말하였다. “저들이 위에서 말한 것과 같이 시방의 허공계虛空界가 모두 나의 마음이라는 것을 어떻게 알겠는가. 마음이 청정하다면 십만 리가 먼 것이 아니며, 마음이 더럽다면 눈과 눈썹 사이도 오히려 먼 것이다. 마음의 청정만을 기약할 뿐 무엇 때문에 거리를 계산하겠는가. 가령 잠깐 잠을 자며 꾸는 꿈속에서 천 리를 가는 것과도 같다. 어찌 평상시의 시간에 비교하겠는가. 그러나 이치도 있고 국토에도 왕생이 가능하나 절대로 '마음만 청정하면 다시 저 국토(서방정토 극락세계)에 왕생을 구하지 않아도 된다'고 말해서는 안 된다."

乃復禮日。唯敬受來教。又日。某初聞是說。先所未聞。謂師但隨自意以垂其言。今聞三昧之名。乃知來自聖典實應機宜。如青天白日。可謂後學之誡訓也。豈是為我曲說哉。願筆記之。永為將來之訓。更求垂示道場所修始終微細正行法門。普利斯世。則其幸尤大。余日。善哉。當盡子意而與彼說之。客乃謙恭而退。其客名行一。字志西。自言。曾讀智覺禪師萬善同歸集甚熟。後遊廬山見始祖遠公遺跡因發願念佛云。

이에 거듭 예배하며 말하였다. "공경히 가르침을 받들겠습니다." 또 말하였다. "제가 처음 이 말을 듣고 먼저 번에는 듣지 못한 것이었으므로 자기의 의사를 따라 그 말을 하셨겠지 하고 생각하였습니다. 지금에야 삼매의 명칭을 들으니 성전聖典으로부터 유래하여 근기의 마땅한 데 감응하였음을 알았습니다. 마치 푸른 하늘의 밝은 해와도 같아서 후학들에게 훈계訓戒가 될 만한데, 왜 저만을 위해 자세히 말씀하십니까. 원컨대 붓으로 기록하여 영구히 장래의 훈계로 삼았으면 합니다. 다시 도량에서 닦을 처음과 끝의 미세한 정행正行의 법문도 구비하여 이 세상을 이익되게 한다면 다행스러움이 더욱 크겠습니다."

나는 말하였다. "아름답고 훌륭하다, 그대의 의사가 극진함이여! 저들에게도 말해주도록 하겠노라."

객客이 이에 공손恭遜하게 물러났다.

그의 이름은 행일行—이며, 자는 지서志西이다. 스스로 말하기를 "일찍이 지각선사智覺禪師(즉 영명수선사永明壽禪師)의 『만선동귀집萬善同歸集』을 매우 익숙하게 읽었다" 하였다. 뒤에는 여산廬山에 노닐면서 정토종의 시조始祖인 혜원선사慧遠禪師의 유적을 뵙고 발원하여 염불했다고 한다.

不假方便
自得心開

방편을 빌리지 않고도 저절로 마음이 열린다

「방편을 빌리지 않는다」 함은 어떠한 방법을 빌리지 않고, 단도직입적으로 한마디 "나무아미타불"이면 공부가 성취됨을 말합니다. 관상觀想을 하지 않아도, 참구參究를 하지 않아도 주문을 수지하지 않아도, 어떠한 법문도 닦을 필요가 없습니다. 오직 한마디 나무아미타불을 철저히 염하면서 명심견성明心見性에 이를 때까지 무생법인無生法忍을 얻을 때까지 이 방법으로 염하면 됩니다. 염불의 미묘함이 여기에 있습니다.
_정공 큰스님《대세지보살염불원통장소초 강기》

제15 마음을 평안하고 고요하게 하는 삼매의식

三昧儀式第十五

念佛法門嚴建道場之事。并供養儀式。及預治衣服鞋履。更衣沐浴。門頰出入。方便正修。禪誦懺禮等清淨法則。具如慈雲尊者懺儀等文。此不再具。如所期日至。當於七日之前營理庶事俱畢。必先使身心靜定。期於懺內障盡行圓。又起首必六齋日。又期日之前或三日或七日。佛前香華淨水等供。不宜不謹。蓋有佛天先降森嚴此處。辟除魔事穢惡等障。使行人於道場中三昧成就故。於此道場。當作淨土想。作解脫處想。作寶所想。作定得往生想。無輕視之。又當返觀世間無窮之苦。如得避冤。永不再入。又不可將平日難割捨事。蘊之於心。存其餘念。與正懺時作障。使勝行不進虛喪其功。恐難再會。儀云。不得刹那念世五欲。

염불법문과 도량을 장엄하게 건립하는 일과 아울러 공양하는 의식과 의복, 신발을 미리 준비하여 옷을 갈아입고 목욕하는 것과 문 옆으로 출입하는 것과 방편으로 정수正修하는 것과 참선, 독경, 예참 등의 청정한 법칙은 자운참주존자慈雲懺主尊者가 저술한 『참의懺儀』 등의 문장에 갖추어진 것과 같다. 여기서는 거듭 구비하지 않는다.

가령 목적했던 기일期日이 도래하거든 7일 전에 여러 가지 일을 경영하여 모두 마치고, 반드시 몸과 마음을 고요하게 안정시켜서 참회하는 기간 내에 업장業障을 다하고 수행이 원만하기를 기약해야 한다.

또 반드시 육재일六齋日에 시작해야 하며, 기일期日의 3일이나 7일 이전부터 부처님 앞에서 향화香華, 정수淨水 등의 공양을 공경히 하여 조심하지 않으면 안 된다. 대체로 부처님과 천신이 먼저 강림降臨하여 이 처소를 삼엄히 수호하고 마구니의 일, 더러움, 악함을 물리쳐 수행인이 도량에서 삼매를 성취하게 하기 때문이다.

"이 도량이 정토"라는 상상을 하며 해탈처解脫處라는 생각을 하며 보배로운 곳(寶所)이라는 생각을 하며, 결정코 왕생한다는 생각으로 경솔함이 없어야 한다. 세간의 무궁한 괴로움을 돌이켜 관찰하여 마치 원한을 피하는 것처럼 하고 영원히 거듭 들어가지 않도록 해야 한다.

평일에 단절하기 어려운 일들을 마음에 쌓아두어서도 안 되며, 그 나머지 잡다한 생각이 간직되어 있으면 바르게 참회할 때 장애가 되어 수승한 수행으로 진보하지 못하고 공부를 헛되게 잃게 되어 회통하기가 어려울까 더욱 염려스럽다. 의식집에서 말하기를 "찰나에도 세간의 오욕락五欲樂을 생각하여서는 안 된다" 하였다.

> 行者十人已還。多則不許。須預審擇其人可不。觀彼平日行止無大麄過。或信根淳厚。離諸卒暴。音聲和雅。儀軌端莊。受人約束。為生死故。不生悔惱。肯存謙下。可作同修。若無是人。止四三人亦善。或一已尤妙。不可失察反使敗壞軌則惱亂清修。又於眾中。宜推尊一人德重行熟者。或別請久為師範者。作方等道場之主。主行懺事。使一眾觀其儀禮。聽其舉揚作大依止。於中或時示現逆順之相。毋見過失。其人亦可審已謙辭或赴或止。其禮誦儀式。或拜或跪或坐或立。又手合掌恭敬旋繞。皆當一一端莊雅重。收視隔聽。攝境歸心。未達者當問先覺。慎勿自恃其力使身心搖動或欹或倚。眾雖預集。當於隔宿之前。沐浴盥漱。換服履等。使道具如儀。

수행자는 열 사람 이내로 해야 하며 많아서는 안 된다. 그 사람의 가부를 꼭 미리 살피고 선택해야 하는데, 저 사람이 평일의 행동에 크게 미루어 중重한 허물이 없는가를 먼저 성찰해야 한다. 혹은 믿음이 순박하고 두터워 모든 포악함을 떠났으며 음성은 화기和氣롭고 의궤儀軌는 단정하고 장엄하여 다른 사람에게 어려움과 구속을 받더라도 생사를 위하기 때문에, 후회나 번뇌를 내지 아니하고 겸허한 마음을 간직하였다면 같이 함께 수행해도 된다.

이러한 사람이 없다면 넷이나 세 사람이 수행해도 무방하다. 혹은 한 사람뿐이라면 더욱 오묘하다. 잘못 살펴서 반대로 규칙을 파괴하고 청정하게 수행함을 어지럽히지 않도록 하라. 또 대중 가운데서 덕이 중후하고 행이 원숙한 한 사람을 추존하거나 혹은 오랫동안 사범師範 노릇 한 분을 따로 초청하여 방등方等 도량의 주인을 삼도록 할 것이다. 주인이 참회하는 행사를 시행하면 일동一同의 대중이 그 의례儀禮를 관찰하고 그의 거량擧揚을 들으며 크게 의지하라. 그 가운데서 혹 역순逆順의 모양을 보이시거든 과실을 보지 말며, 그 사람 또한 자기를 살펴 검사하고 행사에 임하든지, 그만 두든지 할 것이다.

그 예송禮誦의식은 예배하여 절하거나 꿇어앉거나 앉아있거나 서있거나 차수叉手하고 합장하거나, 공경스럽게 부처님의 상像을 선회旋回하거나 모두 낱낱이 단정하고 정중히 하여 보고 듣는 경계를 거두어 마음으로 귀결시켜야 한다. 깨달아 통달하지 못한 사람은 선각先覺에게 묻고 삼가 그 힘을 스스로 과신하여 몸과 마음이 요동하거나 혹은 기우뚱거리거나 혹은 타인에게 기대어 의지하지 말도록 하라. 대중이 미리 집합한다 해도 하룻밤 이전에 목욕, 양치질, 옷과 신을 갈아입고 신는 등을 행하여 도구가 의식답게 사용되어야 한다.

懺首鳴引磬。領眾入道場。除內護二人外。餘不許同入。各周旋燒香了。依修懺位。朝佛三禮以祈感降。禮畢環繞立定。主懺出眾白文一篇。讚佛讚水。乞祈三寶加護證明。俾於正修之時。無魔無障。必生淨土。禱畢就舉過去正法明讚。念大悲呪七遍。如意輪呪七遍

。毘盧灌頂呪七遍。主懺候舉呪之時。即以手執水盂。於香爐上請熏。約半卷許。方傳與
右邊之人。次砂次香次華亦然。如是右旋展轉三匝。三呪畢。復舉大悲呪。周圍灑淨。

참회를 시작하면 먼저 인경引磬을 울리며 대중을 거느리고 도량으로 들어가는데 내호內護 두 사람을 제외한 나머지는 함께 들어가는 것을 허락해서는 안 된다. 각기 두루 선회旋回하며 향 사르기를 마치면 참회할 위치에서 부처님께 세 번 예배하고 감응하여 강림降臨하시기를 기도할 것이며, 예배가 끝나고 빙 둘러 입정入定하면 참회를 주관하는 스님이 대중에게서 빠져 나와 고하는 글 한편을 독송한다.

곧 부처님을 찬탄하고 정수淨水를 찬탄하며 삼보의 가호加護를 증명하시며 정수正修를 닦을 때 마구니의 장애 없이 서방정토 극락세계에 반드시 왕생하게 해달라고 발원하는 것이다. 기도가 끝나면 과거의 정법명찬正法明讚을 바로 거량하고 대비주大悲呪와 여의륜주如意輪呪와 비로관정주毘盧灌頂呪를 일곱 번 염송한다.

참회를 주관하는 스님은 주문呪文을 거량擧量할 때를 엿보아 바로 손으로 물병을 잡고 향로 위에서 훈습을 청하기를, 주문을 약 반 권 읽는 시간 동안 지송하고 우측의 사람에게 전해준다. 다음으로 모래, 그 다음으로 향, 다음으로는 꽃도 또한 그렇게 한다. 이와 같이 우측으로 세 번 돌며 세 번 주문 염송하기를 마치면 다시 대비주를 거량하며 주위를 깨끗이 씻어 청결하게 한다.

及各處欲經過所。先明燈已。當最前挑燈照路。次則執盂灑水。次捧盤撒砂。次提爐行
香。後隨處散華。領眾從佛座後轉。先於道場內。右繞熏灑。圓滿三匝。使砂水邊皆遍。次
從道場外及施生處所。到禪悅堂。亦繞轉一匝。次淨厨。次東淨浴室。脫著處。晏息處。間
處及要路。凡行人及經過處。或繞彼屋皆當熏灑一匝。是故以灑為界。名為結界。經云。

界如金剛城牆。蓋遵此義。又撒沙者。換土淨地結地界也。灑水者。即去垢鎭彊結方隅界
也。

아울러 각각의 경과하고자 하는 처소에 우선 등불을 밝히고 나면 가장 먼저 앞에서 등燈을 매고 길을 비추며, 다음에는 물병을 잡고 물을 뿌리고, 그 다음 소반小盤을 받들며 모래를 흩뿌리고, 그 다음 질그릇 향로를 이끌어 다가 향례香禮를 행한다. 그런 뒤에 처소를 따라 꽃을 뿌리며 대중을 거느리고 부처님 좌대를 따라 뒤로 도는데, 우선 도량 안에서 우측으로 훈습하고 물 뿌리며 세 번을 원만하게 돌고 모래와 물이 주변까지 모두 두루하게 한다.

다음으로 도량 밖과 중생을 시식施食하는 곳에서 선열당까지 한 바퀴를 돌아야 한다. 그 다음에는 부엌, 그 다음에는 동쪽의 화장실, 욕실, 옷을 벗는 곳, 잠자는 곳, 빈 곳, 그리고 주요 도로마다 돌며 두루 훈습하고 물을 뿌린다. 물을 뿌린 곳으로써 경계를 삼음으로 결계結界라 이름하는 것이다. 경에서 말하기를 "경계가 금강金剛으로 된 성역城域과 같다" 하였는데, 대체로 이러한 뜻을 따른 것이다.

모래를 흩는 것은 청정한 땅과 흙을 바꾸어 지계地界를 맺는 것이며, 물을 뿌리는 것은 곧 더러움을 제거하고 경계를 진압鎭壓하여 방우계方隅界를 맺는다는 뜻이다.

行香者。使香雲如懸蓋於空結虛空界也。散華者。顯瑩結鮮明莊嚴法界也。如上一切法用悉是我大悲聖主及神呪力加持。故砂水到處為佛寶土。以是因緣。邪魔不能入。外道不能壞。而我三昧可成也。又此界相愼不可破。若破此界。便為不祥。必使一眾道行難成多障。何謂界相。界相有二。有內有外。內界相者。即修懺道場四方際畔是也。外界相者。即屋際外八方砂水到處是也。內人出至外界裏必止。越外界為破界。外人入至內界外必

止。越內界名破界。或辦事人以手指及衣裾。入內界簾幕內一分許。亦為破界。或葷穢惡
人入外界片時。亦為破界。破界之兆不吉可知。若如經旨。則當重建道場。再行懺悔。乃
能遠破界之相也。行人可不畏哉。其有身心之力不及。於此法行不能具修。若欲但修五
時者。當止日中時。欲修四時者。又止夜中時。欲修三時者。又再止日後時。若欲但修二
時者。惟在早晚之間也。又行雖隨意而立。立定之後不許改易。但可增修。不可退減。縱
有病緣官事。亦當想念。豈可隨或勤怠。或興或廢。朝立暮改。使其正行不純一也。

향례香禮를 행하는 것은 향기로운 구름이 허공에 달린 일산日傘처럼 하여
허공계虛空界를 맺는 것이며, 꽃을 흩어서 뿌리는 것은 빛나고 선명한 것
을 나타내 법계를 장엄하는 것이다. 위와 같은 일체의 법용法用은 우리
의 대비성주大悲聖主(관세음보살)와 신주神呪의 힘으로 가지加持하신 것이다.
그 때문에 모래와 물이 이르는 곳은 부처님의 보토寶土가 된다. 이 인연
때문에 삿된 마구니가 들어가지 못하며 외도外道가 파괴하지 못하고 나
의 삼매가 성취된다. 또 이 경계는 서로 삼가하여 파괴해서는 안 된다.
이 경계를 파괴한다면 상서祥瑞롭지 못하여 반드시 일동一同의 대중이 도
행道行을 성취하기 어렵고 장애가 많게 된다.

무엇을 계상界相이라 말하는가. 계상은 안과 밖의 두 가지가 있다. 내계
상內界相은 곧 참회를 닦는 도량의 사방인 한계를 말하고, 외계상外界相은
집 밖의 팔방八方으로 모래와 물이 이른 곳을 말한다. 안에 있는 사람은
나아간다 해도 외계外界의 안에서 반드시 그쳐야 하며, 외계外界를 벗어
나면 경계를 깨뜨리는 것이다.

바깥 사람이 들어와도 내계內界를 넘으면 경계를 깨뜨린다 이름한다. 또
는 일을 준비하는 사람이라도 손가락이나 옷자락이 내계內界의 주렴珠簾
이나 장막 안으로 일부분만 들어와도 또한 경계를 깨뜨리는 것이다. 경
계를 깨뜨리는 조짐은 불길하다. 만일 경의 종지와 같게 하려면 마땅히

도량을 거듭 건립하고 참회를 다시 행해야만 경계를 깨뜨리는 상相을 멀리할 수가 있으니, 수행인이라면 어찌 두려워하지 않겠는가.

몸과 마음의 힘이 미치지 못하여 이 법행法行을 갖추어 닦지 못하고 열 시간의 수행만 닦고자 하는 사람은 한낮일 때에 그칠 수 있도록 하라. 또 여덟 시간 수행하고자 하는 사람은 야반夜半의 시간에 그칠 수 있도록 하며, 여섯 시간만 닦고자 하는 자는 해가 진 뒤에 그칠 수 있도록 한다. 가령 네 시간만 수행하고자 하는 자는 오직 이른 아침과 저녁 늦은 시간만 있으면 된다.

또 수행은 의사意思를 따라 수립하기는 하나, 수립하여 결정한 연후에는 계획을 바꾸지 말 것이니, 증가해서 닦는 것은 가능해도 도리어 축소하여 줄이거나 퇴보해서는 안 된다.

병으로 인한 인연이나 공무(官事)가 있다 해도 상상으로 염송해야 하는데, 어찌하여 부지런함과 태만함을 따라 일어나고 중단하기를 '아침에 뜻을 세우고 저녁에 고치듯'(朝立暮改) 그 정행正行이 순일하지 않게 해서야 되겠는가.

今欲修此道者。必先取彼念佛法則及淨土經懺呪等。前後排布。如意多少。安頓諦當。再三審實我能行不。譬如有人。浮身渡水。察水遠近。不致疲絶。而乃渡之。行人亦爾。觀自勤怠。觀法廣略。而乃取之。不當趁一時之勇而立即時而廢。又不可別有誦持心不專注。如人發箭。心一則中。念佛法門亦復如是。若能行純心一。應念得生。遊戲極樂。於一念中所獲功德。豈易量哉。

지금 이 도道를 닦고자 하는 사람이라면 반드시 염불의 법칙과 정토 경전, 참회의 주문 등을 먼저 취하여야 한다. 그리고는 마음먹은 대로 얼마나 많은 과목을 정해야 하는가, 과연 내가 그렇게 할 수 있는지 다시 한번 반성해 본다. 마치 어떤 사람이 헤엄을 쳐서 물을 건너갈 때에 물의 근원을 살펴 피로함으로 단절되는데 이르지 않게 하여야 건널 수 있는 것과도 같다. 수행하는 사람도 그러하여 자기의 부지런함과 태만함을 살피고 법의 넓고 간략함을 관찰해서 취해야 하는 것이다.

일시의 용맹으로 황급히 계획을 세웠다가 다시 바로 폐지해서도 안 되며, 또 다른 것을 지송하여 주의를 전일專一하지 않게 해서도 안 되리라. 마치 화살을 쏠 때에 마음이 전일하면 적중하는 것처럼 염불법문도 이와 같다. 만일 수행이 순일純一하고 마음이 전일하다면 일념一念에 감응·왕생하여 극락세계에서 유희遊戲하리니, 일념 가운데 얻는 공덕을 어찌 쉽게 헤아리겠는가.

제16 부처님께서 중생을 교화하시는 힘을 칭양稱揚함

揚佛下化之力第十六

已上所述種種方便。皆是眾生起心進行上求之心。而不知我世尊下化願力種種方便無所不至。過於眾生上求之心百千萬倍。不得為喻。如經所謂。阿彌陀佛慈悲光明遍照法界普覆眾生。作大救護。不令墜墮。阿彌陀佛慈悲願力遍周法界普接眾生。作大攝受不令漏失。阿彌陀佛陰入界身遍同法界普示眾生。令彼了悟。不令退轉。是故十方世界一切眾生皆我彌陀願力所持。猶彼慈母愛惜嬰兒懷抱乳哺不令失念。父母愛兒但止一世。報盡則休。佛念眾生世世不捨。

이상에서 기술한 가지가지 방편은 중생이 마음을 일으켜 진행하여 위로 부처님의 지혜를 구하는 마음이다. 그러나 우리 세존 여래 부처님 박가범薄伽梵께서 아래로 중생을 교화하시는 원력의 가지가지 방편이 이르지 아니하는 바가 없어, 중생이 위로 보리菩提를 구하는 마음보다 백천만 배나 더하여 도저히 비유할 수가 없음을 깨달아 알지 못한 것이다.

경에서 말씀하신 아미타부처님의 자비광명은 법계를 널리 두루 비추어서 중생을 고루게 덮어주시고 크게 구호함이 되어주시어 악도에 떨어지지 않게 하신다. 아미타부처님의 자비원력은 법계에 두루하여 중생들을 제접하시며 크게 섭수攝受하시어 빠뜨리지 않게 하신다. 이러한 까닭으로 시방세계 일체 중생이 모두가 아미타부처님의 원력으로 섭지攝持 되는 것이 마치 자모慈母가 어린아이를 사랑스럽게 품에 안고 젖을 먹이며 염려하는 생각을 잃지 않는 것과 같다.

부모가 아이를 사랑하는 것은 한 세상에 그치어 과보가 다하면 문득 쉬게 되지만 자비한 부처님이 중생을 생각하시어 염려하시는 것은 세세생생에 버려 여의지 아니 하신다.

以是義故。能於我佛大願之中。一稱其名。滅八十億劫生死重罪。信有旨矣。蓋我彌陀願力常在世間救苦眾生。眾生能念。豈不速應。譬彼母救嬰兒水火之難。何待兒求。兒若能求。母必倍愛。惟彼歷劫逃逝。自甘退失不受救者。誠難救焉。縱有五逆具造。十惡滿心。毀謗妄語。虛誑說法。無罪不造。臨命終時。應墮阿鼻。其相已現。必入地獄之人。若能遇善知識教令念佛。此人苦逼。一念改悔。能十稱其名者。尚能變地獄之相為淨土。而得往生。若能以是觀行莊嚴。及能先排所造之業者。豈不克應。喻昔有人。懼虎上樹。因失聲故。稱南無佛三字。後值釋迦得道。況彼命終苦逼。猛勵十念。而不感彰。

이러한 뜻이 있음으로 "우리 부처님의 대원력大願力 가운데에서 그 명호(아미타불)를 한번만이라도 칭양稱揚할 수 있다면 팔십억 겁의 생사중죄生死重罪를 한꺼번에 능히 소멸할 수 있는 것이다"라고 하신 것처럼 실로 뜻이 심오하다 하겠다.

대개 우리 아미타부처님의 원력은 항상 세간에 계시면서 중생을 구호하시니, 중생이 능히 사념만 한다면 어찌하여 신속히 감응하지 않으시겠는가. 비유하자면 저 자애로운 어머니가 물이나 불 속의 환란에서 어린 자식을 구하는 것과도 같다. 어찌 어린 자식이 구해주기를 어머니가 기다리겠는가 만은 어린 자식이 "구해주십시오"라고 애원한다면, 어머니는 반드시 애민哀愍히 하는 마음이 곱절이나 배가倍加된다. 오직 자식이 역겁歷劫토록 도주하여 스스로 물러나 잃어버리게 됨을 달게 여기며 구원救援을 받아들이지 않았기 때문에 실로 구제하기 어려웠을 뿐이다.

저가 오역죄五逆罪35)를 완전하게 짓고 십악十惡이 마음속에 가득 찼으며

---

35) 오역죄五逆罪는 무간지옥에 떨어질 다섯 가지의 큰 악행을 말한다. 오무간업五無間業이라고도 한다. 소승의 오역죄와 대승의 오역죄가 있다. 소승의 오역죄는 1. 아버지를 죽이는 것, 2. 어머

허망한 말로 훼방하고 헛된 속임수로 설법하여 짓지 아니한 죄업이 없었다. 이리하여 임종할 때 아비지옥阿鼻地獄에 떨어지게 되어 악도의 형상形狀이 나타나서 지옥에 반드시 들어갈 사람이라도 만약 선지식이 염불하게 하는 가르침을 만나 이를 행하였다고 하자. 이 사람은 괴로움 때문에 일념一念에 뉘우치고 그 명호를 열 번만 부를 수 있어도 지옥의 모양이 정토로 변하여 왕생을 성취할 수 있다.

더구나 이 정토법문의 관상수행觀想修行으로 장엄하고, 지은 죄업을 먼저 씻어 버린 사람이라면 왜 감응하지 않겠는가. 비유를 해보자. 옛날에 어떤 사람이 나무를 하다가 호랑이를 만나 호랑이가 두려워 나무 위로 올라갔다가 이로 인하여 실성失聲을 했다. 그 때문에 겨우 "나무南無 불佛"이라고 세 글자를 부르게 되었는데, 오랜 세월이 흐른 후에 석가세존을 만나 도道를 얻은 것과 같다. 더구나 저가 명命이 끊어지려고 할 때 괴로움에 핍박逼迫되어 맹렬하게 십념十念을 가다듬는다면 감응이 왜 나타나지 않겠는가.

> 問。我聞彌陀願力遍一切處。今觀此說。但能救彼將入地獄。及未命終之人。其已入者似不能救。如不能救。則知彌陀及諸佛願力有不遍之處耶。答。子豈不聞。諸法所生惟心所現。一切因果世界微塵因心成體。若知諸法尚不離於眾生之心。豈離彌陀本體而願力有不遍處耶。

질문하기를, "저는 아미타부처님의 원력이 일체처一切處에 두루한다는 것을 들었습니다. 지금 이 말씀을 관찰해보니 지옥으로 들어가려는 사람과

니를 죽이는 것, 3. 아라한을 죽이는 것, 4. 화합승단을 파괴하는 것, 5. 부처님의 몸에 피를 내는 것이다. 대승의 오역죄는 1. 탑塔·사寺를 파괴하고, 불경·불상을 불사르며, 삼보의 재물을 훔치는 것, 2. 삼승법三乘法을 비방하고 성교聖敎를 천하게 여기는 것, 3. 출가 수행승을 욕하거나 부리는 것, 4. 소승의 오역죄를 범하는 것, 5. 인과의 이치를 믿지 않고, 악구惡口·사음邪淫 등의 열 가지 불선업不善業을 짓는 것 등이다.

생명이 끊어지지 않은 사람만 구제할 뿐, 이미 들어간 사람은 구제하지 않는 듯 합니다. 구제하지 않는다면 아미타부처님이나 모든 부처님의 원력도 두루하지 못한 곳이 있다고 알아야 할런지요?"

대답하기를, "그대는 듣지 못하였는가. 모든 법의 발생은 오직 유심唯心의 나타난 것일 뿐, 일체의 인과와 세계의 미진微塵도 마음을 인하여 자체가 이루어졌다는 것을. 모든 법도 오히려 중생의 마음을 떠나지 않았음을 알았다면 아미타불의 본체를 떠나 원력이 두루하지 못한 곳이 어디에 있으며 어떻게 존재하겠는가."

問。若爾。如何地獄之人長劫受苦。未聞有能救護者。答。子又當觀今之市廛屠肆之內。聚生而殺日夜不休。未聞有能止其殺者。殺因既不能止。獄報亦無能救。然則殺在彼。而報在我。但因果難逃耳。豈彌陀願力不遍。而地獄無救護者耶。譬如有人。頗知經義合佛妙心。而於身三口四等惡。承宿習故。不能滅除。因不滅故。其人命終之時。不遇善友提獎念佛。直入地獄。於地獄中受無量苦。雖受諸苦。善因不滅。於諸苦事皆能照察。觸境知心。既知是心。亦知生佛一體。以一體故。即知正是如來微妙清淨之身。由能覺了生佛一故。則當其人正受苦時。悉如夢事了彼苦相即是菩提。此心淳熟無錯謬故。

묻기를, "그러하다면 어찌하여 지옥에 들어간 사람이 장구長久한 겁劫에 고통을 받을까요? 구호해주었다는 말을 아직 듣지 못하였습니다."

대답하기를, "그대는 지금 시장의 도살장屠殺場 안을 관찰해야 한다. 생물生物을 모아놓고 밤낮으로 살생을 계속하여 쉬지 않지만, 그 살생을 제지하였다는 것을 듣지 못하였으리라. 살생의 인을 제지하지 못하였다면 지옥의 과보 또한 구제할 수 없다. 그렇다면 죽임을 당함은 저들에게 있고 과보는 나에게 있다. 다만 인과는 도망하기가 어려울 뿐이다. 왜 아미타부처님의 원력이 두루하지 못하여 지옥에서 구호하고자 한 사람이 없었겠는가. 비유하면 어떤 사람이 경의 의미를 약간 깨달아서 부처님의 오묘한 마음에 합한 것과도 같다.

그러나 몸으로 짓는 세 가지 업과 입으로 짓는 네 가지 업 등의 악은 숙습宿習이 계승되었기 때문에 이것을 소멸하여 제거하지 못하였다. 소멸하여 제거하지 못했기 때문에 그 사람의 목숨이 끝날 때에 착한 벗이 염불하도록 권하는 것을 만나지 못함으로 인하여, 지옥으로 곧 바로 들어가서 지옥 가운데서 한량없는 괴로움을 받았다. 비록 모든 괴로움을 받기는 해도 착한 인이 없어지지 않았기 때문에 모든 괴로운 일을 밝게 살피고 경계에 부딪히는데도 마음으로 그것을 깨달아 알았다.

마음으로 깨달아 알았고 중생과 부처가 일체라는 것도 알았으며, 일체이기 때문에 바로 이것이 여래의 청정·미묘한 마음이라는 것도 알았다. 중생과 부처가 하나라는 것을 깨달았기 때문에 그 사람이 고통을 받을 때 모두 꿈속의 일과 같아 저 괴로움의 모양이 바로 보리菩提라는 것을 알았다. 이것은 마음이 순수하고 익어져서(純熟) 착오가 없었기 때문이다.

又能促彼多劫地獄極苦之報。一時輕受。其人於是雖受眾苦。得無苦相。反起代受苦心。是以不求出離。以此妙解合佛心故。彼昔所曾供養之佛。乃至曾於名像所歸敬佛。及經卷中所信解佛。或念彌陀機感相投之佛。彼佛則必如我解境。還現如是廣大如虛空量威德熾盛光明之佛。相好神通巍巍赫奕。至彼地獄最上之頂。垂肩彈指慈音告勅。於其支體放大光明。其音隨光直至地獄淵源之底。其獄所有鐵城鐵門鐵網銅柱。乃至刀山劍樹鑊湯鑪炭一切苦具。承光照者無不摧碎灰滅。如影如風了無踪跡。

또 다겁多劫동안 지옥에서 받을 극히 고통스런 과보를 재촉하여 일시에 가볍게 받을 수도 있다. 그 사람이 여기에서 여러 가지 고통을 받는다 해도 괴로움의 모양이 없다는 것을 얻고 반대로 대신 받을 괴로운 마음을 일으킨다. 이 때문에 몸이 벗어나기를 구하지 않는데, 이는 오묘한 이해로써 부처님의 마음과 합했기 때문이다. 그가 지난날 공양했던 부처님이나 내지는 명호와 형상에 귀의하여 공경한 부처님 및 경전 중에서 믿고 이해했던 부처님, 혹은 사념한 아미타부처님이 근기에 감응하여 서로 투합投合했던 부처님이 계셨다.

저 부처님들은 반드시 자신이 이해하고 믿었던 경계와 같이 다시 이같이 광대하여 허공의 한계가 무량함과 같은 위덕威德을 나타내신다. 자비의 광명이 치성한 부처님은 상호와 신통이 높고 웅장(외외혁혁巍巍赫赫)하게도 저 지옥의 최정상에 도달하시어 팔을 드리우시고 손가락을 퉁기시는 사이에 자비로운 음성으로 타이르신다. 그 부처님들 법체의 일부분에서는 자비의 큰 광명을 놓으시며, 그 음성은 광명을 따라 지옥의 연원인 밑바닥까지 곧 바로 이르신다. 그 지옥에 있는 쇠로된 성(鐵城), 철문鐵門, 쇠로된 그물(鐵網), 뜨거운 구리 기둥(銅柱)과 내지는 도산지옥刀山地獄, 검수지옥劍樹地獄, 확탕지옥鑊湯地獄, 노탄지옥鑪炭地獄의 모든 고문 도구에 이르기까지 자비한 광명의 비추임을 받은 것은 모조리 꺾이고 파괴 되어 기뻐하지 않는 곳이 없다. 마치 그림자나 바람처럼 끝내 종적이 없다.

又彼一切牛頭馬面鬼吏獄卒。銅狗鐵鷹鐵蛇鐵嘴諸蟲鳥等。承光照故。如菩薩相慈視愛念。其受苦人及同獄苦囚。忽得本心增益善念。見彼光明又聞告勅。如深井底仰望雲漢。舉眼上視見佛勝身。踴躍歡喜頭面頂禮。悔過自責。與同苦者發菩提心。隨光直上至佛所已。摩頂授記接足作禮。聽佛說法應念悟道。即能飛行遊戲神通。淨佛國土同佛生處。如大菩薩成無上道教化眾生。難可窮極。

또 일체 소머리 말얼굴(牛頭馬面)의 귀신관리(鬼吏)와 옥졸獄卒, 구리개(銅狗), 쇠매(鐵鷹), 쇠뱀(鐵蛇), 철 부리의 새(鐵嘴) 등 모든 벌레와 새들이 광명의 비춤을 받기 때문에 그들을 마치 보살상菩薩像처럼 자애롭게 여기며 슬퍼하게 된다. 고통을 받는 지옥의 괴로운 죄수들도 홀연히 본심本心을 성취하고 착한 생각을 키우며 저 광명을 보고 훈계를 들으면 깊이 우물 밑에서 은하수銀河水를 바라보듯 눈을 들어 부처님의 수승하게 뛰어나신 자마금색紫磨金色의 염부단금閻浮檀金이신 몸을 우러러 본다.

그리고는 환희하여 뛸 듯이 기뻐하며 머리 숙여 정례頂禮하고 허물을 뉘우치며 자책한다. 같이 고통 받는 사람들이 보리菩提의 마음을 함께 발하고 광명을 따라 부처님의 처소에 곧 바로 올라가면 부처님은 이마를 어루만지며 수기授記를 내리신다. 부처님의 발에 입을 맞추고 예배하며 부처님의 법문을 듣고 깨달음(悟道)을 생각하면 즉시 나는 유희遊戲의 신통으로 청정한 부처님국토(佛國土: 극락세계)에 왕생하여 부처님이 상주常住하시는 처소와 동일하게 된다.

대보살大菩薩이 무상의 도(無上道)를 성취하여 중생을 교화하시는 것은 가히 극치極致를 다하기 어려운 것과도 같다."

問。若從因果。則此佛光但照勝解之人出獄。眾囚無與。如何一時同出。答。譬如有一惡逆之人。罹於官禍。入獄之時。由彼一惡為因。眾過俱生。則必展轉累乎妻子父母親戚知識人等同受苦果。其善行人出獄之時亦復如是。豈不亦令同受苦者展轉生善。悉承佛力皆生樂處。若此則我彌陀願力實遍一切時處。豈特不能救護已入地獄眾生耶。若謂獄報未盡先欲使之令出。獄因無善。而欲佛光下照。其可得乎。更能以彼省己。奚不自悔。

질문하기를, "만일 인과를 따른다면 부처님의 광명도 수승하게 이해한 사람만을 비추어서 벗어나게 하고 ,여러 죄수들은 함께 할 수 없는 것입니다. 어찌해야 함께 한가지로 동시에 벗어날까요?"

대답하기를, "비유하건대 어떤 한 명의 악한 사람이 관청의 재앙에 걸려든 것과 같다. 감옥에 들어가는 때에 한 가지 악이 씨앗(因)이 되어 뭇 여러 가지 악이 함께 발생한다. 이렇게 되면 반드시 처자·부모·친척· 아는 사람 등에게도 연좌連坐되어 동등하게 괴로운 과보(苦果)를 받는다. 선행을 한 사람이 지옥을 벗어날 때도 이와 같다. 어찌 같이 고통 받는 사람들이 더더욱 착한 마음을 내어 모두 부처님의 신력神力을 받들고 즐 거운 곳에 왕생하게 하지 않겠는가.

이와 같다면, 우리 아미타부처님의 원력이 일체의 시간과 처소에 두루 하신 것이다. 왜 특별하게 지옥에 들어간 중생이라고 해서 구호하지 않 으시겠는가. 만일 지옥의 과보가 다하지 않았는데 먼저 벗어나고자 하 고, 지옥의 인이 착함이 없는데 부처님의 광명이 내려 비추게 하고자 한 다면 될 수 있겠는가. 다시 저로써 자기를 반성한다면 왜 스스로 뉘우쳐 참회하지 않겠는가."

> 問。若待獄報盡時佛光來照。我必報盡自出。何須佛光照耶。答。若非佛光。報盡雖出。於
> 三惡道未知何生。則必各各自重至微。展轉歷於多劫多無量劫不思議劫。方至人中。猶
> 自貧窮下賤癃殘百疾。受諸大苦。又因求不得苦。惡念轉甚。若無微善。還墮地獄。如盲
> 入棘林。何由能脫也。

질문하기를, "가령 지옥의 과보가 다할 때를 기다려 부처님의 광명이 비 춘다면 나는 반드시 과보가 다해야만 스스로 벗어나게 됩니다. 무엇 때 문에 부처님의 광명이 비추기를 기다리겠습니까?"

대답하기를, "만일 부처님의 광명이 아니라면 과보가 다하여 벗어난다 해도 삼악(三惡道)의 어디에 태어나야 할지를 모른다. 이렇게 되면 반드 시 각각 자중自重하기를 지극히 보잘 것 없이 생사윤회에 굴리움을 당하 여 다겁多劫 다무량겁多無量劫 부사의겁不思議劫을 지나야만 바야흐로 사람 가운데 이른다. 그래도 빈궁하고 하천下賤하여 추악한 많은 병으로 모든 괴로움을 받게 된다. 또 구해도 얻지 못하는 괴로움 때문에 악한 생각이 더욱더 심해진다. 만일 조그만한 착함도 없다면 다시 지옥으로 떨어져 마치 맹인이 가시덤불로 들어가는 것과 같으리라. 무엇을 따라서 벗어나겠는가.

若承佛光下照威力。則能轉重輕受。轉長短受。轉多少受。又能一出地獄便生佛土。豈可言不須佛光照耶。若作此見。得大重罪。經云。假使大千世界滿中大火。念彼佛者直過無疑。何況一己之火而不可滅。即此義也。又云。彌陀如來悲心激切。乃至於無間獄大火輪中。代諸眾生受諸苦惱。方便救脫令生安養。況未淪墜之人而不救護。又云。彼佛慈力普覆世間一切眾生。於彼佛身刀斫香塗。以慈力故不二攝受。是故彌陀願力下化眾生激切之心。於茲可見。何況以種種形身同眾生。於諸時處作化事者。實難可測。若不諦信。未可謂知法者。或謂眾生全體是佛。未審誰是能救所救者。余只向他道。汝欠悟在。

가령 부처님의 광명으로 내려 비추시는 위력威力을 받는다면 무거운 것은 점점 가볍게 받으며, 긴 것은 점점 짧게 받으며, 많은 것은 점점 적게 받는다. 또 한번 지옥에서 벗어나면 불국토에 바로 왕생하거늘, 어찌 부처님의 광명이 비추시는 것을 구하지 않아도 된다 말하는가. 이런 견해를 갖는다면 크게 무거운 죄를 얻게 되리라.

경에서는 말씀하기를 「만약 대천세계大千世界 속에 가득한 불이라도 저 아미타부처님만 생각하면 바로 무사無事히 지날 수 있음을 의심할 여지가 없다. 더구나 한 몸의 불을 소멸하지 못하겠는가」하였는데, 곧 이와 같은 의미다. 또 설하기를, 아미타여래 박가범薄伽梵 부처님께서는 불쌍히 여기는 마음이 격렬하고 간절하시다. 내지는 「무간지옥無間地獄의 불기둥 속에서도 모든 중생을 대신하여 모든 고뇌를 받으며 방편으로 구제하시어 안양국安養國에 왕생하게 하신다」고 하셨거니와, 더구나 아직 떨어지지 않은 사람을 구호하지 않으시겠는가. 또 말하기를 「저 부처님의 자비의 힘은 세간의 일체 중생을 두루 덮어주신다. 저 부처님의 몸을 칼로 찍거나 향을 바르거나에 관계 없이 자비의 힘 때문에 두 가지로 여기지 아니하시고, 다 거두어 섭수攝受하신다」 하였다. 이 때문에 아미타 부처님의 원력이 중생을 아래로 교화(下化)하는 적극적이고 간절한 마음은 자비에서도 볼 수 있는 것이다. 더구나 갖가지 형체의 몸으로 중생과 동일하게 모든 시간과 장소에서 교화의 불사佛事를 지으심이겠는가. 실로 헤아리기 어렵다. 만일 진실하게 믿지 않는다면 법을 아는 사람이라 말하지 못하리라. 혹은 「중생의 전체가 부처라 하나 잘 모르겠다. 누가 구하는 사람이고 누가 구제를 받는 사람인지를…」 하고 말한다면 그를 향하여 「그대는 아직 깨달음이 부족한 사람」이라고 말해 줄 것이다.”

제17 열 가지 큰 장애가 되는 행

十大礙行第十七

詳夫一心平等體性無虧。眾生雖纏綿於業識之中。靡不有出塵之志。方欲究道。魔境先彰。一事虧心。萬善俱失。成小敗廣。得者還稀。況乎物欲交傾。死生遷變。遞相倣効。易地皆然。使我如來於三大阿僧祇劫。捨無數頭目髓腦國城妻子身肉手足。

자세히 살펴보면, 대저 일심一心은 평등하여 체성體性에 이지러지고 모자라서 부족함이 없다. 중생은 비록 저 업식業識의 가운데 얽매어 있으나, 연루連累되어 티끌세계(세속)에서 벗어나고자 하지 아니함이 없다.

바야흐로 도道의 체體를 궁구하고자 함에 마구니의 경계가 먼저 드러나 한 가지 일이 마음을 이지러지게 하고 산란하게 하면 만 가지 모든 착한 일을 함께 잃는다. 작은 것을 성취하나 광대한 것은 실패하여 체득한 자가 뒤돌아보아 희소稀少하다.

하물며 물욕物欲을 교제交際하여 사귐에 기울어지고 생사가 옮기여 변하여 바뀌어짐이겠는가. 번갈아 서로 의지하고 본받으며 처해 있는 형편形便만 바뀌면 모두가 그러하다. 우리 부처님 여래께서 저 삼대三大 아승지겁阿僧祇劫을 좇아 계산하여 헤아릴 수 없는 무수한 우두머리 수뇌, 국성國城, 처자식, 몸의 살, 수족手足을 보살도菩薩道를 위하여 아낌 없이 보시하시었다.

戒忍精進承事知識。不惜身命修行道品。所得法門因玆障礙退其心故。一旦在我而滅。可不痛傷。我今既為釋迦之子。不以力爭。坐令法界群有永失慧目。甚於割切身肉也。是故我今依經創立十種大礙之行。名十不求行。人雖不故願於礙。但於此間或不得已。有一切障礙現前之時。俾我身心先居礙中。而眾魔諸惡障礙之境不能侵我。不能障我。譬如金火同爐。火雖欺金。金必成器。

지계持戒의 인내하는 힘으로 정진하시어 선지식을 받들어 섬기며 신명身命을 아까워하지 아니 하시고 도품道品을 닦아 성취하신 바 위대한 법문이, 더욱 장애로 인하여 그 마음에서 퇴전하는 까닭에 하루아침에 나에게서 소멸한다면 애통하고 매우 상심할 만하다. 나는 이제 이미 석가모니부처님의 아들이 되었다. 힘껏 힘으로 잡아서 이끌어 인도하지 아니하고 앉아서 속수무책束手無策으로 법계의 중생으로 하여금 영원히 지혜의 안목을 잃게 한다면, 몸의 살을 끊어 절단하는 것 보다 애통하고 괴로운 일이다.

이러한 까닭으로 나는 이제 경을 의지하여 십종十種의 크게 장애 되는 행동을 열거하고 「열 가지 구하지 않아야 할 행」이라 이름하였다. 사람이 고의로 장애를 원하는 것은 아니나 혹 어쩔 수 없는 경우 일체의 장애가 현전現前할 때 나의 몸과 마음이 장애 속에 먼저 머물게 한다면, 여러 마구니의 악한 마장의 경계가 나를 침범하여 얽어매지 못하리라. 비유하면 황금과 불이 동일한 용광로鎔鑛爐 속에 있는 것과 같다. 불이 비록 황금을 녹인다 해도 황금은 반드시 금을 이룬다.

其十種大礙之行今當說。一念身不求無病。二處世不求無難。三究心不求無障。四立行不求無魔。五謀事不求易成。六交情不求益我。七於人不求順適。八施德不求望報。九見利不求霑分。十被抑不求申明。此十種大礙之行攝一切諸礙。惟上智者堪任。中下之人不敢希冀。若有得聞此十句義。於諸礙中一一皆能照察覺悟。省身體道。持之不失。則能入諸魔界不為群魔退轉其心。循諸色聲不為色聲惑亂其志。

그 열 가지의 크게 장애 되는 행은 다음과 같다.

❶ 첫째, 몸에 병 없기를 구하지 말라.

❷ 둘째, 세상을 살아가면서 어려움 없기를 구하지 말라.

❸ 셋째, 마음을 참구하면서 장애 없기를 구하지 말라.

❹ 넷째, 수행을 하면서 마구니 없기를 구하지 말라.

❺ 다섯째, 일을 도모하면서 쉽게 성취하기를 구하지 말라.

❻ 여섯째, 정을 나누면서 나에게 이익 되기를 구하지 말라.

❼ 일곱째, 다른 사람에게서 순종과 적합適合함을 구하지 말라.

❽ 여덟째, 덕을 베풀고 보답을 바라지 말라.

❾ 아홉째, 이익을 보거든 나누려고 하지 말라.

❿ 열째, 억울함을 당하더라도 밝히기를 구하지 말라.

이 열 가지 크게 장애가 되는 행은 일체 모든 장애를 포섭한다. 오직 상지上智라야 감당할 뿐 중하中下의 사람은 감히 바라지 못하는 것이다. 이 열 가지 구절의 의미를 듣고 체득하여 모든 장애 가운데 하나하나를 모두 관조觀照하고 깨달아 망실하지 않는다면, 모든 마구니 경계에 들어가도 뭇 마구니들에게 그 마음이 퇴전되지 않으며, 모든 소리와 음성을 따라도 그(색성色聲)로 하여금 그 뜻이 미혹 되거나 어지럽지 않게 된다.

乃至憎愛利名之境。人我得失之場。我心先居礙中。彼礙豈能爲礙。礙若無礙。則於道行尙可直進。何況得於自然無礙之境。道豈不可進哉。譬如高崖之木。雖久旱如焚。尙不改其秀色。何況再澤滂霈而又加於三春之令。豈不敷榮茂實者乎。又如根缺之人。運用雖艱。而於求食之計。有不勝之巧。若以求得之計。移之於求道。豈在礙不能行道乎。當知此礙卽是一切衆生大善知識。亦是一切衆生良佑福田。可以了死脫生。可以超凡入聖。

내지 증오와 사랑, 이익과 명예의 경계나 타인과 나, 얻고 잃음의 장소에서도 나의 마음이 먼저 장애 가운데 거처한다면, 저 장애가 어떻게 이 마음을 가로막고 결박하겠는가.

장애가 장애가 되지 않으면 그 불도의 수행이 아직 그대로 전진할 수 있는데, 하물며 장애가 없는(無礙) 경지를 잘 성취함에 도道가 어찌 전진하지 못하겠는가? 비유하면 높은 언덕의 나무와도 같다. 오랜 가뭄에 타는 듯 하여도 그 빼어난 빛깔의 색상이 변하지 않는다. 더구나 거듭 물이 흠뻑 적시고 또 춘삼월春三月의 따뜻한 기운이 더한다면 왜 활짝 펴서 무성하게 열매를 맺지 않겠는가.

또 육근六根이 결핍된 불구不具의 몸을 지닌 사람이 몸을 운용하기가 어렵다고 하나 음식을 구하는 꾀(計巧)는 이기지 못할 정도로 교묘하다. 음식을 얻겠다고 구하는 계교計巧로 도道를 구하는데다 옮긴다면 무슨 장애가 있어 도를 능히 실천하지 못하겠는가. 그러므로 마땅히 알라. 이 장애가 곧 일체 중생의 큰 선지식이며 또한 일체 중생을 진실하게 돕는 복전福田인 것이다. 이로써 죽음을 끝내고 태어나는 데서 벗어날 수 있으며 범부를 초월하여 성인의 경지에 들어가기도 한다.

於諸世間所有美味上服金剛珠玉一切衆寶。所不能及。是故若非以礙為道。則於非礙反成為礙。何以故。身無病則貪欲乃生。世無難則驕奢必起。心無障則所學躐等。行無魔則誓願不堅。事易成則志成輕慢。情益我則虧失道義。人順適則內心自矜。德望報則意有所圖。利霑分則癡心必動。抑申明則人我未忘。以是義故則知十無礙道能生是過。及成如是一切不吉祥事。為障道因緣。

모든 세간에 소유한 맛있는 음식·좋은 의복·금강金剛의 보배구슬(珠玉)·일체의 보배로도 능히 미치지 못한다. 이 때문에 장애로써 도道를 삼지 않는다면 장애 아닌 것이 반대로 마장을 만들 것이다. 무엇 때문인가.

❶ 몸에 병이 없다면 탐욕이 발생하고,

❷ 세상에서 곤란한 일이 없으면 교만과 사치가 반드시 일어난다.

❸ 마음에 장애가 없으면 배운 것이 주제넘게 도를 넘어서고

❹ 수행에 마구니가 없으면 서원誓願이 견고하지 못하다.

❺ 일이 쉽게 성취되면 뜻이 경솔하고 태만하게 되며,

❻ 나에게 이익이 되게 하고자 하는 정情이 있으면 도의道義를 잃는다.

❼ 사람이 순종하며 알맞게 해주면 마음속으로 자신을 뽐내며,

❽ 베푼 덕에 대한 보답을 바라면 뜻으로 도모함이 있다.

❾ 이익을 분수에 흠뻑 젖게 하면 어리석은 마음이 반드시 요동하고,

❿ 억압 당함을 공개해서 밝히면 '타인과 나'의 시비심을 잊지 못한다.

이러한 연고로써 곧 알라. 열 가지 마장이 없는 도는 이러한 허물을 발생시키며 이같은 일체 길상吉祥하지 못한 일을 성립시켜 불도佛道를 가로막는 인연이 되는 것이다.

> 何以故。貪欲生必破戒退道。驕奢起必欺壓一切。學躐等必未得謂得。願不堅必未證謂證。志輕慢必稱我有能。虧道義必見人之非。內自矜必執我之是。意有圖必華名欲揚。癡心動必惡利毀己。存人我必怨恨滋生。是十種過從凡妄生皆名邪見。展轉生起無量惡法。遍虛空界。必令眾生墮於地獄。豈可於此不生敬慎。

왜 그러한가. 탐욕이 발생하면 반드시 계율을 파괴하고, 도道에서 퇴전하며, 교만과 사치함이 일어나며, 반드시 일체를 속이고 억압한다. 학문學問이 등급을 넘으면 반드시 성취하지 못하고도 성취했다고 말하며, 원력이 견고하지 못하면 반드시 증득하지 못하고도 증득했다고 말한다.

뜻이 경솔하고 교만하면 반드시 나는 유능하다고 자칭自稱하며, 도의道義가 이지러지면 반드시 다른 사람의 허물을 보게 된다. 안으로 자신을 뽐내고 반드시 내가 옳다고 고집하며, 뜻으로 도모하는 것이 있으면 반드시 번잡하고 화려한 명예를 드날리고자 한다.

어리석은 마음이 요동하면 반드시 추악한 이익으로 자기 자신을 허물어 해치며 나와 남이라는 시비심是非心을 간직하면 반드시 원한이 더욱 발생하기 때문이다. 이 열 가지 종류의 허물이 범부로부터 허망하게 발생한 것이므로 모두 삿된 견해라 이름하며, 더더욱 한량없이 발생한 악법惡法이 허공계虛空界에 두루하여 중생이 지옥에 떨어지게 하는 것이다. 어찌 여기에서 공경하고 삼가는 마음을 내지 않아서야 되겠는가.

> 若能體茲礙境。識病因緣知病性空。病不能惱。了難境界體難本妄。難亦奚傷。解障無根。即障自寂障不爲礙。達魔妄有究魔無根。魔何能嬈。量事從心。成事隨業。事不由能。察情有因。於情難強。情乃依緣。悟人處世。觀人妄爲。人但酬報。明德無性。照德非常。德亦非實。世利本空。欲利生惱。利莫妄求。

이 장애의 경계를 체득하여 병의 인연을 식별하고 병의 성품이 공空한 것을 알면 병으로 하여금 어지럽히지 못하게 하며, 어려운 경계를 살펴 알아 어려움이 본래 허망함을 몸소 체득하면 어려움이 또한 어찌 나의 수행을 해치겠는가. 장애의 뿌리가 없음을 이해하면 장애가 저절로 고요해져 마장이 장애가 되지 않으며, 마구니가 허망으로 존재함을 통달하여 마구니의 근본이 없음을 체득하면, 마구니가 어떻게 교태嬌態를 부리겠는가.

여러 사무를 헤아리는 것은 마음을 좇고, 일을 이루는 것은 업을 따르므로, 일이란 능력을 말미암지 않는다. 모든 것을 알아보는 사람의 정(人情)

에는 이유가 있지만, 인정에는 무리하기 어렵기 때문에, 인정은 운에 맡기고 인연을 따라야 한다.

깨달은 사람의 처세處世는 사람의 허망한 행위를 관찰하고 사람과 무심無心하게 주고받을 뿐이다. 덕의 본성이 없음을 밝히고 덕의 항상하지 않음을 관조觀照하면 덕은 또한 실제가 아닌 것이다. 세상의 이익도 본래 공하여 이익을 욕심내면 번뇌가 발생하나니, 이익을 허망하게 구하지 말라.

受抑能忍。忍抑為謙。抑何傷我。是故大聖化人以病苦為良藥。以患難為解脫。以障礙為逍遙。以群魔為法侶。以事難為安樂。以弊交為資糧。以逆人為園林。以市德為棄屣。以疎利為富貴。以受抑為行門。如是則居礙反通。求通反礙。於此障礙皆成妙境。故得之與失自不能知。人奚於中强生取捨。是以如來於障礙中得菩提道。至若為半偈時之遇羅刹。作仙人世之值歌利。

억압을 받아야 인욕할 수 있으며 억압을 참으며 겸허해진다. 억압이 나에게 무엇을 해치겠는가. 이 때문에 대 성인이 사람을 교화하심에

❶ 병고病苦로써 양약良藥을 삼고

❷ 환란으로써 해탈을 삼으며

❸ 장애로써 소요逍遙함을 삼고

❹ 뭇 마구니로써 도반(法侶)을 삼으며

❺ 일의 어려움으로써 안락을 삼고

❻ 악독한 교분을 자량資糧으로 삼으며

❼ 거역하는 사람으로써 원림園林을 삼고

❽ 덕을 베푸는 것을 버린 신짝처럼 여겼으며

❾ 이익을 멀리하는 것으로써 부귀함을 삼고

❿ 억압 받는 것으로 수행의 문으로 삼으셨다.

이와 같다면 장애에 거처하나 반대로 통하며, 통하기를 구하면 반대로 장애가 될 뿐이다.

이 장애 속에서 모든 것을 오묘한 경계로 성취하기 때문에 거기에서 얻고 잃는 것은 스스로 의식하지 못한다. 사람들은 무엇 때문에 그 가운데서 애써 취사取捨선택의 분별심을 내는가. 이 때문에 여래 부처님 박가범薄伽梵께서는 장애하는 가운데에서 보리菩提의 도道를 성취하셨다. 심지어는 설산雪山(히말라야)에서 반半 구절句節의 게송을 위하여 나찰羅刹을 만났으며, 선세인先世人이 되어서는 인욕보살忍辱菩薩로써 가리왕歌利王에게 사지四肢를 마디 마디 절단 당하는 괴로움을 만나기도 했다.

> 瓦石來擊之增上慢比丘。木盂為孕之大毀謗婬女。及鴦屈摩羅之輩。提婆達多之徒。皆來作逆。而佛悉與其記。化令成佛。豈不以彼逆而為吾之順。以彼毀而為吾之成也。何況時薄世惡。人事異常。於學道人豈無障礙。於今若不先居於礙。則障礙至時莫能排遣。使法王大寶因茲而失。可不惜。諸愚故依經聊述所知。願勿嫌棄。倘因聞此義故障礙現前。反能勇進於道。可謂得斯旨焉。

기와조각과 돌을 가지고 때리는 증상만增上慢의 비구도 있었으며, 나무 발우鉢盂를 배에 엎고 임신한 듯 꾸며서 크게 부처님을 모함하여 비방하고 훼방하는 천박한 여인도 있었다.

앙굴마라鴦屈摩羅나 제바달다提婆達多의 무리들에 이르러서도 모두 거역하는 일을 하였으나, 부처님은 그들에게 수기授記하고 교화하여 성불하도록 하셨다. 어찌 저들의 거역으로써 나의 순종을 삼으며 저들의 훼방함을 나의 성취로 삼지 않았겠는가.

더구나 시절이 각박하고 세상은 사악하며 인사人事가 상도常道와 상이하니, 도道를 배우는 사람에게 왜 장애됨이 없겠는가. 지금 장애에 먼저 거처하지 않는다면 마장이 이르러 올 때에 배격하여 이를 물리치지 못하리라. 이리하여 법왕法王의 큰 보배를 이로 인하여 잃게 됨이니, 어찌 애석하지 않겠는가. 모든 우둔하고 어리석은 사람들 때문에 경전에 의지하여 부족하나마 아는 것을 기술하였다.

원願하건대 의심하여 방기放棄하지 말라. 이 말을 들음으로써 장애가 나타나도 반대로 도道에 용맹하게 정진할 수 있다면, 깊은 종지를 성취했다 말할 수 있으리라.

南無阿彌陀佛
나무아미타불

염불할 때의 지극히 간절한 마음가짐은
갑자기 애통하게 돌아가신 부모상(喪)을 만난 때와 같이
자기 머리에 붙은 아주 뜨거운 불을 끄려는 생각과 같이
매우 배가 고플 때 먹을 것을 간절하게 생각하는 것 같이
태양이 이글거리는 불타는 사막에서 목마를 때와 같이
엄청나게 아픈 중병이 났을 때에 급하게 약을 찾는 것과 같이
엄마가 어디 있는지 몰라 아이가 어머니를 찾는 것과 같이
억울하게 감옥에 갇혔을 때에 나오기를 바라는 생각과 같이
철천지 원수가 죽이려고 따라올 때에 피하려는 것과 같이
물에 빠져 숨을 못쉬어 곧 죽을 것만 같을 때와 같이
집안에 큰 불이 나서 급히 자식을 구해야 할 때와 같이
닭이 알을 품었을 때, 온도가 떨어지지 않게 하려는 것과 같이
고양이가 쥐를 잡을 때 절대로 다른 곳을 보지 않고 집중하는
것과 같이 하여야 할 것이다.
- 연종집요

2005년 5월 20일 중국
해남성海南省 상공에서
촬영된 부처님(佛身)

제18 여러 가지 의미를 나열하고 드러내다

羅顯衆義第十八

夫念佛三昧者名一行三昧也。蓋彼行人旣了深旨。能持一心。惟念彼土。惟憶彼佛。知身土無二。了憶念亦一。乃得名爲一行也。雖名一行。亦當以彼一切世出世間無量法門諸功德行以爲助道。則往生行疾。是故一切諸行悉爲淨土而修。無別岐路。名一行耳。譬如衆流入海同得海名。萬善同歸得名一行。

대저 염불삼매念佛三昧를 일행삼매一行三昧라 지칭한다. 대개 수행인이 깊은 의미를 잘 이해하고 한결같은 마음을 지녀 저 국토(서방정토 극락세계)만을 생각하고, 저 아미타부처님만을 기억·사념하여 「몸과 국토가 둘이 아니라」(身土無二)는 것을 깨달아 인지하고 기억하고 사념함도 또한 하나임을 깨달아 인식하면 일행삼매一行三昧라 이름할 수 있다. 비록 일행一行이라 하였지만, 또한 일체 세간 및 출세간出世間의 한량없는 법문과 모든 공덕의 행으로써 조도助道(보조 수행법)를 삼아야만 왕생의 행업行業이 신속히 성취된다.

이러한 까닭으로 일체의 모든 행이 정토를 위해 수행할 뿐이지, 별도의 길이 없는 것을 또한 일행一行이라 한다. 마치 뭇 여러 가지 흐름이 큰 바다로 흘러 들어가면 한 가지로 동일하게 바다라 이름하듯이 만 가지 선행이 동일하게 마침내 한 곳으로(만선동귀萬善同歸)[36] 돌아가는 것을 일행

---

36) 만선萬善이란 일체 선법善法이란 뜻으로, 수행의 목적을 성취하고 다음 생(왕생극락)에 좋은 과보를 얻기 위하여 닦아야 하는 윤리도덕적인 모범이 되는 행위를 말한다. 인간이 행하는 일체의 선善이 모두 절대적인 근원으로 귀착하는 것이라고 주장하는 만선동귀萬善同歸의 원리를 설명한 책이 바로 『만선동귀집』이다. 선禪과 교敎에 관계없이 여러 종파의 사상을 모두 밝혀 놓아 불교 전반의 사상개론서라고 할 수 있는 책이다. 영명연수永明延壽(904~975) 선사는 중국 선종 법안

一行이라 지칭한다.

> 以是義故。則一切念處正勤根力覺道四弘六度皆淨土行。乃至彈指之善。及散心念佛。
> 或一稱名。或擧一手一禮一讚。或一瞻仰。乃至或奉一香一水一華一燈一供養具。或一
> 念修習至於十念。或發一施一戒一忍禪定智慧一切善根回向極樂。願力持故。雖有遲
> 疾。皆得往生。如經所說喻。昔有人。以小滴水寄於大海。願不壞不失不異不竭。雖經多
> 劫。要還元水。其人經多劫已。如寄所取果得元水。不壞不竭。此亦如是。

이러한 연유로 하여 일체의 사념처四念處·오정근五正勤·오근五根·오력五
力·칠각지七覺支·팔정도八正道·사홍서원四弘誓願·육도六度가 모두다 정
토의 행이다. 손가락을 튕길 찰나의 선행과 산란한 마음으로 하는 염불
과 혹은 한번 명호를 칭념稱念하는 것과 한 손을 들고 한번 예배하고 한
번 찬탄하며 한번 우러러 예배하는 것과 나아가서 한 개의 향, 한 방울
의 물, 한 송이의 꽃, 하나의 등燈, 한 개의 공양구供養具, 혹은 일념一念
을 수습하여 십념十念에 도달하며 하나의 보시, 하나의 계율, 하나의 인
욕, 선정禪定, 지혜인 일체의 선근을 오로지 서방정토 극락세계로 회향해
야 한다.

이렇게 행하면 원력을 닦아 지니는 것이기 때문에 신속하고 완만함이 있
다 하여도 모두가 서방정토 극락세계에 왕생을 성취하게 된다. 경전에서
비유로 말한 것과도 동일하다. 옛날 어떤 한 사람이 작은 양의 물을 큰
바다에 투척하면서 파괴되지도 분실하지도 상이하지도 마르지도 아니하

종의 3대 조사이자 정토종의 7조로 추앙받는 고승으로 선·교와 염불을 두루 아우른 사상적 폭이
매우 넓은 스님이었다. 만년에는 선과 염불의 겸수를 주장하며 선정일치禪淨一致를 내세우기도
하였다. 저녁에는 언제나 행도염불行道念佛을 했다고 알려져 있다. 고려 광종이 그의 학덕을 사
모하여 38명의 고려 스님을 연수선사에게 보내 유학을 시켰다는 일화도 전해진다. 연수선사의
대표적 저술로는 100권에 달하는 대작인 『종경록宗鏡錄』이 있기도 하지만 『만선동귀집』 역시
그의 사상을 대표하는 저술이다.

고 다겁多劫을 경과한다 해도 요컨대 원래의 물로 되돌아가라고 발원하였다. 그 사람이 다겁을 지나고 나자 발원하여 부탁했던 것과 같이 과연果然 원래의 물을 도로 얻게 되었는데, 파괴되지도 건조하여 마르지도 않았으니, 서방정토西方淨土에 회향함도 이와 같다.

> 以小善根回向極樂。如寄滴水。雖經異生。善根不失亦不壞竭。生彼無疑。是以大乘小乘有漏無漏散心定善事想觀慧。皆名一行。悉得往生。惟除外道種性。故云。但辨肯心。必不相賺。又經所謂一稱南無佛。皆已成佛道。良可深信。其有因心未起善行未立。身心未屈。先期感應者。不可與其同語也。是故釋迦聖}主一代至談。有無量三昧無量解脫。無量行願總持相應無量法門。

작은 선근을 극락 왕생에 회향함이 오히려 마치 작은 양의 물을 바다에 투척하여 부탁하는 것과도 같다. 다른 생을 경유하더라도 착한 뿌리를 망실하지 않고, 파괴되거나 다하지 않고, 저기 서방정토 극락세계에 왕생한다는 것을 의심할 여지가 없다. 이러한 까닭으로 대승과 소승, 유루有漏와 무루無漏, 산심散心과 정선定善, 사상事想과 관혜觀慧(관조지혜)를 모두다 일행一行이라 하는데, 모두가 왕생을 성취하게 하는 것이다.

그러나 외도나 사견을 가진 종성(外道邪見種性)은 이에서 제외된다. 그 때문에 하고자 하는 마음만 구비한다면 반드시 발원과 왕생이 서로 위배되지 않는다.

또한 경전에서 "「나무 불佛」을 한번만 칭념稱念하여도 다 부처님의 도道를 성취한 것이다(一稱南無佛 皆已成佛道)" 하였는데 진실로 깊이 믿을 만하다. 원인 되는 마음(因心)을 발하거나 선행을 수립하거나 몸과 마음을 조복調伏하여 자기를 다스리지 아니하면서 감응을 먼저 희구希求하는 사람과는 함께 상대하여 말할 수 없다. 이 때문에 석가모니 성주聖主 박가범薄伽梵께서 일대一代의 지극한 가르침 가운데 한량없는 해탈·행원行願·총지摠持[37]로 상응하는 무수한 법문이 있지만 오직 염불의 한 가지 문이 가없이 원만하여 두루 모두를 포괄하여 감싸고 있을 뿐이다.

> 惟念佛一門圓攝無外。悉皆具足。如彼大海吞納{眾}流性無增減。如如意珠置高幢上。能滿一切眾生願求。體無虧損。此三昧寶王能攝能具亦復如是。由是義故。始我世尊以此三昧遍告眾會非不再三。彼會所有承聽大根之士。若文殊等。及三乘聖}賢天龍八部。無不傾心而歸信也。逮法流東土。有大至人。於彼廬山闡揚遺化。彼信奉者如風行草上。極天下之望。無不美其教焉。自佛至今將二千三百餘載。

염불법문念佛法門의 구족具足함은 마치 저 큰 바다가 여러 가지 강물을 삼켜 흡수하지만 본성은 증가하거나 감소함이 없는 것과 같으며, 여의주如意珠를 높은 깃대 위에 올려놓으면 일체 중생의 소원대로 만족시켜 주지만 이지러짐이 없는 것과 같다. 이 보왕삼매寶王三昧도 능히 포섭하고 능히 구족한 것이 또한 이와 같다.

이러한 의미가 있기 때문에 처음 우리 부처님 세존 박가범께서 이 삼매로써 여러 법회 대중에 법문하시기를 두 세 번 반복하신 것이다. 저 모임에서 받들어 법문을 들은 대근기大根機의 인재人才로서 문수보살·보현보살 등 삼승三乘의 성현과 천룡팔부天龍八部[38] 같은 무리들로 마음을 다

---

37) 다라니를 '총지摠持·능지能持·능차能遮'라고도 한다. 두 가지 뜻으로 풀이되는데, 첫째는 지혜 또는 삼매三昧를 뜻한다. 우주의 실상實相에 계합하여 수많은 법문法門을 보존하고 있는 것으로, 하나의 다라니를 기억함으로써 다른 모든 것을 연상하여 잊지 않게 하며, 선법善法을 가지게 되고 악법을 잘 막을 수 있게 된다. 보살이 타인을 교화하려면 반드시 다라니를 얻어야 하며, 다라니를 얻으면 무량한 불법佛法을 잊지 않고 자유자재로 설교할 수 있다고 한다.

38) 팔부신중八部神衆이라고도 하는 불법을 수호하는 8종류의 신중. ⑴천: 천계를 지키는 수호신중 ⑵용: 물 속을 지키며 바람과 비를 관장하는 신중. ⑶야차: 사람을 도와주는 신중. ⑷건달바: 약을 주는 병을 고쳐주는 신중. ⑸아수라: 조복을 받아내는 선신의 역할. ⑹가루라: 새벽이나 태양을 인격화한 신화적인 새. ⑺긴나라: 말의 머리로 표현되는 가무의 신중. ⑻마후라가: 사람의 몸에 뱀의 머리를 가진 음악의 신중. 땅 속의 모든 요귀를 물리치는 힘이 있다. 팔부신중은 불법을

받쳐서 귀의하여 믿지 않는 자가 없었다.

동토東土에 법이 유통되자 대 지혜인이 여산盧山(여산 동림사의 혜원대사를 가리킴)에서 부처님이 유촉遺囑하신 교화(정토법문)를 천양闡揚하였는데, 신봉하는 사람들은 바람이 풀 위를 스치듯 천하의 인망人望을 다하여 그 가르침을 찬미하지 않음이 없다. 부처님께서 열반涅槃에 드신 이후 지금까지 이천삼백여 년이 되었다.

> 中有聖賢之人高僧巨儒農商仕賈匹夫匹婦奴婢黃門。或自行而勸人。或著文而作誓。重法如寶。輕身若塵。臨難不懼。臨死不顧。挺身立行。力修此道者。何知其幾。或修隨喜。或信歸依。乃至隨得盡己之誠\而行者。其數益眾。誠所謂列宿塵沙莫況其多也。或有半信不信猶豫不決之人。尚生彼國疑城邊地。何況正信行者哉。傳記所載萬不及一。自古及今咸受其賜。豈筆舌所能盡述。

그 가운데 성현·고승·거유巨儒·농부·상인·필부匹夫·필부匹婦·노비奴婢·내시內侍에 이르기까지 혹은 스스로 실천하며 다른 사람에게 권하기도 하였고 혹은 문장을 저술하여 서원誓願을 발하기도 하였다. 법은 보배처럼 귀중히 여겼고, 몸은 티끌처럼 가볍게 생각하였다. 어려운 일도 두려워하지 않았으며, 죽음에 임해도 뒤돌아보지 않았다. 뛰어난 몸으로 행을 수립하여 이 도道를 힘써 수행한 사람이 그 몇이나 되는지 어떻게 알겠는가. 혹은 수행을 하며 따라서 기뻐하였고 혹은 믿고 귀의하였으며, 내지는 체득한 것을 따라 자기의 극진한 정성으로 수행한 사람은 그 숫자가 더욱 많았다. 진실로 이르는 바 하늘에 떠있는 별과 먼지

수호하는 여덟 신장神將이다. 여덟이기 때문에 팔부중, 팔부신중, 팔부신장 등으로 부르며, 천天, 용龍을 으뜸으로 치기 때문에 천룡팔부 또는 천룡팔부중이라고도 부른다. 다만, 실제로 여덟 명은 아니며 여덟 가지 존재라고 보는 쪽이 더 정확하다. 『법화경』『화엄경』『무량수경』『대반야경』 등의 대승경전에서는 항상 법회 자리를 수호하는 신장으로 등장한다.

·모래와 같은 숫자로도 그 많은 것을 비유하지 못한다 한 것이었다. 혹은 반신반의하거나 믿지 못하여 유예猶豫하며 결단하지 못하는 사람이라 해도 저 국토의 의심의 성(疑城) 변두리 땅(邊地)에 왕생하거늘 항차 바르게 믿고 수행하는 사람이겠는가. 전기에 실린 것은 만에 하나도 미치지 못할 정도며 예로부터 지금까지 모두가 그들의 은혜를 받았었다. 어떻게 필설筆舌로 다 기술하겠는가.

> 縱欲別修道品。但假自心之力。或有退轉着魔之患。惟此法門因仗佛力。修則必成。無復魔業。永不退轉。又此三昧非但遠魔。亦於人間。一切縣官口舌。是非患難。水火盜賊。惡人凶事。乃至一切虎狼蟲獸鬼魅妖精。不吉祥事。不能侵害。又亦不爲一切疫痢傷寒癰疥下賤眼耳鼻舌諸病所惱。如其願行無虧。皆能排遣。惟於人中名聞利養甜愛軟賊\及瞋心瞋火。雖有佛力。蓋是自咎。不能救焉。行人當深加精進以攘却之。若一念因循。必爲所奪。

어떤 사람은 도품道品을 따로 수행하고자 하나 자심自心을 의지하여 빌릴 뿐이므로 혹은 퇴전하여 마구니를 보는 환란이 있기도 하다.

그러나 이 정토법문만은 부처님의 힘을 의지할 뿐이므로 수행하면 반드시 성취하여 다시는 마업의 방해함이 없이 영원히 퇴전하지 않는다. 또 이 삼매를 수행함에 마구니만 멀리할 뿐 아니라, 인간의 일체 현관縣官의 구설口舌이나 시비是非·환란·수재 및 화재·도적·악인으로 의한 흉사凶邪와 내지는 일체 호랑이·짐승·귀신·도깨비·요정妖精의 길상吉祥하지 못한 일들이 침해하지 못한다. 또한 일체 전염병·추위로 인한 질병·종기腫氣·빈천·눈·귀·코·혀의 모든 병에도 어지럽지 않다.

그의 원행願行처럼 부족함이 없이 모든 것을 배격하여 물리칠 수 있으나 사람의 명예·이익·탐애·도둑질·성냄·분노만은 부처님의 힘이 있다 해도 스스로의 허물이므로 구제하지 못하니, 수행인은 더욱 깊이 정진하여 반드시 격퇴하여 물리쳐야 한다. 만일 한 생각이라도 어물정 어물정 했다가는 반드시 빼앗기게 되리라.

然彼軟魔但能害淺信貪怠失念之人。其精進者如剛火得水反堅。焉敢小近而睥睨也。是故行人因佛捽魔。非止此身安樂。又得三昧成就天人護助。臨終正念往生。其往生之際瑞應非一。或天樂盈室。或異香滿室。或光明照體。或寶座現前。或彌陀垂臂親自來迎。或菩薩執臺授手而接。乃至預知時至。正念不謬。諸障忽空。自能沐浴加趺。會眾說法。叉手告別。或更勉人進道盡偈擲筆合掌而逝。

그러나 저 사랑을 탐하는 연마軟魔는 믿음이 천박하여 탐욕스럽고 게으르며 실념失念한 사람만을 해칠 뿐 정진하는 사람에겐 강렬한 불기운에 연마한 쇠가 물을 만나면 반대로 견고해지는 것과도 같다. 어떻게 소소하게 여기며 감히 가까이 하면서 무시하여 곁눈질 하겠는가. 이러한 까닭으로 수행인이 부처님을 의지하여 마구니를 배척해 버리면 이 몸이 안락한데 그칠 뿐 아니라 또 삼매를 성취하여 천상과 인간이 보호하고 돕는 것이다.

임종할 때 왕생을 정념正念하면 그 왕생할 즈음 상서祥瑞로운 감응이 하나 둘이 아니다. 혹은 하늘나라의 음악이 방 안에 가득하기도 하고 혹은 특이한 향기가 집안에 가득하기도 한다. 혹은 신이神異한 광명이 몸을 비추기도 하며 혹은 보배로운 연화좌蓮華坐가 현전하기도 한다. 혹은 아미타부처님께서 직접 와서 맞이하여 영접迎接하기도 하고 혹은 보살이 연화대蓮花臺를 손수 주며 제접諸接하기도 한다.

내지는 죽음의 시간이 이르러 왔다는 것을 미리 알고 정념正念을 어기지 않으면 모든 장애가 홀연히 텅 비게 된다. 그리하여 스스로 목욕沐浴하고 가부좌跏趺坐하여 대중을 모아서 설법하고는 차수叉手하며 고별을 나누기도 한다. 혹은 다시 사람에게 "도道에 나아가 닦으라" 권면勸勉하는 게송 쓰기를 다하면 붓을 던지고 합장하며 떠나기도 한다.

> 或臨終之後舉體如生。齒骨數珠燒之不壞。光焰異常五色鮮明。祥物於空盤旋不散。煙所至處舍利流珠觸物而生。此耳目之所常有者也。若非平日履踐明白精進力感。焉能若是。嗟今之人或有修而無効者。蓋彼信根淺薄。因地不真。未曾立行。先欲人知。內則自矜。外欲顯曜。使人恭敬供養冀有所得。甚至妄言得見淨境。或見小境及夢中善相。未識是非先欲明說。

혹은 임종한 뒤에 온 몸이 살아있는 것과 같으며 치아齒牙와 뼈에서 나온 몇 개의 청명한 사리는 태워도 파괴되지 않는다. 광채는 일반적인 것과는 다르게 오색五色이 선명하며 상서祥瑞로운 물질은 허공에서 맴돌며 흩어지지 않는다. 연기가 이르는 곳마다 사리가 구슬처럼 흐르다가 부딪치는 물질마다 발생하는데, 이는 눈과 귀로 항상 기억하고 있는 것들이다. 평소에 실천하기를 명백히 하여 정진력精進力으로 감득하지 않았다면 어떻게 이와 같을 수가 있었겠는가.

슬프다! 요즈음 사람들이여! 혹은 수행을 했는데도 효과가 없는 것은 대체로 신근信根이 천박하고 인지因地가 진실하지 못하였기 때문이다. 일찍이 수행은 세우지 않고 우선 다른 사람에게 알리고자 하여 안으로는 자신을 뽐내고 밖으로는 광채를 나타내고자 한다. 사람들이 공경히 공양한 소득所得이 있기를 바라며, 심지어는 정토의 경계를 보았다고 허망하게 말하기도 한다. 혹은 소소한 경계와 꿈속에서 좋은 형상(善相)을 보면 옳고 그름을 식별하지 아니하고 먼저 말하고자 한다.

此等卑下必為如上魔侶所惑。願行退失還隨生死苦趣。可不慎哉。雖有道場持誦懺願儀式。不得不被人知。蓋出於不得已。豈可特露其迹使觀行傾敗哉。是則行人還當審諦密實自行。內懷慚愧勿露其德。至到家時。不被如上強軟二魔所惑可也。中有宿障欲滅微見好相。如其不能蘊德聞人之耳。則其行必覆。所以遠公三覩聖相。平日未嘗言也。但除臨終時耳。至禱至禱。又此三昧體性雖圓。所解則宜廣大。所行則宜盡諸微細條章。革諸猥弊。乃至小罪猶懷大懼。

이들의 비열하고 천박한 견해는 반드시 위와 같은 마구니 도반道伴에게 현혹되어 원행願行에서 퇴보하거나 잃어버려 생사의 괴로운 세계로 다시 떨어져 추락하리니, 삼가 조심하여 경계하지 않아서야 되겠는가. 도량에서 지송하며 참회하고 발원하는 의식을 주위에서 알지 못하게 할 수 없는 것은 대체로 어쩔 수 없는 경우에서 나온 것이다. 왜 그 자취를 특별하게 노출시켜 관행觀行이 파괴되게 해서야 되겠는가. 이는 곧 수행인이라면 자세히 살피고 가만히 알차게 행하여 안으로 부끄러운 마음을 품고 덕을 드러내지 말아야 한다.

집에 도달할 때 위에서와 같은 강하거나 부드러운 두 마구니에게 현혹되지 않아야 한다. 수행하는 도중에 오랜 업장業障이 소멸하고자 하며 좋은 상호好相(부처님의 상호)가 희미하게 보일 경우 덕을 온축蘊蓄하지 못하고 다른 사람의 귀에 들리게 한다면, 그 수행은 반드시 전복顚覆되리라. 그 때문에 혜원조사慧遠祖師께서는 성상聖相을 세 번이나 친견하였으나 평상시에 말하지 않았던 것이다. 다만 임종할 때만 제외한다.

이렇게 행하기를 지극히 기도하고 기도함에, 이 삼매의 체성體性이 원만하기는 하나 이해는 광대하게 해야 하며 실천은 모든 미세한 세부 사항을 극진히 해야 한다. 모든 외람猥濫된 폐단弊端을 개혁하고 내지는 조그만한 죄라 할지도 큰 두려움을 품어야 한다.

又當解隨大乘。行依小學。乃能合此三昧。若知小不自小。小隨解圓。圓不離小。小即是大。小大解行一理無分。即超世見。經云。孝養父母。奉事師長。慈心不殺。修十善業。受持三歸。具足眾戒。不犯威儀。發菩提心。深信因果。不謗大乘。勸進行者。以上每句是一法行。古人各有法訓一章。玆不能述。又復當護人心。勿使謗嫌。動用自若。誦大乘經。解第一義。親近善友。請問先覺。不執己見。不引己長。

또 이해는 대승의 가르침을 따르고 행은 소승小乘의 학문을 의지해야만이 염불삼매念佛三昧에 합치할 수 있다. 가령 소승의 행을 작게 여기지 않고 이해의 원만함을 따라 소승의 행을 떠나지 않는다면, 소승이 곧 대승을 성취하게 된다. 소승과 대승의 '앎과 실천'(解行)이 나뉘지 않는 한 가지 이치라야 세간의 견해를 바로 초월할 수 있다.

경전에서 말하기를 "부모에게 효도로 봉양하고 '스승과 어른'(師長)을 섬기며, 자비로운 마음으로 살생하지 아니하고, 열 가지 선업善業을 수행하며, 삼귀의三歸依를 수지하고, 여러 계戒를 지키며, 위의威儀를 범하지 않고, 보리심菩提心을 발하며, 인과를 깊이 믿고, 대승을 비방하지 않아야 한다" 하였다. 수행자에게 정진하여 닦기를 권한 것이다.

이상의 여러 구절로써 한결같은 나의 법행法行으로 삼으라. 고인古人들에게는 제각기 법훈法訓의 한 문장이 있었으나, 여기에서는 기술하지 않는다. 또 사람의 마음을 보호하여 과시하거나 혐의嫌疑하지 말며, 행동을 태연자약泰然自若하게 하라. 대승의 경經을 지송하여 제일의第一義(개념화할 수 없는 궁극의 진리)를 이해하고, 착한 벗을 친근하고, 선각先覺에게 묻기를 청하며, 자기의 견해를 고집하고 자기의 장점을 이끌어 내지 말라.

志存忍辱。行當依經。聽聞正法。不毀僧尼。息世雜善。不貪名利。遠離邪惡。處事必忠。

將過歸己。深誠綺語。一心不亂。視人如佛。捐棄伎能。惟求往生。身必清淨。如是等無量善行悉宜修習能助正道。更能割世染心。於憎愛二境無諸留難。凝心如一。必生淨土。其功甚大不可盡述。是故於此法中。密修斯行。高而不名。得生彼者。何知其幾。然而有名於傳記之人如大海之一滴耳。豈可量其數哉。若人能依教誠但行此行。尚能利益無量冤業眾生。何況父母師長。法門眷屬。兄弟姉妹。及平日中解我患難。提挈我者。不得其利。

인욕의 뜻을 간직하고 경을 의지하여 실천하며 정법正法을 듣고 스님들을 훼방하지 말며 세간의 잡다한 선행을 쉬고 명리名利를 탐하지 말라. 사악함을 멀리 떠나 반드시 충직하게 일을 처리하며, 허물은 자기에게 돌리고, 꾸며서 기만欺瞞하는 말을 깊이 경계하라. 혼란스럽지 않은 한결 같은 마음으로 사람들을 부처와 같이 보며 곁가지의 능력(伎能)을 버리고 왕생만을 구하면 반드시 청정하리라. 이같은 등의 한량없는 선행을 다 수습해야만 정도正道를 도울 수 있다. 다시 세상의 오염된 마음을 끊고 증오와 사랑의 두 경계에서 모든 남은 어려움이 없어야 한다. '나무아미타불' 염불로 뭉친 마음이 한결 같아야 반드시 정토에 왕생하는데, 그 공덕은 매우 위대하여 다 기술하지 못할 정도다.

이 때문에 이 염불법문念佛法門 가운데 행을 가만히 닦아 고매高邁하면서도 명예를 드러내지 않고 저 서방정토 극락세계에 왕생한 사람이 그 몇이나 되는지 어떻게 알겠는가. 그러므로 전기에 실린 유명有名한 사람들은 큰 바다에 한 방울과 같은 작은 숫자일 뿐이다. 어떻게 그 숫자를 다 계산하여 헤아리겠는가. 가령 어떤 사람이 불교의 교훈을 의지하여 이 행만을 수행한다 해도 한량없는 원한의 업(冤業)을 지닌 중생에게 이익을 주게 된다. 더구나 부모·형제·자매·스승과 어른·불문의 권속 및 평일에 나의 환란을 풀어주고 나를 이끌어 준 사람이 그 이익을 얻지 못하겠는가.

故知但修此行。恩無不報。是以應當一心念佛。阿彌陀佛及二大士境界甚深。於苦海中
難得親近。難得憶念。何以故。能憶念者必解脫故。聞名尚難。何況親近。經云。若善男子
善女人但聞佛名二菩薩名。除無量劫生死之罪。何況憶念。若念佛者。當知此人是人中
芬陀利華。觀世音菩薩大勢至菩薩為其勝友。當坐道場生諸佛家。是故十方如來示大舌
輪。殷勤勸勵。娑婆教主告誡叮嚀其辭激切。俾令五濁眾生必修此道乃得度世。何以
故。蓋彼五濁眾生身心俱苦。以苦為命。猶水火聚。而佛特於苦處行悲最深正應機宜。如
水如月。感應道交故也。

그러므로 이 행만을 수행하더라도 은혜를 보답하지 않음이 없다는 것을 알아야 한다. 이 때문에 한결같은 마음으로 염불해야 한다. 아미타부처님과 관세음보살·대세지보살 두 대사大士(보살)의 경계는 매우 심오하여 고해苦海 중에서는 친근하기가 어려우며 기억하고 사념하는 것도 어렵다. 무엇 때문이겠는가?

능히 기억하고 사념하는 사람은 반드시 해탈하기 때문이다. 명호(아미타불)를 듣는 것도 어려운데 더구나 친근히 함이겠는가. 경에서 말하기를 "가령 선남자善男子 선여인善女人이 아미타부처님의 명호와 두 보살의 명호만을 들어도 무량겁無量劫의 생사의 죄를 소멸하여 제거한다" 하였다. 더구나 기억하고 사념하는 사람이겠는가.

가령 염불하는 이가 있다면 이 사람은 사람 가운데 분다리화芬陀利華(극락의 하얀 연꽃)라는 것을 알아야 한다. 관세음보살과 대세지보살이 그 사람의 훌륭한 벗이 되어 도량에 앉아계시면서도 모든 부처님의 집안에 태어나게 하는 것이다. 이 때문에 대체로 저 오탁악세五濁惡世의 중생은 몸과 마음이 함께 괴롭기 때문에 부처님께서 특별히 괴로운 처소에서 가장 심오하게 대자대비를 행하신 것이다. 근기의 마땅한 데 바르게 감응하는 것은 물과 같고 달과 같은데, 이는 감응의 도道가 교합하기 때문이다.

是故世尊自成正覺至入涅槃。其音不二。於法說中。始從華嚴會上。終極法華道場。玉音布告稱述何窮。彼會所有大心勝志之士。承順玆旨。悉皆起願。而求生也。何況我等末世鈍機流浪者哉。有識之流須銘肌骨。自是彌陀願力不斷。代不乏人。聖人以此唱之於前賢者以此繼之於後。廓然遍乎十方三世。何止天下。霈然充乎六道四生。奚但人倫。天神嚮化。鬼物順之。若人非人無不讚仰。

이 때문에 석가모니부처님 세존 박가범께서 정각正覺을 이루심으로부터 열반涅槃에 드시기까지 그 음성을 두 가지로 하지 않으셨다. 설법은 화엄회상華嚴會上으로부터 시작하여 영취산靈鷲山 법화法華도량에서 궁극의 완성을 이룰 때까지 옥구슬 같은 음성으로 포교하셨는데, 찬탄과 기록으로 어떻게 그 극진함을 다할 수 있겠는가.

저 회상會上에 있었던 대심승지大心勝志의 인재들은 이 종지를 순순히 계승하여 모두가 원願을 일으키고 왕생을 구하였다. 하물며 말세末世의 우둔한 근기로써 생사에 유랑하는 우리들이겠는가. 인식이 있는 무리들은 모름지기 이 가르침을 피부와 뼈에 각인하도록 하라. 이로부터 아미타부처님의 원력이 끊어지지 않고 대대代代로 인재가 끊이지 않아 성인은 이로써 염불법문 앞에서 창도唱導하시고, 훌륭한 사람은 이로써 염불법문 뒤에서 계승하였다. 확연確然하게 시방삼세에 두루하는데 어찌 천하에만 그칠 뿐이며. 거침없이 육도六道 사생四生에 충만하였는데, 어찌 인륜人倫에만 그칠 뿐이겠는가. 천신天神이 교화를 향하고 귀물鬼物이 그를 순종하며 인人·비인非人도 우러러 찬탄하지 않음이 없었다.

載諸行事。具諸典章。盈溢乎海藏龍宮。遍布乎人間天上。深根固蒂悉應群機。蓋皆我彌

陀願力致然也。佛言。最後惡世我法滅時。惟此教典多留百年。以度群有。然則此法豈非
我等殿後之至訓也。彼飛禽名八八鴝鵒者。墮在愚癡妄想異類之中。以能隨人稱名亦承
三昧力故。尚于埋處生蓮。何況於人。人而不如。可謂不知愧矣。余生於末世。正值後五
百歲。故人根淺薄疑惑不信。又復異見邪解各執不同。遞相誘掖。使彼正行之人多被惑
亂傷感盈懷。是故集彼禪教淨土諸文及諸經卷。取其極深至要之義。述作此說。類以成
編。

행사行事에 실리고 전장典章에 갖추어져 바다에 숨겨진 용궁龍宮까지도
가득히 넘치고, 견고하게 모두가 중생의 근기(群機)에 감응하였는데, 이는
대체로 다 우리 부처님 아미타세존阿彌陀世尊의 원력의 소치召致로 그러한
것이다.

부처님이 말씀하시를 "최후의 악한 세상에 나의 법이 소멸할 때 이 교전
教典(아미타경·무량수경)은 백년을 더 머물면서 중생을 제도하리라" 하셨
다. 그렇다면 이 정토염불법이 어찌 우리 뒤떨어진 사람들에게 지극한
훈계訓戒가 아니겠는가.

팔팔구곡八八鴝鵒이라 하는 앵무鸚鵡새는 어리석은 짐승 중에 떨어져 있
었으나 사람을 따라 명호(아미타불)를 칭양稱揚하고 삼매의 힘을 받들었기
때문에 매장埋葬한 처소에서 연꽃이 피어났다. 더구나 사람이겠는가. 사
람으로서 새만도 못하다면 부끄러움을 알지 못한다 말하리라. 나는 말세
末世인 후오백세後五百歲[39]에 태어났다. 그 때문에 사람의 근기가 천박하
여 의혹하며 부처님의 가르침을 믿지 않는다. 다시 이견異見의 삿된 이
해로 각각의 고집이 동일하지 않아 서로 번갈아 유인하며 올바르게 실천

---

39) 후 오백 년이니, 오종의 오백 년 가운데 제5의 5백 년인 투쟁견고鬪爭堅固의 시기를 말한다. 5
종의 오백년인 5오백 년을 설명하면 부처님께서 입멸하신 후 불교의 성쇠상태를 오백 년을 한
시기로 하여 다섯 시기時期로 나누어 말한다. ① 해탈견고解脫堅固 ② 선정견고禪定堅固 ③ 다
문견고多聞堅固 ④ 탑사견고塔寺堅固 ⑤ 투쟁견고鬪爭堅固가 그것이다.

하는 사람들이 의혹을 당하게 함으로 상심한 감회感懷가 가득하다. 이 때문에 저 선禪과 교敎, 정토의 모든 문장과 모든 경권經卷에서 매우 심오하고 중요한 의리를 취하여 서술하고 이를 해석하여 배열하였다

流布世間。斥邪顯正。普願法界眾生。於此說中一見開解了悟真心。知彌陀依正還在西方。達西方依正不離本性。但合識者皆同往生。悉深入其階位也。更願先覺不悋慈悲。見未悟人。如法教導。前人若昧。可與隨根應病剖析幽微。更為宣說。彼若一念信解行願必成。往生可期。功莫稱述。縱有異報牢固信樂不深。但一句染神亦成緣種。展轉利益無盡無窮。勸發之功非不大矣。

세간에 유포하여 삿됨을 배척하고 정도正道를 나타냄에 널리 원願하는 것은 법계의 중생들이 이 설법 가운데에서 한번 보고 이해하여 진실한 마음을 깨우쳤으면 하는 것이다. 그리하여 아미타부처님의 의보(객관세계)·정보(주관)가 서방정토 극락세계에 있다는 것을 깨우쳐 알며 서방정토 극락세계의 의보와 정보가 본성을 떠나지 않았다는 것을 통달해야 한다. 함식含識(제8 아뢰야식)이라면 모두 동일하게 왕생하여 그 계위階位에 깊이 들어가기를 바란다.

다시 선각先覺들은 자비에 인색하지 말고 깨닫지 못한 사람을 보거든 법답게 교도敎導하라. 목전의 사람이 혼매昏昧하거든 근기에 따라 병에 대응하며 그윽하고 은미隱微함을 분석하여 널리 설할 지니라.

저가 만일 일념一念에 믿고 이해하여 행원行願을 반드시 성취하고 왕생을 기약한다면 그 공덕은 칭찬하거나 기술하지도 못한다. 비록 사악한 집념이 강고하더라도 그 믿고 즐거워함은 깊지 않지만, 아미타불 한 마디가 신식神識(아뢰야식)에 물들면 염불수행의 인연의 씨앗이 될 수 있다. 이렇게 되면 더욱더 이로움이 무궁무진하리니, 발심을 권한 공덕이 위대하다

하지 않겠는가.

若人果能如是不師於心。不欺不妄。隨此正教。誨人不倦者。縱自不行。即為已行縱自未學。即為已學。何以故。法界一相無自他故。如昔有人。自於一生未曾修行。但能二次悉傾己有。平等一心建會勸人同念佛故。命終之時亦得往生。其事昭著。故知能發慈悲之心。示攝受之相。及能利彼勸人念者。所得弘多。誠為無上法王所使。但不可執己謂定不必修耳。是故三昧甚深法門如海。顯利之事豈能盡言。聊記所聞為世勸發。

가령 어떤 사람이 이와 같이 하여 자기의 마음을 스승으로 하지 않고 속이거나 허망하지 않게, 이 바른 가르침을 따라 사람을 가르치기를 게을리 하지 않았다 하자. 비록 자신은 수행하지 않았다 해도 이미 실천한 것이며, 자신은 배우지 않았다 해도 바로 배운 것이나 마찬가지다.

무엇 때문인가?

법계는 한 모양으로 자타自他가 없기 때문이다. 옛날의 어떤 사람은 자신은 일생동안 수행하지 않았었다. 다만 두 차례에 걸쳐 자기의 재산을 모두 쏟아부어 평등한 마음으로 염불회상念佛會上을 건립하고 사람들에게 같이 염불하자고 권하였을 뿐이다. 그 때문에 임종할 때에 왕생을 성취했다고 한다. 그 사건事件은 밝게 드러나 있다. 그러므로 알지라. 자비로운 마음을 발하여 섭수攝受의 모양을 보이고, 저 사람들을 이익되게 하고자 염불을 권하는 사람은 소득所得이 너무나 커서 무상법왕無上法王(아미타불)의 사신使臣이 되는 것이다.

다만 자기를 고집하여 결정코 수행을 필요로 하지는 않는다고 말해서는 안 된다. 이 때문에 염불삼매念佛三昧의 매우 심오한 법문은 바다와도 같다. 이익을 나타내는 일을 어떻게 다 말하겠는가. 부족하나마 들은 것을 기록하여 세상 사람들을 위해 발심을 권할 뿐이다.

제19 유독 한 가지 발원에 네 가지 뜻을 구비한 문을 열어 보임

獨示一願四義之門第十九

或有問日。念佛勸發之書吾於古人見之多矣。雖唱和相尋。言有同異。而義豈有異哉。若此集者。除述依正明觀慧分折攝顯衆義等。餘如斥妄顯眞之類。余若未之聞也。雖古之至人。尙未肯盡。如有所待。況某於此而敢輕視哉。余雖不能入直指之道。而亦獲新聞之益。敢問何謂而作也。答日。噫余傷世之不軌道也。而悉逐塊陷邪。故爲之說。豈余之好辯哉。蓋出乎不得已也。

어떤 사람이 질문하였다. "염불을 권유하는 서적은 제가 고인古人에게서 많이 보았습니다. 비록 부르고 화답함이 서로 이어지면서 말씀은 상이하게 하였으나, 의미야 무엇이 다르겠습니까. 이 책冊의 경우는 의보와 정보를 기술하고 관혜觀慧(관조지혜)를 규명한 것과 분절分折하고 섭수하여 드러낸 여러 가지 의미 등을 제외한 나머지로써 그릇됨을 척파하고 진리를 드러낸 종류는 제가 아직 듣지 못하였습니다. 옛날의 지극한 사람이라 하여도 스스로 극진히 했다 긍정하지 않고 후학을 기다리는 것이 있는 듯 하였습니다. 하물며 제가 여기에 있어서 감히 경솔하게 보겠습니까. 제가 비록 직지直指의 도道에 곧바로 개입開入하진 못하였습니다만 또한 새로운 것을 들은 이익은 있었습니다. 감히 질문하여 묻습니다만, 무엇을 말씀하여 진술하시려고 지었는지요?"

답하기를, "슬프다! 나는 세상이 도道를 법받지 아니하고 모두 껍데기를 좇아 사악한 견해에 함몰하는 것을 근심하고 상심하였다. 그 때문에 이러한 말을 한 것이다. 내가 어찌 말하는 것을 좋아하겠는가 만은 대체로 어쩔 수 없는 경우에만 나온 것이다."

又問。此三昧說既詳且明。或謂難至。還可以一句而盡其義乎。答。何必一句。亦可以一
言而盡。何謂一言。所謂願也。何謂一句。所謂戒解行向也。然此一部之義不出戒解行向
一句。戒解行向一句必從願起。乃可以一言盡也。或廣或略卷舒自由。豈復滯於一隅者
哉。何謂為戒。行人既修三昧。若不持戒。雖有信心。為彼世間惡緣雜染相侵相奪。塵勞
難遣。毀壞法身。令解入邪不得往生。

또 묻기를, "이 삼매의 설명은 자세하고 분명합니다. 어떤 사람이라도 도달하기 어렵다고 말하는데, 다시 한 구절로써 그 의미를 극진히 할 수 있을런지요?"

답하기를, "어찌하여 한 구절로만 하겠는가. 또한 한마디 말로도 극진히 다할 수가 있다. 무엇을 한마디 말이라 하는가. 이른바 원願이다. 무엇을 한 구절이라 말하는가. 계율과 앎과 실천과 회향(戒解行向)이다. 그러나 이 일부의 의미가 계·해·행·향戒解行向의 한 구절에서 벗어나지 않듯이, 계해행향戒解行向의 한 구절은 반드시 원願을 따라 일어나야만 한마디 말로 극진히 한다 하리라. 혹은 광대하게, 혹은 간략히 말하든, 혹은 통섭하거나 널리 전개하든 자유롭게 말하는데, 어찌하여 한 모퉁이에 침체하여 막히겠는가.

무엇을 계戒라 말하는가?

수행인이 삼매를 수행하더라도 계율을 수지하지 않는다면 신심이 있다 하여도 저 세간의 잡된 오염의 형상에 침해를 당하여 서로 침탈侵奪하게 된다. 번뇌·망상을 버리기가 어려워서 법신을 파괴하고 지혜가 사견邪見으로 함몰되어 왕생을 성취하지 못하게 된다."

經云。若一日夜持沙彌戒持具足戒。即得往生。故必當持戒也。何謂為解。行人修此三昧
求生極樂。若不以此深慧妙解知淨穢兩土東西敵立真實不謬。又知即此淨穢兩土全具
我心不離當念。從何法修可得生彼。經云。讀誦大乘解第一義乃得往生。故必當正解也。
何謂為行。行人求生淨土。慧解既正則必依解立行。六時行道三業無虧。直進不退。決期
生彼。經云。修行六念迴向發願。一日乃至七日即得往生。故必當立行也。

경에서 말하기를, "만일 하루 낮·밤 동안이라도 사미계沙彌戒를 수지하
거나 구족계具足戒를 수지한다면 곧바로 왕생을 성취하게 되리라" 하였
다. 그러므로 반드시 계율을 지녀야만 된다.

무엇을 해解라 말하는가?

수행인이 삼매를 닦고 극락에 왕생을 구하면서 이 심오한 지혜, 오묘한
이해로서 청정하거나 오염된 두 가지 국토(극락정토와 사바예토)가 동서東西
로 대립하여 실로 어긋나지 않으며, 또 청정하거나 오염된 두 국토가 나
의 마음에 완전히 구비되어 당념當念(지금 이 마음)을 떠나지 않았다는 것
을 깨달아 알지 못한다면, 어느 법을 따라 수행하여 저 국토에 왕생하겠
는가. 경에서 말하기를 "대승을 독송하고 제일의第一義를 이해하여야만
왕생을 얻게 되리라" 하였다. 그러므로 반드시 바르게 이해해야 한다.

무엇을 행行이라 말하는가?

수행인이 정토를 구하는 지혜와 이해(慧解)가 바르다면 반드시 해解를 의
지하여 행을 수립해야 한다. 여섯 때(六時)로 도道를 실천하여 이지러짐
이 없는 삼업三業으로 곧바로 직진直進하되 물러남이 없어서 저 서방정토
극락세계에 왕생함을 결단코 기약해야 한다. 경에서 말하기를 "육념六念
을 수행하고 회향발원하기를 하루 내지는 칠일七日동안 한다면 왕생함을
성취하리라" 하였다. 그러므로 반드시 행을 수립해야 한다.

何謂為向。行人欲必往生。於如是戒解行等所生功德。及今一切時處。與無始來大小善
根。一一回向淨土。臨終乃得決生。經云。回向願求生極樂國。譬如辦事於家歸家得用。
故必當發迴向也。此四大法門一句之義能攝一切善法。譬如四時成實穀果各得其要。失
一不成。此四法門亦復如是。若失其一。三昧不成。是故須當四義具修乃滿一願也。

무엇을 향向(회향)이라 말하는가?

수행인이 반드시 왕생하고자 하면 이같은 계戒·해解·행行 등에서 발생
한 공덕과 지금의 일체 시간과 처소와 무시이래의 크고 작은 선근을 낱
낱이 정토로 회향해야만 임종에 왕생을 결판할 수 있다. 경에서 말하기
를 "회향발원하여 극락국에 왕생을 구하는 것이 비유하면 집안의 일을
미리 준비하였다가 집에 돌아가 사용하는 것과 같다" 하였다. 그러므로
반드시 회향발원해야 한다.

이 사대법문四大法門인 한 구절의 의미가 일체선법一切善法을 포섭한다.
비유하면, 사계절이 열매를 성숙시켜 곡식과 과일이 각각 그 요체를 얻
으며, 하나만 잃어도 성숙하지 못하는 것과 같다. 이 때문에 모름지기
네 가지 의미를 갖추어 수행해야만 한 원願이 원만하여질 것이다.

질문하기를, "이 한 구절이 다시 많은 구절을 이루는 것일까요?"

대답하기를, "많은 구절이 즉 한 구절이며, 한 구절이 곧 많은 구절이다.
많은 구절과 한 구절이 서로를 거두어들이는 의미가 모두 극진하다. 많
은 구절의 뜻만 자세히 하고 한 구절의 뜻은 빠진다고 말해서는 안 된
다."

問。只此一句還成多句。答。多句即一句。一句即多句。多句一句攝義皆盡。不可謂多句
義詳而一句義闕也。問。若是何不但說一句。答。多句廣說。一句略言。廣略雖殊。蓋各為
其機皆能顯道。豈可但一句說而廢廣說也。

질문하기를, "다만 이 한 구절로 많은 구절을 이루는 군요."

답하기를, "많은 구절로 광대하게 말하고, 한 구절로는 간략히 말하였다. 광대하고 간략한 것이 비록 상이하기는 하나 대체로 각각 그 근기를 위하여 다 도道를 나타낸 것이다. 왜 한 구절만을 말하고 광대한 말은 하지 않겠는가?"

又問。彼三家村裏匹夫匹婦行公行婆。東西不辨。菽麥不分。此持戒等一言四義懵然無知。或惟一心稱名。或但專勤禮拜而得往生。臨終徵驗昭著何也。答。此一心中何法不具。既從慧解信有二土。發行稱名回向求生。豈更破乎佛戒。如是四義既具。諸行不立而成。遂得往生成其初願。豈可名為菽麥東西不分不辨者哉。

질문하기를, "저 조그마한 마을의 필부匹夫·필부匹婦와 시부모는 동서東西를 분별하지 못하고 콩과 보리(菽麥)를 구분하지 못합니다. 혹은 일심으로 명호(아미타불)만을 칭양稱揚할 뿐이며, 더러는 부지런히 예배만을 할 뿐인데도 왕생을 합니까? 이들이 임종할 때 영험이 밝게 나타나는 것은 무엇 때문일까요?"

대답하기를, "이 일심一心 가운데 어느 법인들 갖추지 않았으리오. 이미 정토법문에 대한 이해와 깨달음을 따라 두 국토(사바 예토穢土와 극락 정토淨土)가 있다는 것을 믿고 수행을 발하고 회향하며 왕생을 구하였다면 왜 다시 불계佛戒를 파괴하였겠는가. 이와 같이 사의四義(계해행향戒解行向)를 구비하였다면 모든 행을 세우려 하지 않아도 성립하여 마침내는 왕생을 얻고, 이에 그 처음의 원願을 성취하는 것이다. 어찌 콩과 보리, 동과 서를 분별하지 못하는 사람이라 하겠는가."

問。若爾行者但當一心諸行自具。更不必立四義等也。答。若先知四義而一心者。如以基

地堅牢故則永無退轉。若先一心而具四義者。雖得往生。於中忽遇魔惡邪黨。則多有退

轉。是知還以四義為優也。

질문하기를, "수행자의 일심一心에 모든 행이 자연히 구비되었다면 다시
는 사의四義 등을 세울 필요가 없는 것일까요?"

대답하기를, "사의四義를 먼저 알고 일심으로 수행하는 사람은 기초가 견
고하여 영원히 퇴전함이 없다. 그러나 일심을 우선하고 사의四義를 구비
한 사람은 왕생을 성취한다 해도 중간에 홀연히 악마惡魔의 삿된 무리를
만나면 퇴전하는 경우가 다분하니, 이로써 사의四義가 우수하다는 것을
알 것이다."

繼時問眾將散。忽有承上問意復作問曰。我聞淨土勸修之書自古及今作者多矣。其辭義
純善。悉應機宜將遍於人間世。又依教得生者已廣。可謂義無餘蘊矣。云何於今更有所
作。使學者有異解耶。今詳此集。義若述古。古人已明。不須更說。義若別立。今人莫解。
恐成臆見。若不出二句而說。不知為名耶。為利耶。願聞其要。答。噫陋矣。子之難誨難明
也。吾聞古人立言必祖佛經。既祖佛經。雖一句義。假使大千世界塵數眾生皆如普賢。經
劫而談。理趣猶尚不盡。豈古人已說今人不可言哉。豈先佛已說古人不可言哉。不知今
人不述古人之言。古人之言行不顯。古人不垂今人之誡。今人之志慮無憑〔。又義雖述古。
意趣不重。語雖別立。理不異古。但以世去人逝所解異端。

계속 질문하였던 대중이 해산解散하려 했는데, 어떤 사람이 위에서 질문
한 의사意思를 계승하여 다시 질문하였다. "저는 정토수행을 권한 서적이
예로부터 지금까지 작자作者가 많다고 들었습니다. 그 말의 의미는 순수
純粹하고 착하여 모두 근기의 마땅한 곳에 감응하여 인간세상에 두루하
였습니다. 또한 가르침에 의하여 왕생을 성취한 사람도 광대하였습니다.
의미가 남은 온축蘊蓄이 없다 말할 만합니다. 그런데 무엇 때문에 지금

저작著作을 하여 배우는 사람들로 하여금 다른 견해를 내게 하는지요? 지금 이 책을 자세히 살펴보았더니, 의미는 옛날을 따라 기술한 듯 합니다. 옛사람이 규명한 것이므로 꼭 다시 말하지 않아도 되리라 여겨집니다. 의미를 따로 수립한다면 요즈음 사람들이 이해하지 못하고 억측臆測의 견해를 이룰까 염려가 됩니다. 가령 두 구절의 의미를 벗어나지 않고 말했다면 명예를 위한 것인지, 이익을 위한 것인지 모르겠습니다. 이에 그 요점을 듣기를 원합니다."

대답하기를, "아~ 아~ 고루固陋하구나. 그대는 가르치기도 밝히기도 어렵다. 나는 옛사람은 논리를 세우려 하면 반드시 불경佛經을 근거로 기술하였다고 들었다. 불경을 따라 서술하였다면 한 구절의 의미라 해도 대천세계大千世界의 미진수微塵數 중생이 모두 보현보살처럼 다겁多劫을 지나며 담론한다 해도 그 이치를 다 알지 못한다. 무엇 때문에 옛사람들이 말했다 하여 요즈음 사람들이 말해서 안 되겠는가. 어째서 선세의 부처님이 말씀하셨다 하여 옛사람의 말씀을 하면 안 되는 것이겠는가.

잘은 모르지만, 요즈음 사람들이 고인古人의 말씀을 조술造述하지 않는다면 고인의 언행言行이 나타나지 않을 것이고, 고인이 요즈음 사람에게 경계하여 고함을 드러내지 않았다면 요즈음 사람들은 뜻함을 도모함을 의지하여 기댈 곳이 없으리라. 또 의미는 옛날을 기술하였으나 의취意趣는 중복 되는 것이 아니며, 말을 따로 세웠다 하여 이치마저 옛과 다른 것은 아니다. 다만 세대의 간격이 떨어지고 사람은 떠나버려 이해가 단서를 달리할 뿐이다.

雖決甲疑。復增乙病。乙病既復。丙疾又生。展轉多岐流於岐見。又彼聖賢之書雖則山高海積。泯滅者多。後學機遲。卒難尋究。是故於彼廣文中。摘其精華簡要之義。急欲解當世之惑。集以成帙。盡壬癸之沈痾。豈為利名乎哉。子之所問慚且愧矣。譬如大海添流。海豈厭其深廣。巍山如土。山奚惡其崇高。又今人之疑古所未聞。古人之偏今人莫至。去聖}既遠。故當依經辨明今人之疑也。又如滿室竝金之藥雖貴。若不診其疾而擇其對者用之。非但疾之弗瘳。命亦難保。又經中一義萬解萬明。何厭乎言之再聞。何憚乎言之未聞也。子當以此三昧披究詳明。立大願行。直進於道求生淨土。慎毋更待臨行決別之際。愛境惜身。如生龜脫殼。萬苦攢心而自悔焉。

갑甲의 의심을 결단하면 을乙의 병이 다시 증가하고, 을乙의 병이 회복되면 병丙의 질병이 또 발생하며, 더더욱 많은 기로岐路에서 여러 견해로 유랑한다. 또 성현의 책이 산처럼 높고 바다와 같이 쌓였다 해도 사라진 것이 많고, 후학의 근기는 더디어 창졸倉卒간에 찾아 연구하기도 어렵다. 이 때문에 광대한 문장 가운데서 그 정화精華 가운데 긴요한 의미만 따내어 급히 현세의 의혹을 풀고자 하는 것이다.

모아서 책(卷帙)을 이루어 건너기 어려운 고질병을 없앴는데, 어찌 이익과 명예를 위한 것이라 하겠는가. 그대의 질문이 부끄러운 줄 알라. 비유하면 큰 바다에 흐름을 더한다 해도 바다가 왜 그 깊고 광대한 것을 싫어하겠는가. 높은 산에 흙을 더한다 해서 산이 무엇 때문에 그 숭고함을 미워하겠는가. 이와 같다. 또 요즈음 사람들은 옛날에는 듣지 못했으리라고 의심하나 옛사람의 한쪽에도 이르지 못한다. 성인과의 간격이 아득히 멀기 때문에 경전에 의지하여 요즈음 사람의 의심을 분별하고 밝혀야 한다.

또 집안의 가득한 황금처럼 소중한 약이 귀하긴 하나, 그 병을 진맥診脈하지 않고 손에 닿는대로 선택하여 사용한다면 병이 낫지 않을 뿐 아니라, 생명 또한 보존하기 어렵다. 또 경전 가운데는 한 가지 의미를 만으로 이해하고 만 가지로 밝혔다. 왜 말을 거듭한다 해서 염증을 내며 말

을 아직 듣지 못했다 하여 꺼리어 싫어하겠는가. 그대는 이 염불삼매念
佛三昧를 펴고 자세히 밝혀 대원행大願行을 세우고 도道에 직진하여 극락
세계 왕생을 구하라. 삼가 죽어가면서 이별할 즈음을 기다려 경계를 애
착하고 몸을 애석하게 여기기를 산 거북 껍데기를 벗는 것처럼 하지 말
라. 만 가지 괴로움이 마음으로 모여들어 스스로 후회하게 되리라."

一聲南無佛
皆已成佛道

한 번 "나무불"하고 부르면,
모두가 이미 불도를 이룬 것이다
- 묘법연화경

부산 홍법사 아미타대불

제20 염불이 죄업을 소멸한다는 의미를 보인 문

示念佛滅罪義門第二十

有客問曰。念佛三昧直指始於極樂依正之境。終則求生行願之門。無不畢備。但經有稱佛一聲能滅八十億劫生死重罪之句。某於此語不能無惑。若果有此理。今觀世人若貴若賤。於盡生中。未有不一稱其名者。則當皆滅如是重罪悉生極樂世界矣。何故世人依舊業識茫茫。死時如落湯螃蟹。昇墜不識所之。滅罪之義何在。不應佛語有虛妄者。願為釋答。答曰。至哉問也。彼世間未悟之人因子所問。於此三昧必不退轉直生淨土矣。今世行人皆謂此說是方便勸進之語。豈知是佛真實之說必不我欺也。子豈不聞汝於無量劫前與世尊釋迦牟尼同為凡夫之義否。而我世尊成道以來。已經爾所塵點劫數。此塵點劫妙經委明。然我亦於爾所劫中。在凡夫地漂零六道。造諸結業不可限量。同佛至今久遠無異。如此塵劫安可稱量。

어떤 객客이 질문하였다. "염불삼매직지念佛三昧直指는 극락의 의보·정보에서 시작하여 왕생을 구하는 행원行願의 문에서 끝났습니다. 모든 것을 구비하지 아니함이 없으나, 다만 경에서 아미타부처님의 명호를 한소리만 칭명稱名해도 팔십억 겁劫의 무거운 죄업을 소멸한다는 구절은 제가 의혹함이 없게 하지를 못합니다. 과연 그러한 이치가 가능한 것입니까? 요즈음 세상 사람들로서 귀하거나 천하거나를 막론하고 주목하여 살펴보니 생명이 다하게 됨에 그 명호를 칭양稱揚하지 않는 사람들이 없었습니다. 그러하다면 모두가 이같은 무거운 죄가 소멸되고 서방정토 극락세계에 왕생을 성취해야 할 것입니다. 무엇 때문에 세상 사람들은 여전히 업식業識이 망망茫茫하여 죽음이 덮쳐오면 마치 오히려 뜨거운 끓는 물에 떨어진 물방게처럼 아래 위를 오르고 내리면서 어디로 가야 하는지 알지 못하여 당황唐惶하고 방황彷徨하는지요? 죄를 소멸한다는 의미가 어디에 있는지요? 부처님의 말씀이 절대로 허망하지 않고 진실하다면 원하건데 잘 해석하여 이해가 되도록 설명하여 주십시오.”

여기에 대답하기를, “지극하다, 질문이여! 세간에서 이치를 깨닫지 못하는 사람들이 그대의 질문으로 인하여 이 삼매에서 퇴전하지 않고 서방정토 극락세계에 곧 바로 왕생하게 되리라. 요즈음 세상에서 수행하는 사람들이 모두 이 말은 방편으로 정진하여 수행하기를 권한 말이라 생각한다. 이는 부처님의 진실한 말씀으로, 반드시 나를 속여 기만하지 않음을 어떻게 깨달아 알겠는가.

어찌하여 그대는 저 무량겁無量劫 전에 석가모니 세존과 더불어 범부가 되었다는 의미를 듣지도 못하였는가? 우리 부처님 세존께서 도道를 성취하신 이래로 그대와 같은 처소에서 티끌과 같은 겁수劫數를 경유하여 지나셨는데, 이 티끌과 같은 겁劫은 묘법연화경妙法蓮華經에 소상이 밝혀져 있다.

그러나 우리 또한 그러한 처소와 겁劫의 범부지凡夫地에서 육도六道에 떨어져 지어온 모든 습習의 업장業障을 헤아려 알지 못하고 있다. 시간적으로 부처님과 동일하게 지금에 이르기까지 오래고 먼 것은 상이함이 없는 것이다. 이같은 티끌 같은 겁劫을 어떻게 헤아려 설명하겠는가.”

假使有人。於一生內不說餘善。但稱佛名。盡壽聲聲不絕。隨其所稱之名。一一皆滅八十億劫生死重罪。然盡一生以及他生稱佛。滅罪劫數雖多。若比如是極大久遠塵點之劫。正如指上土欲比大地土耳。豈可謂稱佛名能滅多劫罪故。更無餘劫之業障我生淨土耶。而不知未滅之罪劫數長久。無始無際。與佛同壽。實過如是八十億等數量劫外。又如炬火雖熱。欲消大地之雪。豈易融泮。故雖念佛滅罪。未得生者。其義如是。

만약 어떤 사람이 일생동안 행한 여러 가지 선행은 거론하지 말고 다만 부처님 명호(아미타불)만을 외우기를 수명이 다하도록 소리소리를 내어 단절하지 않았는데, 그가 칭양稱揚한 명호를 따라 낱낱이 팔십억 겁劫의 생사중죄生死重罪를 모두 소멸하였다고 하자. 그러나 일생을 다하고 다음 생에 미치기까지 부처님 명호를 칭양稱揚하여 죄의 겁수劫數를 소멸한 것이 많다고는 하나, 이같이 지극히 크고 오랜 티끌 같은 겁수에 비교한다면 마치 손가락에 묻은 흙을 큰 토지에 비교하는 것과 같다. 어찌 부처님 명호를 외움에 능히 다겁多劫의 죄가 멸한다는 까닭으로 다시는 나머지 겁劫 동안 업으로 인하여 장애 됨이 없이 나는 정토에 왕생한다 말하는가. 그리하여 아직 소멸하지 못한 죄의 겁수가 장구長久함에도, 시작도 없고 사이도 없이 부처님과 더불어 동일한 수명으로서 실로 이와 같은 팔십억 등의 겁수를 헤아려 계산함에 저 염불하는 밖으로 초월하여 지난다는 것을 깨달아 알지 못한다.

또 햇불이 뜨겁다 하여 이것으로써 대지에 쌓인 눈을 녹이고자 하는 것과 같으니 어떻게 용이하게 녹여서 풀리게 하겠는가. 그래서 염불하여 죄를 소멸하였으나 왕생을 성취하지 못한 자도 그 의미가 이와 같은 것이다.

況人長劫造業心堅。念佛片時心弱。退易進難。又況與佛同為凡夫之前劫數轉倍。乃至煩惱無始。發心在近。罪豈易滅。可不思之。今謂一日至七日一心不亂。即得往生。及臨命終時一心不亂稱佛一聲。即滅八十億劫生死重罪。乃至極惡逆人臨終獄火相現。能稱十念悉生淨土者。蓋仗我稱佛名號滅罪威神一隙之功。承佛速疾救護大願之力。譬如壯士正戰。墮圍臨危倉卒之際。得一勇夫。與之強弓銳刀良馬善策。即便猛發其志。勇身馬上奮揚威武。努力揮挽突圍而出。

하물며 사람들은 장구한 긴 겁劫으로 업을 짓는 마음은 견고하고 잠깐 염불하는 마음은 나약하여 물러나기는 쉽지만 나아가 닦기는 매우 어려움이 되는 것임에 있어서 이겠는가. 더구나 부처님과 동일하게 범부였던 이전의 겁수劫數는 배나 많았음에 있어서랴. 또한 번뇌는 시작이 없었으나 발심發心은 요즈음에야 비로소 시작했거늘 죄를 어떻게 쉽게 소멸하겠는가. 지금 하루에서 칠일에 이르도록 일심으로 혼란하지 않으면 바로 왕생을 하며 임종시에 일심으로 혼란하지 아니하고 부처님을 한번만이라도 칭양稱揚하면 그 즉시에 팔십억 겁 생사의 무거운 죄업을 소멸하며, 내지는 극히 악한 사람이 임종할 때 지옥의 불 모양이 나타난다 해도 '아미타불'을 십념十念만 염하면 정토에 왕생한다 말하였다.

이는 대체로 우리가 부처님의 명호를 칭양稱揚하여 죄를 소멸한 위신력威神力의 한순간 공덕에 의지하여 부처님이 신속히 구제하시는 대원력大願力에 의지한 것이다. 비유하면 장사壯士가 전쟁을 하는 것과 같다. 포위망에 떨어져 위급할 즈음 한 용감한 사나이를 얻어 그와 강력한 활, 예리한 칼, 훌륭한 말, 좋은 채찍으로 그 뜻을 맹렬하게 발하였다. 말 위에서 몸을 솟구치며 위무威武를 씩씩하게 분발하여 힘차게 휘두르고 당기며 포위망을 뚫고 나왔다.

戰勝獲功偃寇施恩。歸奉其主永享豐樂。此亦如是。彼佛接引生極樂國。其義若此。故云。稱佛一聲滅八十億劫生死重罪。非謂如今念佛人今日三。明朝四。且猶且豫。或見目前些兒聲色境界。便被牽拽將去。全無把捉。與不曾念者一般。欲因一稱之中真實滅多劫罪。使便不爲障即生淨土。其可得乎。然如此念者。聲聲非不滅如是劫數罪。但因初心緩故。報生亦緩。止可作他世生緣耳。或能稱念不息。雖成聚露成流之功。豈得與前說較優劣速疾哉。

전쟁에 승리하여 도적을 항복받아 은혜를 베풀고 되돌아서는 그 임금을 받들고 풍성한 즐거움을 영원히 누렸다. 그와 같이 저 부처님이 접인接引하여 극락국에 왕생하는 의미도 이와 같은 것이다. 그러므로 부처님을 부르는 한소리가 팔십억 겁劫 생사의 무거운 죄를 소멸한다 하신 것이오.

지금 염불하는 사람이 오늘은 세 번, 다음 날은 네 번 하다가 머뭇거리기도 하고 혹은 목전의 조그만한 소리나 물질적인 경계(聲色境界)를 보면 바로 이끌려가 완전히 마음으로 붙잡는 것(아미타불 명호) 없이 애초에 염불하지 않은 사람과 같은 것을 말한 것은 아니다. 한번 염불했다 해서 다겁多劫의 죄를 진실하게 소멸하여 바로 장애를 받지 않고 즉시 정토에 왕생하고자 한다면 되겠는가.

그러나 염불하는 사람의 소리 소리가 이같은 겁수劫數의 죄를 소멸하지 않는 것은 아니다. 다만 초심을 느슨하게 했기 때문에 그 과보로 왕생하는 것 또한 느슨하여 다음 생에 왕생할 인연을 짓는 것에 그칠 뿐이다. 혹은 염불하기를 쉬지 않아 이슬을 모아 흐르는 물을 이루는 공부가 있다 해도 앞에서 말한 것과 어떻게 우열 및 늦고 빠름을 비교할 수 있겠는가.

若人精進能如前說。生猶反掌。如箭取的決無不中。故知散心念者。及雖志誠未離妄想者。或被如是劫外之罪所障。但報在他生。不能即應其功。若勵聲竭志勇猛念者。既滅爾所劫罪。由勇疾力。餘劫之罪不爲障礙。便得十念成就往生淨土。此義瞭然可見。決定無疑。豈可因悠悠念佛之人。依舊業識茫茫。死時如落湯螃蟹。而疑佛爲妄語。但是勸進之說哉。故知佛力廣大遍覆一切時處。能攝我小善入佛大願。使同一味。拔諸眾生置安樂地。使一切劫罪皆得消滅。何止滅八十億劫之罪耶。

가령 어떤 사람이 앞에서 말한 것과 같이 정진한다면 왕생은 손바닥 뒤집듯 손쉬울 것이며 화살로 과녁을 취하는 것처럼 결단코 적중하지 않음이 없으리라. 그러므로 알지라. 산란한 마음으로 염불하는 사람과 지성至誠으로 하기는 해도 망상을 아직 떠나지 못한 사람은 혹 이와 같은 겁외劫外의 죄에 장애를 받아 과보(왕생극락)가 다음 생에 있을 뿐, 그 공부에 바로 감응하지는 않는 것이다.

가령 소리를 가다듬고 뜻을 다하여 염불하는 사람이라면 이러한 겁劫의 죄를 소멸하고 나서 용맹하고 빠른 힘을 따라 남은 겁의 죄에도 장애되지 않고 십념十念으로 정토왕생을 얻는다. 이 의미는 명백하게 보임으로 결정코 의심할 것이 없다. 어떻게 유유하게 염불하는 사람이 여전히 업식業識이 망망茫茫하여 죽을 때 마치 끓는 물에 떨어진 방게처럼 하는 것과 같겠는가.

그리하여 부처님이 허망한 말을 하셨다 의심하며, 다만 이는 닦아 나가기를 권하였을 뿐이라 말하겠는가. 그러므로 알라. 부처님의 힘은 광대하여 일체의 시간과 처소를 두루 덮으신 것이다. 우리의 작은 선행이라도 능히 다 거두어 부처님의 대원大願에 들어가 일미一味가 되게 하시며, 모든 중생을 구제하여 안락한 땅에 안치하고 일체 무한 겁의 죄를 다 소멸하게 하신다. 왜 팔십억 겁의 죄를 소멸하는데 그칠 뿐이겠는가.

如是稱佛功德實難可測。大乘圓頓橫超直截之旨。於斯可見。十疑論云。譬如十圍之索。千夫莫制。童子揮刃。須臾兩分。如觀經下輩生因之說。此喻纔念滅罪即生者也。又如佛世有人。於佛眾會欲求出家。歷遍聖}眾。悉以道眼觀察。皆謂此人永無善種。無肯度者。後至佛所。佛乃度之。比丘以是問佛。佛言。此人雖無善根。但於無量劫前。非二乘道眼

所知。此人因採薪。爲虎所逼。上樹避之。忽失聲稱南無佛。以此一稱名故。於此賢劫之
中。値我得度。

이와 같이 아미타부처님을 칭양稱揚한 공덕은 실로 헤아리기 어렵다. 대
승의 원돈圓頓(원만하고 단박에 깨달아 해탈함)이 횡적으로 초월하여 바로 절
단하는 종지를 여기에서 보게 된다. 『정토십의론淨土十疑論』에서 말하기
를, "비유하면, 열 아름드리가 되는 새끼줄은 천 명의 사나이도 끊어 제
지하지 못하지만 어린 동자童子가 날카로운 칼을 휘두르면 순식간에 두
쪽으로 절단되는 것과 같다" 하였다.

이는 『관무량수경觀無量壽經』에서 하품下品의 무리가 왕생하는 인을 말한
것과 같은데, 이 비유는 "겨우 생각만 하여도 죄를 소멸하고 즉시에 왕
생한다" 한 것이다. 또 부처님 세상에 어떤 사람이 부처님 회상에 출가
하고자 하였다. 성스러운 대중에게 두루 참례參禮하였으나, 모두들 도안
道眼으로 관찰하고는 "이 사람에게는 영원히 선善한 종자種子가 없다" 말
하며 출가시키려 하는 사람이 없었다. 뒤에 부처님 계시는 처소에 이르
렀더니, 부처님께서 그를 득도得度시키자 비구가 부처님께 그 까닭을 질
문하였다.

부처님께서 가로되, "이 사람이 비록 선근이 없긴 하지만 다만 무량겁無
量劫 이전의 일은 이승二乘의 도안道眼으로 알 바가 아닐 뿐이다. 이 사
람이 땔나무를 하러 산으로 갔다가 호랑이에게 쫓겨 나무 위로 올라가
호액虎厄을 피하다가 홀연히 실성失性하여 '나무 불南無佛' 하고 부처님을
칭념하였다. 이렇게 한번 명호를 불렀기 때문에 현겁現劫 중에서 나의
득도得度(출가)를 만난 것이다."

後當會道。此明一生念佛未即獲報。於後世方得往生者也。以此例之。則知一稱佛名。雖

未著何佛。尚能令人滅罪得道。何況彌陀願力超過十方。專注彼佛稱名功德所滅罪障可
思議耶。經云。一稱南無佛。皆已成佛道。是斯說之明證也。故知若能稱彌陀名念念不
休。此功德實難稱量。雖障重人有散心退轉者。其於往生之驗必在將來。又稱佛屬口。惟
論其功。念佛在心。乃彰其德。論功則在我不倦。彰德乃見佛現前。二義不同。優劣可見。
口稱尚爾。況心念乎。是故我今因汝所問。依經述事。達諸同行決志之人。願於此義如說
修行。慎毋疑慮。

뒤에는 반드시 도道와 회합會合하리라 한 것과도 같다. 이는 일생에 염불
하면 바로 과보를 성취하지 못하고 후세에 왕생한다는 것을 밝힌 것이
다.

이로써 비례해 본다면 한번 부처님 명호를 칭명하여 어느 부처님이라고
집착하지 않아도 사람의 죄를 소멸하고 도道를 얻게 한다는 것을 알리
라. 더구나 아미타부처님의 원력이 시방을 초과함이겠는가. 저 아미타부
처님에게 전일專一하게 주의를 기우려서 명호를 부른 공덕으로 소멸한
죄장罪障을 생각하거나 의론議論할 수 있겠는가. 경전에서 설하기를 한번
「부처님께 귀의합니다(南無佛)」하고 부름에도 모두가 부처님의 도를 성
취한다」 하였는데, 이것은 모두 이 말을 증명한 것이다.

이러한 까닭으로 알아야 한다. 가령 아미타부처님의 명호를 칭명하며 생
각 생각에 쉬지 않는다면, 그 공덕은 실로 계산하여 헤아리기 조차 어려
운 것이다. 비록 장애가 지중한 사람이 산란한 마음으로 퇴전했다 해도
왕생의 증험은 반드시 장래에 있는 것이다. 또 입으로 부처님을 칭명한
것은 오직 그 공을 의론했을 뿐이고, 마음속으로 염불해야만 이에 그 덕
이 나타난다. 공을 논의한다면 나의 나태하지 않음에 있고, 나타난 덕은
곧 부처님이 현전現前하는 것을 본다.

동일하지 않은 두 의미에서 우열을 알아보리라. 입으로 부르기만 해도

그러한데, 더구나 마음으로 사념함이겠는가. 이 때문에 나는 지금 그대의 질문으로 인해서 경전을 의지하여 사건事件을 기술한 것이다. 모든 동행으로서 뜻을 결단한 사람들까지 이 의미를 말과 같이 수행하고 의심스러운 생각을 삼가기 바란다.

염불하는 자는 많으나
윤회를 벗어나 극락에
왕생往生하는 자는 드물며
염불하기는 쉬운 것이나
성취하기는 극히 어려운 것이니,
염불하기가 어려운 것은 아니지만
오래 지속하기가 어려운 것이며
또한 오래 지속함은 과히 어려운 것이 아니나
일념一念으로 하기가 어려운 것이니라.
일념이 되어야만이 성취를 할 수가 있는 것이니라.
- 古德 〈염불각자열전〉

제21 열조列祖의 수행문修行門을 간략하게 보임

略示列祖行門第二十一

法門廣大遍攝群機。易進功高眾行莫及。始自鷲峰初演大器所歸。終至震旦流輝三乘共證。其於法化益盛振古絶今。可謂最上微妙不可思議極勝廣大法門者也。迨至東晉遠祖。於彼匡廬唱立其教。繼時和者一百二十三人。祖師三覩聖相如願往生。

법문은 광대하여 무리의 근기를 두루 미치도록 포섭하였으며 용이하게 정진하여 수행하는 공부는 고상하여 여러 가지 일반적인 수행으로는 미치질 못한다. 비로소 영취산(鷲峰)에서 큰 그릇(大器)이 귀의해야 할 법문을 처음으로 연설演說하심으로부터 마침내 중국(震旦)에 광채를 발함을 유전流轉하여 삼승三乘이 함께 증득하는데 이르기까지, 법으로 교화함이 더욱 성대하여 옛적에 떨쳐 일어나 이제는 절대적이다. 가위 최상의 미묘하고 불가사의한 지극히 수승하고 광대한 법문이라 말함이다.

동진東晉의 혜원조사慧遠祖師에 이르러 저 여산廬山(동림사東林寺)에서 그 가르침을 앞장서서 주장하여 설립하고 바로잡음이라. 이때 계통繼統을 이어 화답和答한 자가 123인이었다. 혜원조사는 성스러운을 상相을 세 번이나 목도目睹하고(아미타불을 친견함) 발원과 같이 왕생하였다.

朝士劉遺民作文立誓。亦見彼佛親自摩頂衣覆其體。又與同志闕公則等。於命終時悉從其行。此皆傳記所明。實人世共知者也。又晉翰林張抗但持大悲呪十萬遍。宋江陵僧曇鑒以平日毫芒之善悉回淨土。南齊揚都僧慧進願誦法華為淨土行。而此二人皆生彼國。可謂行不虛矣。抗即見淨土在西屋間。良久而化。鑒乃覩彌陀以水灑西日。滌汝塵垢。清汝心念。汝之身口俱致嚴淨。又覩瓶中生花。定起與寺僧話別。

조정의 선비 류유민劉遺民은 문장을 찬술撰述하고 서원을 세웠다. 또한 저 아미타부처님이 친히 류유민의 이마를 어루만져 주시며 옷으로 류유민의 몸을 덮어주심을 친견하였다. 더불어 동지同志인 궐공칙闕公則 등이 임종시臨終時에 모두다 그 행을 추종하였다. 이는 전기에 밝혀진 것으로 실로 인간세상에서 모두 아는 사실이다.

또 진진晉나라의 한림학사翰林學士였던 장항거사張抗居士는 대비주大悲咒만 지송하기를 십만 번이나 하였으며, 송宋나라 강릉江陵의 담감曇鑒스님은 평일의 털끝만한 선행이라도 모두 정토에 회향하였다. 남제南齊의 양도揚都와 혜진慧進스님은 『법화경法華經』을 지송하며 서방정토 극락세계에 왕생하기를 발원하였는데, 이 두 사람 모두가 저 극락세계 안양국安養國에 왕생하였으니, 두 사람의 수행이 진실하여 헛되지 않았다 말할 만하다.

장항張抗거사는 서방정토 극락세계가 서쪽 집 사이에 있는 것을 보고 오래지 않아 천화遷化하였다. 담감曇鑒스님은 아미타부처님께서 물로 서쪽을 세척하며 말씀하시기를 "너의 더러운 때를 세척하고 너의 심념心念을 청정히 하여 너의 몸과 입이 함께 엄정히 함에 이르게 하겠다" 하는 것을 보았으며, 또 병瓶 속에서 연꽃이 피어나는 것을 보고 선정禪定에서 일어나 사찰의 스님들과 이별을 고하였다.

進因誦經致病。乃願造法華百部施人塡吾所誦。造畢病愈。忽聞空中讚善。隨即往生。此三人者其功尤難具述。又後魏壁谷僧曇鸞棄仙學佛。修淨土眞長生法。臨終乃令弟子高聲念佛。鸞即向西叩頭而亡。空中天樂從西而去。隋僧道喻以施檀香造三尺彌陀之像。發願求生。後亦死而復甦。乃於冥中親覩瑞應。見佛謂云。明星現時吾來接引。及期果逝。其大行者。如唐京師善導和尙。台州懷玉。汾州芳果二師。眞州自覺。睦州少康。及幷州惟岸等。皆不離大乘。建誓立願具修是行。靈驗昭著感動天人。法雲普覆含攝無窮。

法雨遍濡充擴一切。其德故非一端。實不可具述矣。

혜진스님은 경전을 지송하다가 병이 들자 곧 발원하기를 법화경 백 부部를 조성하고 사람들에게 시주施主하며 "내가 지송할 것을 보충하여 메우게 하십시오" 하였다. 법화경 조성이 끝나자 병이 치유되고 홀연히 공중에서 "훌륭하다" 하고 찬탄하는 말이 들리더니, 곧 바로 왕생하였다. 이세 사람은 그 공덕을 구비하여 기술하기가 더욱 어렵다.

또 후위後魏 벽곡壁谷의 담란曇鸞스님은 신선도神仙道를 버리고 불교를 수학하더니 정토의 진실한 장생長生의 법을 수행하였다. 임종할 때에 제자들에게 높은 소리로 염불하라 하며, 담란스님은 즉시에 서쪽을 향하여 머리를 조아리고 절명絶命하였는데, 허공에서 천악天樂이 서쪽으로 따르며 떠나갔다.

수隋나라 도유道喩스님은 전단향栴檀香나무로 삼척三尺의 아미타부처님 상像을 조성하고 왕생을 발원하였다. 뒤에 죽었다가 다시 살아났는데 그윽한 중에서 상서祥瑞로운 감응을 보았다. 즉 아미타부처님을 친견하였는데, 아미타부처님께서 말씀하시기를 "명성明星이 출현할 때에 내가 와서너를 접인接引하리라" 하시더니 기한이 되자 이곳 사바세계를 버리고 서방극락으로 떠나갔다.

크게 수행한 사람으로는 당唐나라 경사京師의 선도화상善導和尚, 태주台州의 회옥懷玉스님과 분주汾州의 방과芳果스님, 진주眞州의 자각自覺과 목주睦州의 소강少康스님 및 병주幷州의 유안惟岸 등은 모두 대승을 떠나지 않고 서원을 세워 이 염불행을 완전하게 닦았다. 신령한 증험이 밝게 나타나 천상과 인간이 감동하였고, 법운法雲은 두루 덮어 다함 없이 포섭하였으며, 법우法雨를 널리 적셔 일체에 확충하였다. 그의 덕은 짐짓 한 가지 단서가 아니었으므로 실로 갖추어 기술하지 못한다.

又陳隋天台智者國師。泊傳法列祖。法智慈雲等。國初永明智覺禪師。長蘆慈覺禪師。此大聖}師。行超人天。德臨三有。揭昏衢之慧日。破苦處之導師。皆以此三昧爲自利利他傑世化人之道。化儀既畢。皆生上品者也。又唐長安尼淨眞。誦金剛經十萬遍。將終五月內。十度見佛。兩度神遊極樂。唐房翥因勸一人念佛。感動幽冥。長安李知遙五會念佛。見空中神僧來接。得生淨土。

또 진陳 나라와 수隋 나라 간에 생존하셨던 천태지자국사天台智者國師와 법을 전한 조사인 법지法智·자운慈雲스님 등과 국초國初의 영명연수지각선사永明延壽智覺禪師와 장로자각선사長蘆慈覺禪師 등 대성사大聖師는 수행은 인간과 천상을 초월하였고 덕목德目은 삼유三有(욕계欲界·색계色界·무색계無色界)에 임하여 어두운 거리에 지혜의 태양을 높이 걸고 괴로운 처소를 타파하신 도사導師이셨다.

이들은 모두가 이 염불삼매로써 자리이타自利利他를 하여 세상을 교화하는 도道를 걸출하게 하였으며, 교화를 다하자 모두 상품上品에 왕생하신 분들이었다. 또 장안長安의 비구니 정진淨眞스님은 금강경金剛經을 십만 번 지송하였다. 장차 5개월 안에 임종하려 하면서 열 번이나 아미타부처님을 뵈옵고 두 차례에 걸쳐 서방정토 극락세계에 신식神識(아뢰야식)이 노닐었다.

당唐나라 방자房翥는 한 사람에게 염불하기를 권한 것으로 인해 유명幽冥(지옥)을 감동시켰고, 장안長安의 이지요李知遙는 오회五會염불을 하여 허공에서 신승神僧이 와서 제접하는 것을 보더니, 정토에 왕생하였다.

上黨姚婆念佛立化。并州溫靜文妻修行如願。又張鍾馗張善和皆爲殺業。獄相已現。十

念便歸。石晉鳳翔僧智通。宋明州僧可久。觀智者遺文。一心修習。亦爾神遊淨土。見標
名華座者。出定之後。悉如其言。宋金太公。黃打鐵。吳瓊初。皆爲惡業。因改悔精修。於
往生時悉有瑞應。荊王夫人。觀音縣君。馮氏夫人。雖在女流。其德反著。故知此勝法門
凡有心者皆可修行。奚間緇白男女老幼愚智異流極惡最逆闡提之輩也。雉聞法音。尚生
善道。人能念佛。豈不西歸。如是則但慮人之弗修。毋慮佛不垂應也。今依傳記。聊述所
聞。俾同志之士見賢思齊。爲日用行藏之警省耳。至若四海八極之地。古往今來之時。耳
目不接。所聞未廣。歷時旣久亡失者多。豈能盡述。

상당上黨의 요파姚婆는 염불하면서 일어나 왕생하였고, 병주幷州 온정문溫
靜文의 처는 수행하더니 발원하는 대로 되었다. 또 장종규張鍾逵·장선화
張善和는 모두 살생의 업을 짓고 임종시에 지옥의 모양이 나타났으나, 십
념十念을 하여 바로 귀의하였다. 석진石晉의 봉상鳳翔스님인 지통智通과
송 나라 명주明州의 스님인 가구법사可久法師는 지자대사智者大師가 남기
신 문장을 보고 일심으로 정토염불법문淨土念佛法門을 닦고 익혔다. 또한
그들도 정토에 신식神識(아뢰야식)이 유희遊戲하여 연화좌대蓮華坐臺에 이
름이 표시된 것을 보았는데, 선정禪定에서 나온 뒤에 모두가 그의 말과
같았다. 송宋 나라의 김태공金太公·황타철黃打鐵과 오경초吳瓊初는 모두가
나쁜 악업을 지었다. 그리하여 뉘우치고 정진수행하더니 왕생할 때 모두
에게 상서祥瑞로운 감응이 있었다. 형왕부인荊王夫人·관음현군觀音縣君·
풍씨부인馮氏夫人은 비록 여자들이었으나 그들은 덕으로 저명著明하게 되
었다. 이러한 까닭으로 알지라.

이 훌륭한 정토법문은 무릇 마음이 있는 사람들이라면 모두 수행이 가능
한 것이다. 어찌 승려·속인·남자·여자·늙은이·어린이, 어리석거나
지혜로운 이, 축생, 극악인이나 가장 불효한 천제闡提(아무리 수행해도 깨달
을 수 없는 자)의 무리를 구별하겠는가. 꿩이 법음法音을 듣고도 선도善道

(천·인·아수라도)에 태어났는데, 사람이 염불한다면 왜 서쪽으로 돌아가지 않겠는가. 이와 같다면 사람들이 수행하지 않는 것을 염려할 뿐 부처님이 감응을 베풀지 않으실까 염려하지는 말아야 할 것이다. 지금은 전기에 의지하여 부족하나마 들은 것을 기술하고 같은 의지를 지닌 인재들이 현인을 보면 그와 같이 되리라 여기며, 날마다 쓰는 언행言行의 경계를 삼게 하였을 뿐이다.

천하의 모든 방방곡곡의 광대한 땅이라면 예나 지금이나 멀고 먼 옛날의 각종 왕생 행적에 이르러서는 이목이 접하지 못하고 들은 것이 광대하지 못하며, 지난 시간도 이미 오래이고 잃어버린 것도 많다. 어떻게 모두를 다 기술할 수 있겠는가.

제22 회향을 바로 보이고 왕생을 두루 권하다

正示迴向普勸往生第二十二

詳夫邪見之源。實由於不正師友之教也。雖是夙業所召。豈免於自心見惑哉。惑既不離我心。報必難逃苦趣。況彼一染於識。萬化莫回。所以寶王三昧念佛直指由是而作也。余纔立斯志。即以此心緣娑婆業繫之大苦。念極樂依正之逍遙。淨穢交參。生佛互顯。無量義海聚之於心。法喜充盈。如不見我。理事無礙。身土圓融。或匪筆舌所拘。蓋猶生淨土矣。如是功德無量無邊。

대저 사견邪見의 근원을 자세히 살펴보았더니 실로 바르지 못한 스승과 가르침을 말미암은 것이 많았다. 이는 숙세宿世의 업보로 초래한 것이기는 하나 자기 마음의 견혹見惑이야 어떻게 면하겠는가. 견혹이 나의 마음을 떠나지 않았다면 그 과보로 반드시 괴로운 세계를 피하기 어려우리라. 더구나 한번 오염된 식識은 만 번을 교화해도 돌이킬 수 없지 않겠는가. 그 때문에 『보왕삼매염불직지寶王三昧念佛直指』를 찬술撰述하게 된 것이다.

나는 이 뜻을 일으키자 마자 즉시에 이 마음으로 사바세계에서 업에 얽매인 큰 괴로움을 반연하고 극락의 의보·정보에서 소요逍遙할 것을 생각하였다. 정토(극락)와 예토(사바)가 서로 뒤섞이고 중생과 부처가 서로 나타나 한량 없는 의리義理의 바다가 마음으로 모여들었다. 법의 희열은 충만하고 가득하여 나(我)라는 것을 보지 못한 듯 하였으며, 이사理事에 장애가 없으니 몸과 국토가 원융하였다. 혹은 붓과 입(筆舌)으로 구애할 바가 아닌 듯 하였으나, 대체로 정토에 왕생한 듯 하였다. 이와 같은 공덕은 한량이 없고 가이 없다.

我今願以如上功德及未來際觀集發心求生淨土一切善根。如法性理。展轉無窮。自果從因。遍周塵剎。為行為願回施眾生。一切圓成同生淨土。又願承茲念力。悉使十方剎海并娑婆世界一切眾生如我所願。若同若別。依正色心一時趣入樂邦教主無量光明一毫端中。皆為樂國。變現自在遊戲神通。如佛所住。永無遺餘。我願方滿。於是重復一心。攝我無始至今盡未來際。若大若小三業所修一切無量善根。皆現在前。普與眾生於極樂國一心回向。仰祈諸佛神力彌陀願力。及二大士功德之力。願此法門願此善根遍我六根及諸支體。令我六根境智自在。滿虛空界皆為色身。悉能宣說如是法門。以此根身。即於一切眾生之前。盡未來際不生疲厭。供養恭敬如事世尊。五體投地胡跪合掌。志心奉勸。

나는 지금 위와 같은 저술의 공덕과 미래의 이 책을 본 이들이 보리심을 발하여 정토에 왕생하는 일체의 선근을 구하길 바란다. 법성法性의 이치처럼 전하여 무궁무진하게 전해지고, 다시 자신의 과보를 인지因地에 회귀하여, 미세 먼지처럼 많은 찰토에 두루 펼치려는 그 소망을 위해 모든 중생들에게 보시함으로써 모든 공덕과 지혜가 원만히 성취되고, 함께 극락정토에 왕생할 것을 발원한다.

또 이 염력念力을 계승하여 모든 시방 찰해刹海와 사바세계 일체 중생이 나의 소원처럼 되며, 동류同類이거나 별류別類이거나 의보·정보의 색법色法·심법心法이 극락세계 교주이신 아미타부처님의 한량없는 광명의 한 터럭 끝 가운데서 모두 극락국이 되어 변화가 자재하고 유희遊戲의 신통으로 부처님의 머무시는 것처럼 길이 빠뜨린 나머지가 없게 되라고 발원한다.

나의 소원이 가득하면 여기에서 일심을 거듭 반복하여 나의 무시無始 이래로부터 지금과 미래제未來際가 다하도록 크거나 작거나 삼업三業(신·구

·의 3업)으로 수행한 일체의 무량한 선근이 모두 목전에 현현顯現하여 널리 중생과 극락세계에 일심으로 회향하리라. 우러러 바라노니, 모든 부처님의 신력神力과 아미타부처님의 원력과 관세음보살·대세지보살 두 대사大士 분의 공덕력功德力이시여, 원컨대 이 법문과 이 선근이 우리의 육근六根과 모든 신체에 두루하여 우리 육근六根의 경계와 지혜가 자재하게 하소서. 허공계虛空界가 가득하도록 색신이 되어 모두 이같은 법문을 널리 설하게 하소서.

이 5근의 색신(根身)으로써 일체 중생의 앞에 나아가 미래제가 다하도록 피로와 싫증을 내지 아니하고 공양·공경을 세존을 섬기는 것처럼 하소서. 오체투지五體投地 하고 크게 꿇어 호궤胡跪 합장하며 지심志心으로 받들어서 게송으로 권청勸請하나이다.

勸以偈曰

極樂世界最淸淨	莊嚴微妙超世間	彌陀願力同虛空	相好光明亦如是
念念不離眔生界	普度我等生其邦	我等自甘生死中	歷劫沈淪莫超越
彼佛垂臂待已久	咨嗟彈指誠殷勤	光明欲發蓮華開	今正是時願生彼
身欲無常時欲過	眔苦交煎應當離	願速念佛同修行	盡此報身生極樂

게송으로 설하길,

가장 청정한 서방정토 극락세계

장엄함과 미묘함이 세간을 초월하였네

아미타부처님의 원력은 허공과 같고

상호광명 또한 이와 같사오니

염념念念이 중생계를 떠나지 않고

우리 중생들을 제도하시어

그 나라 서방정토 극락세계에 왕생하게 하십니다

우리는 생사의 윤회 속을 달게 여기며

역겁歷劫토록 침륜沈淪하여 초월하지 못하였으나

저 아미타부처님 박가범 팔을 펴시고 기다리신지 이미 오래 됨이여

아 아~ 잠깐 사이라도 실로 은근慇懃하십니다

광명은 빛나고 연화蓮華는 피어나려 하는데

지금 이 왕생을 발원하는 때

덧없는 허무虛無한 몸뚱아리 시간은 흘러 지나가는데

서로 들볶아 지지는 듯한 여러 가지 뭇 괴로움 응당 떠나리

원願하건데 신속히 염불수행하여

이 과보 다하면 서방정토 극락세계에 왕생하리.

又願此集法門常在世間。如佛法身。作不請友。利樂一切同生安養。願天龍八部常來護持。於此法門不容毀滅。如法性理。永遠流通與佛常住

또 발원합니다. 이 법문집法門集이 부처님의 법신처럼 세간에 항상 존재하여 「청하지 않는 벗」(不請友)이 되어 일체를 이롭고 즐겁게 하고 안양국安養國 서방정토 극락세계로 왕생하게 하옵소서. 원하옵건데, 천룡팔부天龍八部는 항상 보호하여 지켜주시고 이 법문에 훼방이나 파멸을 용납하지 않게 하소서. 법성法性의 이치처럼 영원히 유통하여 부처님과 함께 상주常住하게 하소서.

보왕삼매념불직지寶王三昧念佛直指 권하卷下 종終

보왕삼매염불직지寶王三昧念佛直指 부록

附真妄心境圖說

真妄心境勝劣之圖(此方相喻真心大方廣)

부附 진망심경도설眞妄心境圖說

부록 : 진망眞妄 · 심경心境 승렬勝劣의 도圖

(이 방상方相은 진심眞心의 대방광大方廣에 비유한 것이다)

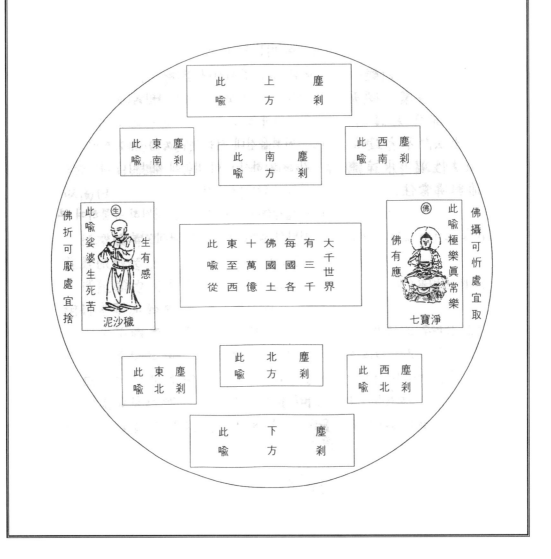

此圖所引乃上卷第二篇斥妄顯真之說中來。恐人觀彼猶有昧者。故作此圖再述其旨。使後學易曉云此一大方相。喻大覺不生滅之真心也。心量不可爲喻。今姑以方相擬之。此一圓相喻十方無邊虛空也。此十箇小方相。喻十方各微塵數世界也。此人身中心字。喻汝今胸中所蘊六塵緣影之妄心也。此妄影心在我身中。身在世界。世界在空。空在大覺本然真心之中。故知此東穢西淨二土實境兩形。遠隔十萬億國土之外。豈在汝今虛妄緣影心中。

이 그림에서 인용한 바는 상권上卷 제2편第二篇의 척망현진斥妄顯眞(거짓을 배척하고 진실을 드러냄)의 설 가운데서 나온 것이다. 사람들이 저를 관찰하고서도 미혹할까 염려스러웠다. 이러한 까닭으로 이 그림을 그려 그 뜻을 거듭 기술하고 후학으로 하여금 용이하게 깨우치도록 하였다.

이르되, 이 한 대방상大方相(ㅁ)은 대각大覺의 생멸하지 않는 진실한 마음을 비유하였다. 마음의 한량이란 비유가 불가능하나 우선 방상方相으로 대비하였다.

이 한 원상圓相(ㅇ)은 시방의 가없는 허공에 비유하였다.

이 열 개의 작은 방상方相은 시방의 가없는 허공에 비유하였다. 여기서 사람 몸 속의 '심心' 자는 그대의 지금 가슴 속에 쌓여있는 육진六塵(육경六境과 같음. 색色·성聲·향香·미味·촉觸·법法)에 연영緣影된 망심妄心이다. 이 허망하게 반연하는 그림자의 마음은 나의 몸 가운데 있으며, 몸은 세계에 있다. 세계는 허공에 있으며 허공은 대각大覺 본연의 진실한 마음 가운데 있다. 이러한 까닭으로 동쪽의 더러움(사바세계)과 서쪽의 청정한(극락세계) 두 국토는 실제의 경계로 둘로 나타나 멀리 십만억 국토 바깥으로 사이(隔)가 또 있다는 것을 알아야 할 것이니, 어찌 그대의 현재 허망하게 반연하는 그림자의 마음 가운데 있겠는가.

佛祖有云惟心淨土本性彌陀者。正在此以方相為喻。能含裹十虛大覺不生滅真心中。若
謂在汝即今妄想緣影心中。可謂惑甚。楞嚴云。譬如百千澄清大海棄之。惟認一浮漚體。
目為全潮窮盡瀛渤。此是迷中倍人。即此義也。又云。十方虛空生汝心內。如片雲點空。
況世界在空。豈能離我本然真心也。又云。空生大覺中。如海一漚發。有漏微塵國皆依空
所生。如是則淨穢等土不離真心。又何礙於著相求生耶。若能了遠即近求即無求。自合
理趣。此真妄二心古人廣有妙釋。不能具引。行者可不鑑乎

불조佛祖께서 말씀하신 '유심정토唯心淨土 자성미타彌陀라' 한 것은 바로
여기에서 방상方相으로 비유하여 십허十虛(시방세계의 허공)를 머금어 싼 대
각大覺의 생멸하지 않는 진심眞心 가운데 있는 것이다. 만일 그대가 현재
망상으로 반연하는 그림자의 마음 가운데 있다 말한다면 미혹이 매우 심
하다 말해야 할 것이다. 『능엄경楞嚴經』에서 말하기를 "비유하면 백천의
맑은 물도 큰 바다에 버려지는 것과 같다. 오직 한 떠 있는 물거품만 인
식하여 전체의 조수潮水로 지목하고 큰 바다를 궁진窮盡했다 한다면 이는
미혹 가운데서 곱으로 미혹한 사람이다 하였는데, 곧 이 의미다.

또 말하기를, 시방의 허공이 너의 마음 안에서 발생하였다. 마치 한 조
각의 구름이 허공에 떠 있는 것과도 같다. 더구나 세계는 허공에 있는
데, 어떻게 나의 본연의 진실한 마음을 떠났겠는가 하였으며, 또 말하기
를 허공이 대각大覺 가운데서 발생한 것(空生大覺中)이 마치 바다 가운데
한 물거품이 일어난 것과 같다(如海一漚發). 유루有漏[40]의 미진微塵 수의
국토는 모두가 허공을 의지하여 발생하였다 함이다.

---

40) 유루有漏란 번뇌에 오염된 것, 무루無漏는 번뇌에 오염되지 않은 것을 뜻한다. 이 용어는 원시
불교경전에는 드물게 나타나고, 소승불교小乘佛敎가 되고 나서 일반화되었다. 소승부파小乘部派
의 하나인 설일체유부說一切有部는 이것들을 이용해 일체법을 분류하고 유루 · 무루의 규정을 여
러 가지로 발전시켰지만, 결국 4~5세기에 세친世親보살의 『구사론俱舍論』에서 "사람이 어떤 대
상을 인식할 때, 그 사람의 마음에 번뇌가 늘어난다(隨增)면 이 대상을 유루법이라 하고, 늘어나
지 않는다면 이를 무루법이라 한다"는 설명으로 정립되었다.

이와 같다면 청정하고 더러운 등의 국토가 진실한 마음을 떠나지 않았
다. 또 어찌 모양에 집착하여 왕생을 구하는 것이 장애가 되겠는가.
만일 먼 것이 가까움에 상즉相卽하였고, 구하는 것이 곧 구함이 없다는
것을 깨닫는다면 자연히 이치에 합하리라. 이 진망眞妄의 두 마음은 옛
사람의 오묘한 해석이 광대하게 있다. 구비하게 인용하지 못한다. 수행
자라면 비추어 성찰하지 않아서야 되겠는가?

부파망념불설附破妄念佛說(일명 직지심요直指心要)
부록 : 허망함을 타파하고 염불하라는 설

附破妄念佛說(一名直指心要)

念佛三昧者。大雄氏觀此娑婆有生老病死等業繫諸苦。教人念彼阿彌陀佛。求生極樂國土之法也。以彼佛身及彼國土清淨無比。莊嚴第一依正極妙。故得名焉。彼佛眾會所有大心菩薩。聞佛言教得生彼者。何止萬億。自是法流天下。東土西國自始至今。如教生者轉多。不可以微塵恒沙比其數量也。

염불삼매念佛三昧란 것은 부처님(大雄氏)께서 이 사바세계가 생로병사生老病死 등의 업에, 온갖 괴로움에 묶이고 얽히혀 결박되어 있는 것을 관찰하시고, 사람들에게 아미타부처님을 사념하여 서방정토 극락세계에 왕생을 구하도록 가르치신 법이다. 저 부처님의 몸과 국토는 비比할 데 없이 청정하여 장엄이 제일이며 의보와 정보가 지극히 오묘하다. 이러한 까닭으로 이러한 명칭을 얻은 것이다.

저 부처님 회상에 계시는 대심大心의 보살들은 부처님의 언교言敎를 듣고 저기에 왕생하신 분들이다. 이들이 어찌 만억萬億에만 그치겠는가. 이로부터 법이 천하에 유통 되었다. 인도(西國)와 중국(東土)에서 시초부터 지금에 이르기까지 가르침과 같이 서방정토 극락세계에 왕생한 사람은 더욱 많아져서 미진微塵의 갠지즈강 모래(恒河沙)로도 그 수량을 비교하여 헤아리지 못할 정도이다.

去聖逾遠。人世澆漓。不知西方極樂實境見存。乃錯解諸法在心一句。以為玄妙。便妄認胸中六塵緣影昏擾擾相爲心。謂樂土在內不求生彼。顚倒甚矣。此六塵緣影皆屬前塵。

本無自體。前塵若無。此心即滅。云何更有彼土在此心內耶。汝又謂心本在胸。心小在

胸。焉可著此廣大佛土耶。縱謂悟道便爲佛土在心者。只可名爲見性悟道。焉可謂之淨

土在心。若人作此見者。實名邪見。縱是天魔惡賊外道種性。亦超此見。世間無有此見最

下劣矣。

성인과의 간격이 더욱 멀어지고 인간 세상은 경박함이 스며들어 서방극락세계가 실제로 존재한다는 것을 알지 못하게 되었다. 그리하여 "모든 법은 마음에 있다"고 하는 한 구절을 잘못 이해하고 이를 현묘하게 여기며 문득 가슴 속 육진六塵의 그림자로 반연하는 혼미하고 시끄러운 모양을 허망하게 인식하여 마음이라 하였다.

그리고는 말하기를 "극락국토는 가슴 속에 존재하니 저기에 왕생함을 구하지 않는다" 하니 전도됨이 매우 심한 것이라 하겠다. 이 육진으로 반연하는 그림자는 전진前塵(망심妄心의 앞에 나타나는 세간의 모든 사물)에 속하여 본래 자체가 없다. 전진前塵이 없다면 이 마음이 소멸하리니, 어떻게 다시 저 국토가 내 마음 안에 있겠는가. 그대는 또 마음의 근본은 가슴 속에 있다 말하나 마음은 작아서 가슴에 있음에, 어찌 광대한 불토佛土를 부착하여 수용함이겠는가.

비록 도道를 깨우치면 문득 불토佛土가 되어 마음에 있다고 말하는 자라도 다만 견성오도見性悟道(성품을 보아 도를 깨닫다)라 이름할지언정, 어찌 이를 정토가 마음에 있다 말하는 것이 가능하겠는가. 만일 사람이 이러한 견해를 짓는다면 실로 삿된 견해라 해야 할 것이다. 비록 이 천마天魔·악한 도적·외도外道의 종성種性이라 해도 이러한 견해를 뛰어넘어 앞질러감이라. 세간에는 이러한 견해가 있을 수 없으니, 최하의 하렬下劣인 것이다.

可憐憫哉。汝今若欲悟真實本然心者。先當觀汝所認六塵緣影之心本在汝胸。胸住於身。身居國土。此土及一切淨穢剎海悉在虛空之內。此虛空界無際無外。十界依正一切在中。廣大難思。此空雖大。我之天然不動真實本心。非大極大。又能圓裹如上最大虛空。彼空在我真心。尚如小片之雲忽點太清之裹。云何娑婆極樂一切淨穢剎海。而不在我本然心中耶。然則佛說諸法在心者。實非在汝胸中妄想緣影心內也。乃在現前一念本真之心內也。此真實心遠離知覺。超諸聞見。永斷一切生滅增減之相。非始非今。性本真如。具含眾妙。乃十界迷悟之本。實不可得而思議其廣大者。

가이 가엾고 불쌍하구나! 그대가 지금 진실한 본연의 마음을 깨닫고자 한다면 우선 그대가 인식한 육진六塵에 연영緣影한 마음이 본래 너의 가슴속에 있는가를 관찰해야 한다. 가슴은 몸에 안주해 있고 몸은 국토에 거처하며 이 국토와 일체의 정토와 예토의 찰해剎海가 모두 허공 안에 있다. 이 허공계虛空界는 가장자리가 없고 밖이 없어 십계十界 의보·정보의 일체가 그 가운데 있어 광대하여 사유하기 어렵다.

이 허공계가 비록 광대하다 하나, 나의 천연적으로 요동하지 않는 진실한 본심本心은 크지도 않으면서 지극히 광대한 위와 같은 최대의 허공을 뚜렷하게 포용하고 있다. 저 허공계가 나의 진실한 마음에 있는 것이 마치 한 조각 작은 구름이 태청太清 속에 홀연히 점을 찍는 것과도 같다. 어찌 사바세계와 서방정토 극락세계의 일체 깨끗하고 추악한 찰해剎海가 나의 본연한 마음 가운데 있지 않겠는가.

그러하다면 부처님이 말씀하신 "모든 법은 마음에 있다" 하신 것은 실로 그대의 가슴 속 망상의 연영심緣影心 안에 있는 것은 아니다. 이는 현전現前하는 일념一念의 본래 진실한 마음 안에 있는 것이다. 이 진실한 마음은 지각을 멀리 떠난. 모든 견문見聞(보고 들음)을 초월하여 일체 생멸·증감의 모양을 영원히 단절하였다.

시작도 아니며 지금도 아닌 성품은 본래 진여眞如41)이다. 여러 가지 뭇
오묘함을 구비하게 함축한 십계十界(십법계十法界)42)가 미혹과 깨달음(迷悟)
의 근본으로서 실로 그 광대한 것은 생각하거나 거론하지 못한다.

> 既一切身土皆在汝今大覺不動眞心之中。與佛同證。則知極樂娑婆等土雖是實境乃全
> 我心。既全我心。我今在意。於中捨東取西。厭穢忻淨。惡娑婆求極樂。乃至憎生愛佛。恣
> 意熾然著相而求。皆不離我心也。如是而求。不離心故。故彼極樂彌陀相好現時。即自心
> 顯。自心顯時。即彼佛現。又我心即是彼佛之心。彼佛即是我心之佛。一體無二。故云惟
> 心淨土本性彌陀。非謂西方無土無佛。不須求生。但在汝生滅緣影之中。名爲惟心本性
> 也。又云。求彼佛即求自心。求自心須求彼佛。義意甚明。

이미 일체의 몸과 국토가 모두 그대의 현재 대각부동大覺不動의 진실한
마음 가운데 있어 부처님과 동일하게 증득하였다. 그러하다면 극락세계
와 사바세계 등의 국토가 비록 실제의 경계이기는 하나 나의 마음에 완
전하다는 것을 깨달아 알리라. 이미 나의 마음에 완전하다면 나는 지금
의식에 있다. 그 가운데에서 동쪽을 버리고 서쪽을 취하며 더러움을 싫
어하고 청정함을 기뻐한다. 사바세계를 싫어하고 극락세계를 구하며 내

---

41) 진여眞如(tathata)는 사물이 망념인 허망분별식虛妄分別識에 의해 왜곡되지 않고 있는 그대로의
모습을 가리킨다. 불교는 그것을 떠나 달리 초월적 진리를 세우지 않으므로 궁극적 진리라는 의
미도 갖는다. 제법이 다 참되다는 것은 참되지 않은 것에 대해서 참되다는 것이 아니라, 무명번
뇌에 의한 망상분별만 떠나면 산하대지가 다 그대로 진리의 드러남이라는 의미에서 참되다는 것
이며, 일체 제법이 다 같다는 것은 차별상으로 드러나되 그 성품은 본래 평등함을 말하는 것이
다. 진여의 체는 버릴 만한 것이 없으니 일체의 법이 모두 다 참[眞]이기 때문이며, 또한 주장할
만한 것이 없으니 일체의 법이 모두 똑같기[如] 때문이다.

42) 미혹迷惑의 세계와 깨달음의 세계를 포함하여 10종으로 분류한 것이다. 지옥, 아귀, 축생, 아수
라阿修羅, 인간, 천상, 성문聲聞, 연각緣覺, 보살, 부처로서 지옥으로부터 천상까지의 6세계는 미
혹의 세계인 범부의 세계이며, 나머지 4세계는 깨달음의 세계인 성자의 세계이다. 양쪽을 합하여
6범4성六凡四聖이라 한다. 앞의 6계는 소승불교에서도 설하는 것인데, 대승불교 특히 천태종天
台宗에서는 여기에 뒤의 4계를 더하여 10계라 한다. 이를 4취四趣, 인천人天, 2승二乘, 보살,
불佛로 분류하거나 3악도三惡道, 3선도, 2승, 보살, 불로 구분하는 경우도 있다. 앞의 6계는 고
통으로 가득 차 업업에 의해 윤회전생輪廻轉生하는 세계이므로 보통 육도윤회六道輪廻라고 한다.

지는 생사를 증오하고 부처님을 사랑한다. 이렇게 의식을 제멋대로 치연熾然하게 하며 모양에 집착하여 구하는 것이 모두가 나의 마음을 떠나지 않았다.

이처럼 구하며 나의 마음을 떠나지 않았기 때문에 이러한 까닭으로 저 서방정토 극락세계 아미타부처님의 상호도 현재 바로 자심自心에서 나타나며, 자심自心이 나타날 때가 저 아미타부처님께서도 출현하실 때인 것이다. 또 나의 마음은 바로 저 아미타부처님의 마음이며, 저 아미타부처님은 내 마음의 부처이다. 한 자체이며 둘이 없기 때문에 「유심정토唯心淨土 본성미타本性彌陀」라 말한 것이지, 서방西方에 국토도 없고 부처님도 없으므로 왕생을 구할 필요가 없음을 말한 것은 아니다.

다만 너의 생멸하고 연영緣影하는 가운데 있는 것을 유심본성唯心本性이라 이름한다. 또 말하자면 저 아미타부처님을 구하는 것이 곧 자심自心을 구하는 것이며, 자심을 구하려면 모름지기 저 아미타부처님을 구해야 한다는 뜻이 매우 분명하다.

> 云何今時有等破法散僧。間道遊儒。與泛參禪理者。不知卽境卽心求不礙眞之理。反於不二法中。分內分外。辨境辨心。又教人捨外取內。背境向心。使憎愛轉多分別更甚。而深違理趣也。一分其境。便以極樂爲外。教人不必求生。一分其心。便妄指六塵緣影虛偽妄想爲心。謂極樂在內。因思此心無質。又謂本無一切因果善惡修證之法。從是恣意妄涉世緣。教人不須禮佛。燒香然燈誦經懺願等種種善行。謂之著相。其上者又使彼縛心不動如頑石相似壞亂禪法。

무엇 때문에 요즈음 시대의 법을 파괴한 산만한 승려들은 도교道敎와 유교儒敎 사이에 노닐면서 선리禪理를 참구參究하는 사람들과 범범泛泛(물이 가득 찬 모습)히 뒤섞여 있는가. 경계에 나아가서 마음에 상즉相卽하는 장애 없는 진실한 이치 구하는 것을 알지 못하고, 반대로 두 가지가 아닌 법 가운데에서 내외를 나누고 경계와 마음을 분별한다.

또 사람들이 밖은 버리고 안은 취하며, 경계는 등지고 마음으로 향하도록 가르쳐 미움과 사랑(憎愛)이 더욱 많고 분별이 또한 심하여 진실의 도리를 더욱 어기게 한다. 한편으로는 그 경계를 분리하여 문득 극락은 외부라 하며 사람들에게 반드시 왕생을 구할 것은 아니라 가르치고, 한편으로는 그 마음을 나누어 육진六塵 연영緣影의 허망하고 거짓된 망상을 망령되게 지적하여 마음이라 하며 극락은 내부에 있다 말한다.

이로 인하여 이 마음은 형질形質이 없다고 생각한다. 또한 일체의 인과와 선악 그리고 수증修證의 법은 없다고 말한다. 이를 좇아 방자한 뜻으로 세상의 인연을 허망하게 섭렵하며 사람들에게 꼭 예불하지 않아도 된다고 가르친다. 향을 사루고 등불을 켜며 경전을 지송하고 참회하고 발원하는 등의 갖가지 선행을 모양에 집착했다 말한다. 이 보다는 경지가 상위인 자는 또 저에게 마음을 완악頑惡한 돌처럼 요동하지 않게 결박하라 하며 선법禪法을 파괴하고 혼란시킨다.

甚者更令其放曠自如。言殺盜婬業悉是空華無妨於道。因此邪見墮落生死。直向阿鼻獄底最下一層而住。罪甚屠酤。直待此見悔時。彼獄亦隨而壞。方乃得出。又於身外田屋山河大地所依之境。雖見實有。不敢說無。亦皆指為心外之物。打作兩橛。不能得成片段使心境一如。惟於著衣喫飯因貪口體之重。不敢叱之為外。而於天堂地獄及極樂土等塵剎。雖曾聞名。因不見故。直說為無。反言某人某處快樂便是天堂。某人某處苦楚便是地獄。曾不知彼真心非幻而亦實具天堂地獄剎海也。

이 보다 심한 사람은 다시 그들이 방일放逸하고 텅 비게 하여 살생·도둑질·음행淫行 등의 이 업이 모두 허공꽃(空華)이므로 도道를 방해하지 않는다 말한다. 이러한 사악한 견해로 인하여 생사에 타락하여 아비지옥 阿鼻地獄으로 곧바로 향해 밑바닥 최하의 일층一層에 머물게 되는데 도살 屠殺하고 술을 판매한 죄보다 심하다. 이러한 견해를 후회하여 뉘우칠 때를 기다렸다가 저 지옥도 또한 따라서 없어지는데, 이리 해야만 벗어 날 수 있게 되는 것이다.

또 몸 밖의 실유實有를 보았다고 해도 감히 '무無'라고 말해서는 안 된다. 그런데도 모두를 마음 밖의 물건이라 지목하여 두 쪽을 이루니, 마음과 경계가 한 덩어리를 이루어 여일如一하게 하지 못한다. 오직 옷 입고 밥 먹는 것만은 입과 몸을 탐하는 지중함 때문에 감히 꾸짖으며 바깥이라 하지 않는다.

천당天堂과 지옥, 극락국토 등 모래처럼 무수한 국토(塵刹)에 있어서는 일찍이 명칭은 들었으나 보지 않았다 하여 곧 바로 없는 것이라 말한다. 그리고는 반대로, 아무개는 어느 처소에서 쾌락을 누리는 이것이 천당이며, 아무개는 모처某處에서 고초苦楚를 받는데 바로 이것이 지옥이다 말한다. 그리하여 저 진실한 마음은 허깨비가 아니며, 또 천당과 지옥의 찰해刹海가 실제로 갖추어 있음을 알지 못한다.

以此教人不必求生。愚之甚矣。嗚呼汝既不識不生滅真心含裹太虛。妄認身內方寸緣影爲心。以賊爲子。不求於佛。其見卑哉。經云。譬如百千澄清大海棄之。惟認一浮漚體。目爲全潮窮盡瀛渤。如來說爲可哀憐者。正此輩也。是以我心實與佛心同一理故。故我彌陀願力威德光明在我心中。承我心愚癡之力作一切佛事。無時不引導於我。我心亦於彌陀願力大心之內。修諸念佛求生一切善行。無一善行而不具含佛德。了彼佛德成我三昧。

이것으로써 사람들에게 왕생을 구하는 것이 필요하지 않다고 지도하여 가르치니 어리석음이 매우 심하다 하겠다. 슬프다 그대여! 이미 생멸하지 않는 진실한 마음은 태허太虛를 포함해서 모든 것을 품어서 싸고 있다는 것을 알지 못하였구나. 몸 안(方寸)의 육단심肉團心[43]으로 연영緣影하는 것을 허망하게 인식하여 마음이라 하며, 도적을 자식으로 잘못 알고 부처(正覺)를 구하지 않는 이와 같은 견해가 비루鄙陋하다 하겠다.

경에서 말하기를, "비유하면 백천의 맑은 물이 바다로 흘러들어 가는데 오직 한 물거품만 인식하여 전체의 조수라 지목하며 큰 바다를 궁진窮盡했다 하는 것과 같다. 여래 부처님께서는 이러한 사람을 가히 연민憐愍히 여기고 불쌍하다 말씀하신다" 하였는데, 바로 여기에 해당하는 가련한 무리들이라. 이는 진실로 내 마음이 부처님의 마음과 동일한 이치이기 때문에, 우리 아미타부처님 원력의 위덕威德 광명이 나의 마음 가운데 있다. 이러한 까닭으로 내 마음속에서 어리석은 힘을 받들며 모든 것을 널리 행하는 불사는 언제나 나에게 인도되지 않는다.

나의 마음 또한 저 아미타부처님의 원력인 대심大心의 안에서 모든 염불을 수행하여 일체의 선행으로 왕생을 구하는 모든 선행에 한 가지라도 부처님의 온화한 덕성德性을 갖추어 포함하지 않음이 없다. 그리하여 저 아미타부처님의 은덕恩德을 깨닫고 삼매를 성취하는 것이다.

故知彌陀願力始於發心終於究竟。無一法而不直趣我心。以我心卽佛心故。我心亦於無始至今盡未來際。修一切三昧。無一法而不攝歸佛海成本來佛。以佛心卽我心故。如是依正色心因果淨穢雖同一心。而實不妨一一自分各住其位於一心內也。以一心故。雖淨

---

43) 우리 인간의 마음을 분류하면 크게 4가지로 나눌 수 있다. 육단심肉團心·연려심緣慮心·집기심集起心·견실심堅實心이다. 육단심은 우리의 육체적 생각에서 우러나는 마음이고, 연려심은 보고 듣는 데서 분별하여 내는 마음이고, 집기심은 망상을 내는 깊은 속마음이다. 견실심은 본성으로, 이것이 바로 부처님 마음자리다.

穢不同。所求不出於眞心。以自分故。雖一心。而必捨穢取淨也。捨穢取淨。則感應道交。
見彼本性彌陀。了悟一心。則淨穢自分。可悟惟心淨土。如是而修。譬如一滴投海便同一
味。方知大海即自己也。豈有一行虛棄不成功德者哉。

이러한 까닭으로 알아야 한다. 아미타부처님의 본원력本願力은 발심發心에서 시작하여 구경究竟에서 마치도록 한 가지 법도 내 마음에 곧 바로 취향趣向하지 않음이 없다는 것을. 이는 내 마음이 곧 아미타부처님의 마음이기 때문이다.

내 마음으로 시작함이 없는 때(無始)로부터 미래제未來際가 다하도록 닦는 일체의 삼매가 한 가지 법도 부처님의 바다로 섭수攝受되어 돌아가서 본래의 부처를 이루지 아니함이 없는데, 부처님의 마음이 곧 나의 마음이기 때문이다. 이와 같이 의보와 정보, 색법과 심법, 인지因地와 과지果地, 정토와 예토가 동일한 일심一心으로, 사실은 방해하지 않지만 하나하나 나름대로의 구분이 있으며, 각각 하나의 진실한 마음(眞心) 안에 있다. 일심一心이기 때문에 청정함과 더러움이 동일하지 않으나 구하는 것은 진실한 마음에서 벗어나지 않으며, 각자 나름대로의 구분이 있기 때문에 비록 일심이나 반드시 더러움을 버리고 청정함을 취한다. 더러움을 버리고 청정을 취한다면 감응의 도道가 교합하여 저 본성의 아미타부처님 뵈오며 일심一心을 요지了知하고 깨닫는다면 청정과 오염이 스스로 분리되어 유심唯心의 정토를 깨우치게 된다. 이와 같이 수행하여 닦아야 한다. 비유하건데 한 방울의 물을 바다에 던지면 문득 한맛(一味)인 것처럼 대해大海가 곧 자기라는 것을 알아야 할 것이다. 어떻게 한 가지 수행이라도 헛되게 버려져 공덕을 이루지 못하는 것이 있겠는가.

今彼三家村裏愚夫愚婦。雖不識理。以信實有彼土故。於命終時。反得往生。彼畏有陷空

之人。因認緣影為心。謂無外土故。雖修道行。還受生死。如是則知。彌陀光明威德願力

常在世間。化事不息。尚欲攝取逃逝專忘眾生。況憶念佛者。豈不生也。又彼國土既勝。

其求生者亦必當深心起勝願行。或單稱名號。專持一呪。及但旋繞禮拜。乃至燒香散華。

六時懺悔。盡撥世緣。一心專注。觀佛形容與白毫相。心不懈廢。命終定生。

지금 서너집 모여 사는 촌락의 어리석은 부부도 이치는 알지 못하나 저 서방정토 극락국토가 실제로 있다는 것을 믿기 때문에 임명종시臨命終時에 도리어 왕생을 성취한다. 그러나 저 유有를 두려워하고 공空에 떨어진 사람은 반연하는 그림자를 인식하여 마음을 삼고 바깥의 다른 국토가 없다고 말하기 때문에 비록 도행道行을 수행하여 닦는다 해도 다시 생사를 받는다.

이와 같다면 곧 알 수 있다. 아미타부처님의 광명과 위덕威德·원력이 항상 세간에 계시면서 교화하시는 일을 쉬지 않는다는 것은, 도망하여 오로지 잊어버리는 중생들도 섭수攝受하시는데 더구나 기억하고 염불하는 사람이 왜 저 아미타부처님께서 계시는 서방정토극락국토에 왕생하지 않겠는가. 또 저 국토 서방정토극락세계가 이미 수승하므로 왕생을 구하는 사람 또한 반드시 깊은 마음으로 수승한 원행願行을 일으켜야 한다.

혹은 단순히 명호만 부르거나, 한 가지 주문呪文만 오로지 지송하거나, 부처님 주위를 돌면서 예배하거나, 내지는 향을 사루고 꽃을 뿌리면서 여섯 때(六時)로 참회해야 한다. 이렇게 하여 세간의 번잡한 인연을 모두 뽑아버리고 일심으로 주의를 기울여서 부처님의 형용形容과 미간의 백호상白毫相을 관찰하며 마음으로 게을러 나태하지 않아야 임명종시臨命終時에 결정코 아미타 박가범 부처님께서 계시는 서방정토 극락세계 안양국安養國에 왕생하게 된다.

更能孝養父母。奉事師長。慈心不殺。修十善業。受持三歸。具足眾戒。不犯威儀。深信因果。不謗大乘。勸進行者。修如此法。亦生彼也。若得生彼。非止得生。又能了知如上著實努力念念求生之時。正是無念無求無生之理。何以故。即精修是無修。非謂不修是無修也。若果謂一切放下善惡無著坦蕩無礙為無修者。又何異斷見外道。非愚癡而何。豈不聞。古人以色相反為無相。以深修乃為無修。以彼例此。法法皆爾。可不審之。

다시 부모에게 효양孝養하고 스승과 어른(師長)에 봉사하며 자비로운 마음으로 살생하지 아니하고 십선업十善業을 수행하여 닦으며 삼귀三歸의 계戒를 수지하고 여러 가지 계율을 구족하여 위의威儀를 범하지 않으며, 인과를 깊이 믿고 대승을 비방하지 아니하며 수행자를 권장하여 장려하는 이와 같은 법을 닦아도 또한 저 아미타부처님께서 계시는 서방정토 극락세계 안양국安養國에 왕생한다.

가령 저기에 왕생한다 해도 왕생을 얻는 것으로써 끝내어서는 안 된다. 또 위에서 착실히 노력하며 생각 생각에 왕생을 구하는 때가 바로 무념無念·무구無求·무생無生[44]의 이치라는 것을 깨달아야 한다. 무엇 때문이겠는가. 곧 정밀한 수행은 닦음이 없는 것이 없기 때문이다. 숫제 닦아서 수행하지 않는 것을 닦아도 닦는 것이 없는 것이라 말하지는 않는다. 만일 일체를 내려놓아서 버리고 선악에 집착 없이 호탕하여 아무런 지장이 없는(坦蕩無碍) 것을 수행하여 닦음이 없는 것을 이것이라 말한다면 단견斷見의 외도外道와 무엇이 다르겠는가. 우매하여 어리석음이 아니고 이것이 무엇이겠는가. 어찌하여 듣지 못하였는가. 옛사람은 색상色相을 반대로 무상無相[45]으로 삼고 이로써 심도 있게 닦아서 수행해야만 닦

---

44) 무생無生이란 '태어남이 없다'는 뜻으로, 삼라만상이 본래 공空하므로 생멸변화가 있을 수 없다는 말이다. 또 일체의 미혹迷惑에서 벗어난 경지, 즉 열반涅槃을 뜻하기도 하고, 그런 경지에 이른 아라한阿羅漢을 지칭하는 말이기도 하다. 삼라만상의 무생을 깨달음, 또는 그 깨달음을 얻은 마음의 평정 상태를 무생법인無生法印(또는 無生法忍)이라 한다. 무생無生의 법리法理 곧 불생불멸不生不滅의 진여眞如를 깨달아 알고, 거기에 안주安住하여 움직이지 않는 마음상태이다.

아도 수행하는 것이 없다 했다는 것을. 저것으로써 여기에 비교하여 견주어 보라. 법과 법이 모두가 그러하다. 살피고 성찰하지 않아서야 되겠는가.

今念人命無常。轉息來世。又況塵事連環。如鉤鎖不斷。若不能於是事縈心。塵勞轕結時。及正當得志。歇手不得處。一割割斷。起願立行。盡力一跳。焉得應念生彼。是故我今作禮奉勸佛子。皆當一心精進而行也此說因吾卿大方李公居士。作勸念佛圖。請著語於中。故述此云。時洪武乙亥九月二十日書附

지금 생각하여 보았더니 사람의 생멸은 덧없어(無常) 호흡만 바꾸면 도래함이 다음 세상이다. 더구나 티끌 같은 일들이 띠풀처럼 끊임없이 단절되지 않음이겠는가. 만일 이러한 일들이 마음에 얽혀 번뇌·망상이 맺힐 때나 세속에서 부귀의 뜻을 얻어 그만 둘래야 되지 않을 때, 한 번에 절단하여 원행願行을 일으키고 힘을 다해 한번 뛰어넘지 않는다면 어떻게 한 생각을 따라 저기 원력이 장壯하신 대자부大慈父 어버이 아미타부처님이 계시는 서방정토 극락세계에 가서 태어나 왕생함을 성취하겠는가. 이러한 까닭에 나는 지금 예배하고 불자佛子들에게 받들어 권하노니, 모두들 일심으로 정진하여 정토법문淨土法門을 수행하라. 이 말씀은 나를 인하여 벼슬이 대방大方인 이공거사李公居士가 염불도念佛圖 짓기를 권함에, 이에 저 가운데 말씀을 찬술撰述하기를 청하여 이것을 기록하여 말한다. **때는 홍무洪武 을해乙亥 구월 이십일 서書를 첨부함**

---

45) 무상無相은 공空 사상을 근본으로 한다. 모든 사물은 공이며 자성自性(자체성)이 없다. 그러므로 무상이며, 무상이기 때문에 청정淸淨하게 된다. 또한 무상은 차별·대립의 모습[相]을 초월한 상태를 말하기도 하는데, 그 수행을 무상관無相觀, 무상삼매無相三昧라고 한다. 불교 수행의 최고경지인 삼해탈문三解脫門인 「공空·무상無相·무원無願삼매」의 하나가 무상삼매이다. 무상은 일체의 집착을 떠난 경지이니 바로 열반涅槃의 다른 이름이기도 하다.

❀ 발어跋語

淨直向讀雲棲大師法語。便知有淨土法門。然猶謂淨業與禪正如春蘭秋菊。不妨各擅其
美。未知淨業卽是無上深妙禪也。自丁亥冬。登祖堂禮蕅益大師。聞禪淨不二之談。謂不
惟不可分。亦且無待合。雖慕之。而竊疑之。今讀此念佛直指。方信蕅師實非臆說。兼信
永明大師四料簡語直不我欺。故力募衆緣。刻印流通。而衆友亦各歡喜樂助。

차정직車淨直거사가 운서대사雲棲大師(주굉스님)의 법어法語 읽기를 구하여
문득 정토법문이 존재하여 있음을 깨달아 알았다. 그리하여 마치 정업淨
業과 더불어 선禪은 바로 갖추어 춘난추국春蘭秋菊(봄의 난과 가을의 국화)과
같음을 말함이다. 각기 마음대로, 뜻대로 그 아름다움을 방해하지는 않
으나, 아직은 정업淨業(정토법문)이 곧 가장 높고 깊고 오묘한 선禪임을 알
지 못함이다. 스스로 정해년丁亥年 겨울에 조사祖師의 집(堂)에 올라 우익
대사蕅益大師에 참례하고 선정불이禪淨不二(참선과 정토가 두 가지가 아님)의
말씀을 가르침 받고 오직 불가분이 아님을 말하였다. 또한 장차 시기를
대기하고 기다려서 계합契合함이 아니다.

비록 이를 이미 사모함이나 이를 몰래 의심하여 의혹해 함이니, 이제 이
『보왕삼매염불직지寶王三昧念佛直指』를 숙독하고 바야흐로 우익대사의 말
씀이 진실로 억설臆說이 아님을 믿고, 겸하여 영명대사永明大師의 「사료간
四料簡」[46] 법문이 정직하여 나를 기만하기 위한 혼잡한 여러 가지 나머

---

46) 영명연수선사의 「선정사료간禪淨四料簡」은 다음과 같은 게송으로 이뤄져 있다. 有禪有淨土(참선
수행도 하고 염불수행도 하면) 猶如戴角虎(마치 뿔 달린 호랑이 같아) 現世爲人師(현세에 사람들
의 스승이 되고) 來世作佛祖(장래에 부처나 조사祖師가 될 것이다) 無禪有淨土(참선수행은 없더
라도 염불수행만 있으면) 萬修萬人去(만 사람이 닦아 만 사람이 모두 가나니) 若得見彌陀(단지
가서 아미타불을 뵙기만 한다면) 何愁不開悟(어찌 깨닫지 못할까 근심 걱정 하리오) 有禪無淨土

지의 속임이 아님을 신信하였다. 이러한 까닭으로 힘써 여러 가지 인연을 모아서 각인하여 유통하니, 여러 벗들이 또한 각기 환희하여 즐겁게 조력助力하였다.

　　當知阿彌陀佛弘誓願力貫徹于人心久矣。刻既成。敬跋數語以識法喜。

　　辛卯中秋望月。淨業弟子車淨直書于四蓮居。時年六十

마땅히 알라. 아미타부처님의 크신 서원력誓願力이 사람들의 마음을 오랫동안 관철함을. 판각을 이미 성취하여 공경히 자주 말씀을 살펴봄으로써 법의 기쁨을 느꼈다.

신묘辛卯년 중추中秋 망월望月에 정업제자淨業弟子 차정직車淨直이 기록하다. 네 가지 연화蓮華에 거居하기를 행하니, 이때 나이가 육십이다.

(참선수행만 있고 염불수행이 없으면) 十人九蹉路(열 사람 중 아홉은 길에서 자빠지나니) 陰境若現前(저승 경지가 눈앞에 나타나면) 瞥爾隨他去(눈 깜짝할 사이 그만 휩쓸려 가버리리) 無禪無淨土(참선수행도 없고 염불수행도 없으면) 鐵床竝銅柱(쇠 침대 위에서 구리 기둥 껴안는 격이니) 萬劫與千生(억 만겁이 지나고 천만 생을 거치도록) 沒箇人依怙(믿고 의지할 사람 몸 하나 얻지 못하리). 이와 관련, 인광대사는 「영명대사는 아미타불의 화신이신데, 중생을 일깨워 건지기 위하여 대자대비를 베푸셨소. 사료간은 사바고해를 건너는 자비로운 항공모함이며 대장경의 핵심요점이자 수행의 귀감이오.」라고 하셨다. 또한 철오선사는 「이 사료간은 진리의 말씀이고 진실한 말씀이며 대자대비심에서 창자가 끊어지듯 비통하게 눈물을 흘리시며 토하신 말씀이다. 수행인이라면 이 말씀을 소홀히 보아 넘기지 않아야 한다」라고 하셨다.

출판 자금을 내거나
독송 · 수지하는 사람과
여러 사람 여러 장소에
유통시키는 사람들을 위해
두루 회향하는 게송

경을 인쇄한 공덕과 수승한 행과

가없는 수승한 복을 모두 회향하옵나니,

원하옵건대 전생 현생의 업이 다 소멸되고,

업과 미혹이 사라지고 선근이 증장되며,

현생의 권속이 안락하고, 선망 조상들이 극락왕생하며,

시방찰토 미진수 법계, 공존공영하고 화해원만하며,

비바람이 항상 순조롭게 불고 세계가 모두 화평하며,

일체 재난이 없어지고 사람들이 건강 평안하며,

일체 법계 중생들이 함께 정토에 왕생하게 하소서.

재물로 보시함은 한 세상의 가난함을 구제함이고,
음식보시는 하루의 목숨을 구제함이나,
법보시(염불법 보시)는 사람들로 하여금
영원히 해탈하여 출세出世하게 만드나니
그 공덕을 재물보시가 어떻게 비교할 수 있으랴.
재물보시는 등불이 다만 한 방안 만을 밝히나,
법보시는 태양과 같아서 삼천대천세계를 두루 비춘다.
법에 인색하거나 닦는 것을 권하지 아니하면
영겁 동안 흑암지옥에 잠겨 있게 되고,
염불하면서 교화하고 제도하면 곧 '아미타'라
자비구름을 널리펴서 서로서로 권면하며
이 자비와 서원으로 정토의 정연을 두루 맺어서
애하愛河에 빠져있는 것을 구제하고
윤회하는 고해를 벗어나며, 모두가 다 안락국토에
올라가서 부처님의 은혜를 함께 보답할 것이니라.
-각성스님 역, '성불의 쉽고 빠른 길(徑中徑又徑徵義)'

보왕삼매염불직지

1판 1쇄 펴낸 날 2020년 12월 15일

편저 묘협妙協스님 **역자** 무량수여래회

발행인 김재경 **편집** 허만항 **디자인** 김성우 **마케팅** 권태형 **제작** 경희정보인쇄
펴낸곳 도서출판 비움과소통(blog.daum.net/kudoyukjung)
　　　　경기 파주시 하우고개길 151-17 예일아트빌 3동 102호
　　　　전화 031-945-8739 팩스 0505-115-2068
홈페이지 blog.daum.net/kudoyukjung **이메일** buddhapia5@daum.net
출판등록 2010년 6월 18일 제318-2010-000092호

* 책값은 뒤표지에 있습니다.
* 잘못된 책은 서점에서 바꾸어 드립니다.
* 전세계 정종학회에서 발간된 서적은 누구든지 번역해서 사용할 수 있습니다. 한국어판
　역시 출판사로 통보만 해주시면 누구든지 포교용으로 활용이 가능합니다.